나는 '쎈' 사회복지사입니다

김행란 지음

신정

이 순간에도 클라이언트의 손을 잡고

현장을 걸어가고 있을 사회복지사들과 나의 경험을 나눕니다.

불편하고 섭섭할 것이며, 낙담도 답답함도 느낄 것입니다.

그러나 공감할 것입니다.

모든 문장을 염려와 애정으로 채웠습니다.

그저 의도적 따듯함으로 읽어주면 고맙겠습니다.

차례

Contents

1부

성공하고 싶다면 걸어야 할 어려운 길

당신이 주도하는 변화의 나비 효과

시 고위공무원의 기관방문이 있는 날이었다. 간단한 기관소개를 마친 후 클라이언트의 생활실을 보기 위해 준공 후 입주한 지 얼마 안 되는 18평 규모의 아파트형 숙소로 올라갔다. 깔끔하게 정리된 생활실이 때마침 적당하게 훈훈해서 내 마음마저 따듯했다. 이곳에서 사는 클라이언트의 행복한 삶을 보여주는 것 같아 뿌듯하기까지 했다. 그런데 두 개의 방, 거실, 화장실 등을 쭈욱 스캔하듯 둘러본 그 고위공무원의 한마디가 찬물을 끼얹었다.
'이 큰 데서 네 명 살아요?'

복지시설이 그야말로 시설이었던 때, 대여섯 평 한 칸 방에서 예닐곱 명씩 생활하던 때였다. 한편에서는 1인 생활공간이 겨우 한 평이나 될까 말까 한 시설들이 클라이언트 인권문제로 대두되기 시작하고 탈시설 이슈도 슬금슬금 터져 나오고 있었다. 국비, 시비로 지원되는 건축비는 여전히 학교 교실(교실로 표현한 것은 복지시설의 긍정적인 이미지를 담기 위해 최대한 순화한 것이다.)처럼 천편일률적인 건물을 겨우 지을 수 있는 정도였다. 멋도 편의성도 없는 그야말로 생활이 아닌 수용을 하기 위한 건물이었다. 여전히 복지 현장은 그 틀에서 크게 벗어나지 못하고 지원해 주는 만큼으로 겨우 운영하고 있었다.

그래서였다. 좀 더 따듯하고 사람다운 삶을 살 수 있는 건물로 설계하고 시공한 것은. 따로따로 단독주택으로, 혹은 아파트처럼 내부 인테리어를 멋스럽게는 못해도 한 건물 안에서도 공간을 분리하고 좀 더 적은 인원이 오순도순 살 수 있도록 하자는 뜻을 살린 것이었다. 클라이언트의 삶을 더 우선시한 공간이었다. 그러다 보니 교실 같은 건물보다 건축비가 웃도는 것이 문제였다. 법인 소유의 기본재산을 정리하고도 모자란 건축비를 충당하기 위해 몇 번의 바자회를 해 마련한 기금으로 겨우 준공을 했던 터였다.

그러니 어찌 자랑하고 싶지 않았겠는가? 시설에서 사는 클라이언트도 당연히 이렇게 살아야 하지 않겠느냐고 강조하고 싶지 않았겠는가? 정부 정책보다 더 앞서서 클라이언트 인권을 보장하고 있는 시설을 보며 그 고위공무원의 마음이 손톱만큼이라도 움직이길 바라는 마음을 가졌었던 것도 사실이었다. 그런데 그 고위공무원의 머릿속에는 여전히 교실 같은 생활실, 예닐곱 명씩 사는 방, 식사를 하기 위해 우르르 몰려다니는 건물이 들어앉아 있었던 것이다. 그에게 시설이 집이면 안 되었던 것이다. 그가 고위공무원이란 것만으로 항변하지 못했던 그날이 지금 생각해도 부끄러울 뿐이다.

변화를 이끈다는 것은 한겨울 방향 잃은 허허벌판에 서 있는 것처럼 불안하고 공포스러운 일이다. 누군가와는 갈등을 피할 수 없다. 한여름에도 춥고, 함께 있어도 외롭고, 괜찮아 보여도 속에는 두려움이 웅크리고 있다. 그러나 시간이 흐르고 난 뒤에 되돌아보면 행동하지 않은 후회보다 싸우면서 외롭고 두려운 것이 더 낫다는 것을 깨닫는다. 그러므로 '시설 클라이언트는 이렇게 살면 안 되느냐'고 항변했어야 했다. 어차피 모든 이의 동의는 그 고위공무원의 생각처럼 가볍고 불가능한 이상에 불과하다. 그러므로 클라이언트와 현장을 가장 잘 아는 나만이 나를 북돋울 수 있는 것이다.

사회복지사는 복지현장을 변화시키기 위해서 무엇보다 특별한 마인드로의 무장이 필요하다. 첫 번째로 뒤에서 언급할 사회적 책임감과 공공정신이다. 때때로 '찍힘'에 대한 불안함 때문에 현장은 쥐죽은 듯 고요하다. 실제로 '찍힘'이 '털림'으로 되돌아온 경우를 목격했고 그 '털림'은 현장으로 하여금 '하라는 것이나 하는' 딱 그 지점에만 머무르게 했다. 결국 '시설 공간'은 죽었다 깨어나도 '집의 공간'이 될 수 없다. 시간이 흘러도, 패러다임이 바뀌어도 그저 어정쩡할 뿐이다. 아무리 의기충천한 사회복지사가 입사해도 마찬가지다. 결코 쉽지 않은 길을 걸어 온 운영자들은 이제 '가만히 있으라'고 명한다. 그러므로 더욱더 필요로 하는 것이 공적 책임감일 수밖에 없는 것이다.

두 번째로 유연한 사고와 변화에 대한 개방적인 마인드이다. 이 책 곳곳에서 언급하고 있는 내용이다. 즉 클라이언트가 할 수 없다는 생각, 해도 안 된다는 생각, 늘 하던 대로 해야 한다는 생각, 말해도 바뀌지 않을 것이라는 생각과 같은 고정관념을 버려야 한다. 오래 묵은 이야기다. 시설에서는 식사를 식판에 했다. 식사 시간에는 플라스틱이나 스테인리스 소재의 식판을 긁는 소리로 늘 어수선했다. 어쩌면 식판은 시설의 상징과도 같았다. 몇 번 뷔페식당처럼 접시로 바꾸자는 의견에 직접케어를 하는 사회복지사들은 식사량 관리가 어렵다는 이유로 반대했다. 수년에 걸친 논의와 생활공간에 대한, 생활양식에 대한 변화가 일자 그때서야 가정식과 같은 식사를 할 수 있었다.

세 번째로 클라이언트 중심적인 실천 행위다. 변화를 요구하는 주체는 정부도 사회복지사도 아닌 바로 클라이언트다. 갈수록 복잡하고 다양한 욕구를 표현한다. 그런데 보편적인 현상을 담은 정책들은 그 개별성을 반영하지 못한다. 그러므로 정부에서 고시하는 지침이나 법들이 클라이언트를 위한 것인지 아닌지 의문을 가져야 한다. 오히려 클라이언트 삶을 차별하고 퇴행하게 하는 경우도 많다는 걸 상기해야 한다.

네 번째로 협력과 팀워크이다. 기관 내 동료들과는 물론 다양한 전문가그룹과의 협력을 말한다. 정신장애인 복지정책은 여타의 정책 및 전달체계, 지원 등과 현저한 차이가 느껴질 정도로 더디다. 이유는 의료적 또는 치료적 정책이나 개념이 강하게 작동하고 있기 때문이다. 단적인 예로 정신보건센터에서 정신건강증진센터로, 다시 정신건강복지센터로의 명칭 변화 과정만 봐도 알 수 있다. 의료영역 종사자들은 정신장애인들에 대한 치료적 접근을 더 중요시 여겼다. 물론 그럴 경우도 있다. 다만 클라이언트에 따라 복지적 접근이 더 필요한 때도 있다. 어느 한 영역만의 이기가 아닌 클라이언트의 욕구와 필요에 따라 다 영역 간의 협력, 팀워크가 필요한 경우이다.

다섯 번째 낙인(stigma)의 극복이다. 여기서의 낙인은 먼저 정신건강 문제, 빈곤 문제, 장애를 가진 클라이언트에 대한 것이다. 또한 나와 시설에 대한 낙인이다. 서두에 언급한 고위공무원이 가지고 있던 인식은 시설에서 사는 클라이언트에 대한 몰인정한 낙인이었다. 그 낙인을 해소하기 위해서 그날 나는 어떤 말이든 했어야 했다. 그런데 그러지 못했다. 나에 대한 낙인이 두려웠던 것이다. 기부자나 봉사자가 클라이언트와 함께 사진을 찍으려 할 때 그들의 동의와 자발적 참여가 있어야 한다는 언급을 하지 못할 때도 많았다. 기관에 대한 낙인이 주저하게 했던 것이다. 낙인을 지워야만, 또한 낙인에 위축되지 않아야만 변화를 주도할 수 있다.

로마의 유명한 웅변가 키케로는 '인류가 세기를 거듭하며 반복하는 실수 여섯 가지'를 말한 바 있다. 그중 '**성취할 수 없으므로 어떤 일이 불가능하다는 주장, 정신을 발전시키고 개선하지 않는 것,** 타인을 짓밟는 것으로 자신의 이득을 취할 수 있다는 믿음, 사소한 일에 기우는 마음을 다잡지 않는 것, 자신이 믿는 바와 사는 방식을 타인에게 강요하는 것' 등은 변화의 필요성을 담은 주장이다. change(변화)의 g를 c로 바꾸면 chance(기회)가 된다. 변화를 잘 받아들이고 나아가 변화를 주도하게 되면 기회를 얻게 된다. 반대로 기회를 놓치지 않으면 변화는 자동으로 따라온다.

한참 세월이 흘렀고 고위공무원의 말도 어느덧 잊었을 때 근교 식당에 간 적이 있다. 저쪽 테이블에서 낯익은 그 고위공무원이 식사를 하고 있었다. 순간 눈이 마주쳤다. 인사를 해야 하나 싶었지만 얄궂게도 오래전 침묵했던 내 모습이 오버랩 되면서 '이 큰 데서 네 명 살아요?' 생콩같이 내뱉은 그의 말이 떠올랐다. 식사 중에도 계속 '인사해? 말어?'가 충돌하고 있었다. 그러는 동안 식사를 마친 그가 나를 한 번 힐끗 보더니 유유히 나갔다. '말어?'는 '18평이 큰가요? 네 명 사는 게 적나요? 국장님은 몇 평에서 사시나요?' 묻지 못했던 소심하고도 못난 복수같은 행위였다고 위안할 수밖에 별도리가 없었다.

독서로 복지현장 써 내려가기

사회복지사를 위한 에세이 형태의 글을 쓰고자 했을 때 그동안 출판된 유사한 책이 있는지 찾아보았다. 그런데 업무용이나 강의용 책은 많았지만 가만가만 경험을 들려주는 사회복지사들의 책은 찾을 수가 없었다. 곁에 두고 한 번씩 꺼내 볼 수 있는 책, 나만 힘든 것이 아니라 다른 사회복지사들도 힘들다는 것을 확인하면서 위로받을 수 있는 책, 문제에 부딪혔을 때 다른 사람은 어떻게 했을까 방법을 찾아볼 수 있는 그런 책은 없었다. 왜 없을까 고민하다가 기록할 만한 시간이나 여유, 기록할 능력을 키울 형편이 아니었던, 지금도 여전한 현장을 떠올릴 수 있었다.

그렇다고 이 책이 '가만가만' 하다거나 '조근조근' 하다는 이야기는 아니다. 또한 내가 현장을 기록할 만한 시간이나 여유, 능력이 있다는 이야기는 더더욱 아니다. 이 책은 이 나라의 복지정책에 대해 화를 낸다. 30년 넘게 쌓아온 분노를 토해내기 위해 노트북을 폈다고 해도 과언이 아니다. 없는 시간을 만들기 위해 남들은 물놀이를 시작하는 그때부터 다음 해 물놀이가 시작될 무렵까지 네 계절의 업무 외 시간을 통째로 바쳤다. 마음이 건조하고 딱딱해져서는 여유라고는 없을 땐 한 줄도 못 쓰고 그저 창밖만 바라보았을 때도 많았다. 능력은 또 어떻고. 순간순간 허접하기 짝이 없는 글을 당장 '쫑 내고' 싶을 때가 한두 번이 아니었다.

말해 뭐하겠는가. 수도 없이 빠져들었던 수렁을. 그 수렁에서 나를 다시 일으킨 것은 다름 아닌 독서였다. 노한동의『나라를 위해서 일한다는 거짓말』은 나도 이런 책 한번 쓰고 싶다는 오랜 마음을 되살아나게 했다. 유시민의『그의 운명에 대한 아주 개인적인 생각』은 복지에 대해 편향되거나 드세게 비판하는 지극히 개인적인 내 생각을 응원해 주었다. 그 외에도 사이사이 읽었던 책들은 '괜찮다'고, 내 등을 토닥거려 주는 것만 같았다. 그들 역시 나와 같은 **처음이 있었을 것이라는, 의도적이고 긍정적인 생각은 이 글쓰기를 지속할 수 있는 원동력**이었다.

최재천 교수는『공부』에서 '독서는 일이어야 합니다. 독서는 빡세게 하는 겁니다. 읽어도 되고 안 읽어도 되는 책을 그늘에 가서 편하게 보는 건 시간 낭비이고 눈만 나빠져요'라고 일갈한다. 덧붙여 '토론을 잘하려면 말이 짜임새 있어야 하고 논리적 사고를 해야 하니 글쓰기 훈련이 되어 있어야 하고요. 글쓰기를 잘하려면 책 읽기가 필요한 것'이라고 강조한다. 유시민 작가도 '많이 읽지 않고서는 잘 쓸 수 없다. 글을 잘 쓰고 싶다면 독서광이 되어야 한다. 책을 읽지 않고 타고난 재주만으로 글을 잘 쓰는 사람은 없다. 글 쓰는 기술만 공부해서 잘 쓰는 사람도 물론 없다'고 자신의 책 『글쓰기 특강』에서 피력한다.

더 이상의 설명이 필요 없는 말들이다. 취미가 아닌 일삼아 독서를 해야 한다는 최재천 교수의 말에 백 번 공감하고도 남는다. '글을 잘 쓰려면 독서광이 되어야 한다'는 유시민 작가의 말에도 토 달 것이 없다. 그런데 문제가 있다. 어제 읽은 책 내용이 하루만 지나도 전혀 생각나지 않는다는 것. 아무리 독서광이라도 기억력이 남달리 뛰어나지 않은 이상 누구나에게 해당되는 말일 것이다. 어차피 잊어버릴 텐데 굳이 읽을 필요를 못 느낄 때도 많다. 그런데도 독서를 꼭 해야만 하는지 의문스럽다. 그렇지 않아도 재미없는 독서에 핑계거리가 하나 더 는 셈이다.

이럴 때 진은영 작가의 말이 위로가 된다. 그녀의 책 『나는 세계와 맞지 않지만』에서 '헤르베르트처럼 읽은 책들의 제목조차 기억나지 않을 때가 많다. 어느 날은 책장에서 언젠가 꼭 읽어야지 하고 마음먹었던 책을 문득 꺼내 펼쳐보고는 내가 좋아하는 펜으로 내가 좋아할 법한 문장에 밑줄이 쳐진 걸 보고 놀랄 때도 있다. 이 책을 언제 읽었더라?' 이어서 '기억하지 못한다고 없었던 것은 아니다. 내가 다 기억할 수 없는, 죽고만 싶었던 숱한 순간에 나를 살린 누군가의 문장들이 있었을 것이다. 고통의 순간도 회복의 과정도 전부 잊었지만 그 시간들이 있었기에 나는 지금 여기에 살아 있다'고 읊조린다.

읽고 돌아서면 잊어버리는, 평균 기억력을 가진 이들의 한계를 너무나 잘 알고 있지 않은가. 맞다. 읽고서도 마치 읽지 않은 것처럼 다 잊었던 숱한 문장들이 순간순간 나를 이 방향으로 이끌었을 것이다. 후회가 나를 점령한 순간에는 후회가 덜한 순간으로 이끌어주는 어휘들을 만났던 것이 틀림없다. 그뿐 아니다. 잊었어도 '반복적 읽음'은 쓰기의 규칙을 나도 모르는 새 익히게 했다. 얼마나 희망적인가. 그러니 상심 말고 일단 읽고 보자. 다음은 더 큰 난적이 기다리고 있으니 말이다. 바로, **써야 할 의무다.** 복지 현장을 기록하든, 사회복지사 자신의 이야기를 쓰든 독서가 우선시된 다음에 해야 할 행위다.

쓰라고? 그것도 의무적으로? 시작도 하기 전에 머리가 지끈거린다. 유시민 작가의 『글쓰기 특강』을 직원 수만큼 구입했다. 목차 하나하나에 순서를 정해 읽고 소감을 써와 발표했다. 길면 긴 대로, 짧으면 짧은 대로 울퉁불퉁한 글을 내보이기 부끄러웠지만 그렇게 쌓인 독서와 글쓰기가 아이디어를 키우고 글쓰기 능력을 키웠다. 어느날 글쓰기라고는 도저히 잘할 것 같지 않던 Y 사회복지사의 글을 아이디어 삼은 프로포절이 선정되었다. 그 결과 수천만 원의 자원을 확보했던 것은 순전히 유시민 작가의 책을 스터디했던 덕이었다.

'티끌은 모아봐야 티끌이라는 우스개 소리가 있다. 하지만 글쓰기는 그렇지 않다. 글쓰기는 티끌모아 태산이 맞다. 하루 30분 정도 자투리 시간을 활용해 수첩에 글을 쓴다고 생각해 보자. 매주 엿새를 하면 180분, 한 달이면 12시간이다. 1년이면 150시간이 넘는다'고 썼던 유시민 작가는 그렇게 글쓰기 근육을 키웠다고 한다. 우리 서로 능력이 출중하지 않다는 것을 이미 알고 있지만 앞에서 자신의 글을 발표할라치면 그렇지 않아도 구겨진 자존심이 온통 부끄러움으로 훅 달아오른다. 그런데 그 시간이 글쓰기 능력을 키우는 것이다.

그렇다면 사회복지사의 글쓰기는 왜 중요할까? 고미숙 작가는 『읽고 쓴다는 것, 그 거룩하고 통쾌함에 대하여』에서 '노동의 스트레스와 감정의 배설, 이 두 가지를 벗어나는 관계 혹은 활동, 그게 뭐냐고? 결국 책이다… 지금도 좋고 나중에도 좋은 최고의 활동, 최고의 길은 글쓰기'라고 단언했다. 다른 분야도 마찬가지이겠지만 사회복지사이기 때문에 독서를, 쓰기를 더 많이 해야 한다. 마음에 쌓인 거무튀튀한 감정을 삭게 하는 특효약이기 때문이다. 클라이언트로부터 받은, 보호자로부터 받은, 혹은 관청으로부터, 동료로부터 받은 갖가지 유쾌하지 않은 감정들을 유리에 서린 김을 닦아 내듯 해소할 수 있기 때문이다.

한때 한국의 사회복지를 '술 권하는 복지'라고 표현했다. '현장에 있으면서 어떻게 술을 안 마실 수 있느냐'는 일종의 자괴감 어린 말이었다. 또한 불합리한 현장이 조금씩 나아지길 바라는 마음으로 열악한 상황을 견디는 용기이기도 했다. 클라이언트의 삶을 위해 집회도 여러 차례 열었고 선봉에 서서 부르짖었지만 그 모든 것이 메아리 같았고 거의 개선되지 않았다. '쌈닭'이라는 불명예만 떠안았을 뿐이다. 그러니 고미숙 작가의 말처럼 '술 권하는 복지'에서 오는 노동의 스트레스와 감정의 배설을 위해서 독서와 글쓰기는 내 삶의 필수 아이템이었던 것이다.

수직적 관계의 저 바닥에서 유영 중인 사회복지사들이 소속되어 있는 현장을 기록으로써 알려야 한다. 클라이언트뿐 아니라 스스로의 지위를 확보하기 위해서 읽고 써야 한다. 이 외에도 전문적 글쓰기가 필요한 이유는 많다. 개인성장, 사회적 메시지 전달, 사회적 영향력 확대, 학술적 발전, 대중과의 소통 창구 개설 등이 그것이다. 뭐가 됐든 클라이언트가 중심이 되어야 함에도 불구하고 그렇지 못한 현장을 열거하다 보면 이것들은 자동적으로 뒤따라오게 되어 있다. 특히 개인적인 성장과 발전은 괄목할 만한 결과를 가져올 것임에 틀림없다.

오늘 클라이언트로부터 들었던 이야기가 있는가? 긴 이야기였다고 해도 핵심을 추려 간단명료하게 정리해 보자. 동료들과 대화 중에 와닿는 말이 있었다면 정확히 기억나지 않아도 재구성해 작성해 보자. 주무부서에서 시원하고 흔쾌하게 전달받은 내용도 기록해 보자. **사회복지 현장은 사회복지사가 가장 잘 안다. 문제를 잘 아는 만큼 해결책도 알고 있다.** 현장과 동떨어져 있는 정책 때문에 속이 뒤집어지는 일이 어디 한두 번인가. **사회복지사에게는 현장을 알리고 사회적 취약계층에 대해 알려야 할 책임이 있다. 그 방법들 중 가장 강력한 방법이 글쓰기를 통한 알림이라는 것을 잊으면 안 된다.**

2% 부족해도
현장 연구는 현장에서

이 주제로 글을 쓰자니 현장 사회복지사보다 더 깊은 애정과 염려로 연구하신 몇 분 교수님들이 떠오른다. 먼저 그분들께 송구한 마음을 전한다. 몇 번 공동연구자로 참여하면서 그분들의 연구 능력과 해박한 지식은 역시 다르다는 생각을 했었다. 그럼에도 불구하고 **현장은 현장에서 주도하여 연구하고 그 결과로 정책 제언을 하자는 생각에는 변함이 없다.** 연구를 하기 위해서는 기본적인 글쓰기 능력이 있어야 하고 글쓰기 호흡이 길어야 하는 것은 말할 것도 없다. 각종 문헌이나 정보를 해석하는 능력도 있어야 한다. 현상을 올바로 보고 정의하는 역량 또한 필요하다. 다양한 연구방법에도 능통해야 한다.

복지기관 사업에 연구가 포함되어 있는 경우는 흔치 않다. 자연스럽게 연구를 해 볼 기회도, 배울 시간도 없었다. 당연히 현장의 주 업무는 연구가 아니라고 생각해 왔다. 하지만 현장에 대해서 가장 잘 아는 사람은 사회복지사이다. **클라이언트의 목소리를**

들을 때 그들 속마음을 가장 잘 읽을 수 있는 사람도 사회복지사이다. 클라이언트와 인터뷰할 때도 그들의 말에서 묻어나는 욕구를 잘 알 수 있는 사람, 서비스하면서 현장에 가장 필요로 하는 것이 무엇인지, 개선해야 할 사항은 무엇인지 가장 잘 아는 사람, 현장이 어떻게 변화되어야 하는지 누구보다도 사회복지사가 가장 잘 파악할 수 있다. 그런 이유로 사회복지사들을 대상으로 연구 방법을 가르쳐야 한다. 이미 구슬이 서 말이다. 꿰어야 보배가 되지 않겠는가?

그런데 대부분의 정책연구는 대학교수들이 한다. 현장 전문가, 즉 사회복지사가 들어간다 해도 일부만 담당할 뿐이다. 그 연구 결과들은 현장과 동떨어져 있는 경우도 많다. 뿐만 아니라 현장 사회복지사들의 인터뷰를 통해 문제를 해결할 수 있는 뻔한 주제들도 연구과제로 삼을 때가 많다. 안타깝지 않은가? 현장이 연구 필요성을 갖고 적극적으로 연구하지 않은 결과다. 연구 방법에 있어서도 마찬가지다. 설문지를 활용한 양적 조사, 주제에 따라 인터뷰나 현상을 관찰하는 질적연구 등을 학습할 필요가 있다. 그런데 연구 행위에 관한 한 현장은 문외한일 뿐이다.

언젠가 정신장애인 요양시설 사회복지사들을 대상으로 하는 강의 의뢰가 들어왔다. 사회복지사 초임시절 4, 5년 정도 일해본 것 외에는 경험이 짧아 특강할 만한 주제를 찾을 수 없었다. 망설임도 잠시, 재차 들어오는 요청에 수락하고 말았다. 그런데 어떤 내용으로 교육자료를 채울지 난감했다. 한참을 고민한 결과 요양시설에서 생활하고 있는 정신장애인들을 인터뷰해야겠다는 생각이 들었다. 지원자의 입장에서 바라보는 클라이언트가 아닌, 그들이 품고 있는 요구, 불만, 사회복지사들에게 바라는 것, 즉 그들의 말을 들려주고 싶었다. 당연히 질적연구방법으로 접근해야만 가능한 주제였다.

연구 참여자로 정신장애인 다섯 명을 선정하여 핵심적인 질문 몇 가지를 만들어 인터뷰를 실시했다. 인터뷰 내용을 전사한 후 비슷한 내용끼리 범주화했다. 같은 카테고리 안에 있는 주제와 여러 가지 사례에 연구 참여자 다섯 명의 목소리를 담아 전달했다. 교육 결과는 아주 만족이었다. 지극히 사소하고 개인적인 내용들이었지만 항상 서비스 지원을 받는 이의 위치에서 말하기 어려웠던 속내들이 가감 없이 포함되어 있었기 때문이다. 몇 년씩 지원자의 지위에 있던 사회복지사들은 스스로의 지원방법, 마인드를 되돌아보고 개선할 수 있는 교육이었다.

더 많은 사례 확보를 위한 양적연구를 한다면 사회복지사들만큼 다양한 사례를 알고 있는 집단도 없다. 뿐만 아니라 그 사례를 모아 연구할 수 있는 자료의 보고(寶庫)도 사회복지사들이다. 클라이언트나 가족들의 심층적인 의견과 욕구를 파악해야 하는 질적연구에서도 사회복지사들보다 더 나은 출처는 없다. 각자가 속한 현장을 분석하여 가능한 방법으로 연구해 봄 직한 요건을 이미 갖추고 있다고 해도 과언이 아니다. 다만, 지금 당장 연구를 시작할 수 있는 능력을 갖추는 것이 급선무이다.

현장을 연구하기 위해서 사회복지사들이 쉽게 접근할 수 있는 연구 방법 몇 가지 소개한다. 실천 중심적이고 현장 경험과 결합하여 바로 활용할 수 있는 방법이다.

첫 번째로 스토리텔링 기반 연구(Storytelling-based Research)다. 사회복지사들은 이미 클라이언트와의 관계 속에서 기록한 많은 자료를 보유하고 있다. 현장 경험이 준 사례도 풍족하다. 이런 자료와 사례를 연구 자료로 정리하면 된다. 스토리텔링 기반 연구는 복잡한 분석 도구 없이 사례 기록과 인터뷰만으로도 시작할 수 있다. 가령, 프로그램 성공 사례 연구로는 클라이언트의 삶에 긍정적 영향을 미친 특정 서비스에 대해 인터뷰와 사례로 정리하면 된다. 사회복지사들이 가장 쉽게 접근할 수 있는 방법이기도 하다.

두 번째로 혼합 연구 방법(Mixed Methods)이다. 정량적 데이터와 정성적 데이터를 조합하는 연구로 간단한 설문조사(정량)와 사례 인터뷰(정성)를 활용하는 방법이다. 현장 경험을 적용할 수 있고 설문지 작성과 인터뷰로 현장에서 자주 활용되는 접근성이 높은 연구방법이라고 할 수 있다. 가령, 프로그램 평가 연구로써 클라이언트의 서비스 만족도를 설문으로 조사한다. 그리고 특정 문제에 대해서는 심층 인터뷰를 실시하고 분석하여 결과를 도출해 내는 방식이다.

세 번째로 디자인 씽킹(Design Thinking) 연구가 있다. 문제해결 중심 연구 방법으로 현장에서 마주하는 문제를 바로 해결하기 위한 실질적 도구로써 활용된다. 참여와 협력에 기반하여 클라이언트와 사회복지사가 함께 참여하는 연구 방식으로 실천 과정 자체를 연구로 보기도 한다. 가령, 주민들과 워크숍을 열어 함께 서비스를 디자인하고 개선안을 도출한다. 이 방법은 사회복지사들이 창의적으로 문제를 해결할 수 있는 능력을 키워주며, 현장 적용 결과가 바로 나타나는 것이 장점이다.

이외에 전문가가 아니어도 단순하게 데이터 수집, 분석, 관찰, 기록을 통한 연구 방법이 있다. SNS나 온라인 커뮤니티에서 손쉽게 자료를 수집해 분석하는 디지털 민속학(Digital Ethnography) 연구가 그것이다. 현장 방문 없이도 디지털 공간에서 연구가 이루어지므로 시간과 비용 부담이 적다는 장점이 있다. 그리고 디지털 환경에서 활동하는 클라이언트들의 행동과 욕구를 파악할 수 있다. 예를 들어, 장애인 온라인 포럼에서 공유되는 주요 문제와 그에 따른 서비스 내용, 방법 등을 탐색하는 것이다.

복지현장에서 사회복지사가 연구를 주도해야 하는 당위성은 분명하다. 바로 사회문제가 발생하는 현장 중심으로 문제를 해결할 수 있다는 것. 또한 현장연구를 통해 서비스의 효과성과 효율성을 검증하고 개선 방안을 도출함으로써 클라이언트에게 더 나은 서비스를 제공할 수도 있다. 뿐만 아니라 클라이언트의 욕구, 환경 변화 등을 실증적으로 분석하여 데이터화함으로써 경험에 의한 서비스가 아닌 객관적이고 과학적인 근거에 기반한 개입이 이루어진다. 바로 서비스의 질적 향상이다. 정책을 제안하고 정책 입안자와 의사결정권자들에게 실질적인 정보를 제공할 수도 있다. 사회복지사 당사자에게는 문제 정의 능력, 자료수집 및 분석 능력 등의 전문성 향상은 말하지 않아도 뒤따르는 결과다.

연구라고 하니 거창하게 여겨질 수 있다. 시간도 몇 달 혹은 몇 년은 걸릴 것 같다. 차라리 일을 하고 말지 싶을 정도로 에너지가 소모되기도 한다. 석사과정에서도 논문을 대체하는 과목만 이수하면 학위를 받을 수 있다. **점점 연구하기 어려운 현장이 되어가고 있는 것이다.** 대학원 재학 시절 질적연구를 가르치던 교수님은 시처럼 쓰인 단 한 장짜리 연구물을 보여주셨다. 그만큼 연구의 형태나 방식이 다양하게 변화하고 있다. 사회복지사 직군은 석박사를 가장 많이 보유한 직군이라는 말이 있을 정도로 고학력자 집단이다. 지레 겁먹지 말고 우리의 일은 우리가 해결한다는 열정으로 연구 능력을 키워보자.

멘토 없는 사회복지사는
멘토가 될 수 없다

막 사무국장이 되었을 때, 3박 4일의 사무국장 교육을 갔다. 세 번째 날 오후 강의는 장애인시설을 운영하고 있는 원장님이었다. 마지막 강의를 마치고 특별한 일이 없는 사람들은 저녁을 함께하자고 했다. 몇몇 국장들이 허름한 삼겹살집에 둘러앉았다. 자유롭게 현장 이야기를 주고받기 시작했다. 정신영역에서 근무하다 처음으로 발달장애인 영역에서 일을 시작한 나는 모든 것이 생소했다. 아는 사람도 없었다. 그래서 일부러 그 저녁 자리에 갔었는데 무슨 말을 하는지, 무슨 의미인지 도대체 알 수가 없었다.

못 마시는 소주를 몇 잔 마셨던가. 애꿎은 삼겹살만 굽고 자르다가 자정이 되어서야 숙소로 돌아왔다. 지금도 마찬가지지만 그때는 영역별 분리가 더욱 심했다. 정신요양시설에서 장애인시설로의 이직은 전혀 다른 나라에 들어서는 것이나 진배없었다. 동일한 점을 찾는 것이 더 어려울 정도였다. 정신장애 영역에서

5년을 근무하다 법인에서 처음으로 설치한 장애인 시설에서 일을 시작한 그때, 그분을 만난 건 행운이었다. 그 자리에서 이해하지 못한 이야기들을 묻은 채 업무에 파묻혀 있을 때 그분으로부터 연락이 왔다.

시설평가제도를 도입하기 위해 시범적으로 평가를 실시하던 때였는데 받아볼 것인지 의향을 묻는 전화였다. 당연히 받겠다고 했다. 결과는 참담했다. 체계도 과정도 알 수 없는 서류만 산더미였다. 제대로 일을 하기 위해 인천 장봉도까지 국토를 종단하는 여정이 시작됐다. 2, 3일씩 그 시설에 머물면서 일을 배워와 적용하고, 전국의 사회복지사들을 대상으로 실시하는 교육에 빠지지 않고 참석했다. 여전히 그분과의 대화는 어려웠다. 거의 10년, 20년을 내다보며 장애인복지 미래를 말씀하시면 묵묵히 적기나 할 뿐이었다.

그로부터 12년이 흐르고 다시 장애인직업재활시설로 발령을 받았을 때 역시 같은 경험을 했다. 같은 장애인 영역 안에서도 분리되어 있고 쉬이 넘나들 수 없는 벽으로 가로막혀 있는 현장은 더욱 어렵게 느껴졌다. 보호고용과 복지서비스, 생산판매와 직업재활서비스라는 기로에 서서 갈피를 못 잡고 헤맬 때였다. 그러던 중 어느 교수님에게서 들었던 말씀은 직업재활 현장을 나름대로 정리하고 정의한 후 흔들리지 않고 일할 수 있는 나침반이 되었다. 그분은 고용과 서비스는 50대 50이어야 한다고, 50과 50을 곱하면 2,500이 되지만 어느 한쪽이 100이면 그 결과는 0이라고 강조하셨다.

돌이켜보면 복지현장에서 만난 멘토는 열 분도 넘는다. 부딪히는 일에 따라 많은 분들의 도움을 받았고 여전히 그분들의 도움을 받고 있다. 경력이 없으면 없는 대로, 경험이 많으면 많은 대로 멘토가 필요하다. 상황에 따라 멘토의 역할도 달라진다. 이 일이 맞는지 흔들릴 때도 조언을 얻을 수 있으며 내가 걷는 방향, 일의 방법, 조직 운영 방식 등에 대한 현실적인 조언을 얻을 수 있다. 시행착오를 줄일 수 있는 손쉬운 방법이기도 하다.

당신에겐 멘토가 있는가? 딱히 떠오르는 사람이 없다고 해도 주의를 기울여 찾아보면 당신의 주변에는 이미 존재하고 있는 멘토가 있을 것이다. **선임이든 동료든 후배든 당신이 생각하지 못한 것을 일러주고 방향을 제시하며 가끔은 쓰디쓴 약처럼 말해 주는 사람 말이다.** 친하게 지내는 것과는 다르다. 친한 사람은 상대방이 듣기 거북해 하는 소리를 할 수 없다. 직원들을 한 명 한 명 면담을 하다 보면 친밀하게 지내는 사람에 대한 불만이 있으면서도 업무 안에서는 아무 말 못하는 경우를 의외로 많이 볼 수 있다. '친함'이 멘토링을 가로막는 것이다.

멘토를 가져라. 감정노동이 심한 사회복지사 직군은 더욱 필요하다. 감정조절 방법이나 부정적인 감정을 해소할 수 있는 방법을 멘토의 경험 속에서 찾을 수 있다. 뿐만 아니라 실무역량을 강화하는데도 멘토의 경험은 큰 도움이 된다. 현장의 일은 문서화된 자료에서 다 찾아 해결하기 어렵다. 그럴 때도 멘토의 조언이 특효다. 특히, 클라이언트에 대한 마인드, 서비스할 때 클라이언트에 대한 인식은 책에도 언급되어 있지 않다. **취약한 클라이언트를 대하는 사회복지사들은 스스로를 '도와주는 사람'으로 인식하고, 자신도 모르게 우위에 서는 오류를 범할 수 있다. 그럼으로 조언해 줄 수 있는 누군가가 꼭 필요한 것이다.**

네트워크도 확장된다. 멘토는 다른 전문가들과의 연결고리가 이미 형성되어 있어서 더 많은 기회를 얻고, 좋은 인맥을 쌓을 수 있는 가능성이 높아진다. 나 역시 멘토로 인해 훌륭한 기관장들 모임에 들어갈 수 있었다. 1년에 몇 번 모임에 나가 그분들의 말만 듣고 와도 어떤 정신으로 어떻게 일해야 하는지 방법을 모색할 수 있었다. 함께 일했던 사회복지사 H는 각 영역에서 오랜 시간 열정을 바친 선배 사회복지사들을 인터뷰했는데 지역사회에서 멘토 역할을 하는 분들이었다. 한 분을 마치면 다른 분을 추천받아 연결된 인터뷰를 실시했다.

그분들이 각자의 영역에서 어떻게 일해 왔는지, 구체적인 성과는 무엇인지, 후배들에게 해주고 싶은 이야기는 무엇인지 등등. 또한 일과 가정 양립 방법까지 선배의 삶을 통해 터득했다. 여러 사람을 만나면서 단 한 사람만을 만나듯 귀하게 걸어온 길을 탐색할 수 있었단다. 녹취록을 전사하고 정리하는 과정에서 다시 한번 선배들의 인생을 들여다보는 기회를 가졌을 때 H 또한 사회복지사로서의 미래를 더욱 공고히 할 수 있었다고. 누군가의 멘토를 만났던 H는 현장에서 또 누군가의 멘토로 일하고 있다.

멘토가 있으면 윤리적·도덕적 고민을 해결하는 데도 도움을 받을 수 있다. 사회복지사는 다양한 윤리적 문제를 마주한다. 클라이언트의 개인정보 보호, 공정한 지원 등에 있어 지속적으로 딜레마를 겪는다. 경험 많은 멘토는 결정하기 어려운 윤리적 선택을 올바르게 할 수 있도록 유도한다. 혹여 결정하는 데 용기가 필요할 때도, 그 선택이 옳다고 확신하는데도 멘토의 한마디는 중요하다. 멘토의 역할은 사회복지사가 클라이언트 중심적인 실천을 할 수 있도록 모범적인 태도와 가치관을 심어 준다.

한때 돌풍을 일으켰던 드라마 '미생'에서 이성민 배우의 대사는 멘토의 역할을 정의하고 있다. '살면서 누구를 만나느냐에 따라 인생이 달라질 수 있어. 파리 뒤를 쫓으면 변소 주변이나 어슬렁거릴 거고, 꿀벌 뒤를 쫓으면 꽃밭을 함께 거닐게 된다잖아', '아, 그래서 저는 지금 꽃밭을 걷고 있나 봅니다'라고 임시완 배우가 답을 한다. 나는 무엇을 쫓고 있는지 누구를 따라가고 있는지 생각하게 하는 대사다. 지금 가고 있는 길이 꽃밭인지, 변소 주변 길인지 살펴보라고 두 배우가 말하고 있는 것만 같다.

그래서인지 '꽃길만 걸으라'는 말이 유행이다. 그 말을 들을 때마다 '삶에 어찌 꽃길뿐일까?'라는 생각이 뒤따라온다. 물론 좋은 길, 편안한 길을 걸었으면 좋겠다는 염원을 담은 말이겠지만 화사하게만 와닿지 않은 말이다. 그래서 나는 그 말을 조금 바꿔 써 보기도 한다. '설령 꽃길이 아니고 돌길, 가시밭길을 걸을 때도 능히 이겨내라'고. 사회복지 현장은 꽃길이 아니다. 그렇다고 가시밭길만도 아니다. 어떤 길이든 그 길이 끝나면 다른 길이 기다리고 있다. 다른 길에 서게 되면 어디로 어떻게 가야할 지 내비게이션이 필요하듯 멘토가 필요한 이유다.

다양한 경험을 하고 그 경험을 살로, 피로 만들어 쓸 수 있도록 인도해 주는 멘토, 상황에 맞게 솔직한 조언을 줄 수 있는 멘토, 지식을 아낌없이 공유하고 멘티의 성장에 관심을 보이는 멘토, 이해하고 경청하며, 공감 능력이 있는 멘토를 만들어라. 그런 멘토를 가진 사람만이 그런 멘토가 될 수 있다.

성공한 사회복지사들이 말하는 성공의 정의

껄끄럽지만 월급이야기를 해보자. 2000년대 초반, 현장에 떠도는 소문이 있었다. 사회복지사끼리 결혼하면 영세민이 된다는 것. 사실이었다. 그만큼 월급이 형편없었다. 때마침 현장 사회복지사들의 번아웃, 이직 등의 이슈가 터지고 사회복지사의 업무, 감정 소모에 비해 월급이 적다는 것이 사회적 공감을 얻게 되면서 처우개선이 시작되었다. 지금은 어떨까? 생각하기 나름이고 영역별로 차이가 있지만 다른 분야와 비교했을 때 결코 적다고는 할 수 없는 수준이 되었다.

사실, 사회복지사들을 위한 책을 쓰기로 마음먹었을 때 가장 큰 딜레마는 급여였다. 열정이 있어야 된다는 글을 쓰면서도, 패러다임을 주도해야 한다는 글을 쓰면서도, 주인의식을 가져야 한다고 강조하면서도, 공부를 멈추지 않아야 한다고 등을 떠밀면서도 거의 대부분의 주제에서 급여가 떠올랐다. 이 책을 보는 사회복지사들이 '그 월급 받고 그렇게 열심히 하라고요?'라며 항변할 것만 같았다. 나도 모르게 자판을 두들기는 손을 멈춰야 했다. 오히려 이 책이 후배들 마음에 생채기를 내는 것은 아닐까 마음이 서늘해지기도 했다. 그래도 다시 노트북 앞에 앉을 수밖에 없었다.

앞서 쓴 글들에서 이미 눈치 챘겠지만 '급여가 적기 때문에 노력을 하지 않아도 된다'는 것에 동의할 수 없기 때문이었다. 급여는 별개의 문제다. 일중독이라는 말을 귀가 닳도록 들었던 적이 있었다. 업무노트가 옆에 없으면 불안했다. 심지어 잠자리에서도 머리맡에 둬야 했다. 제시간에 퇴근할라치면 급한 일을 하지 않은 것 같아 저녁 9시, 10시까지 일을 하는 게 편했다. 많지도 않은 연가는 매년 절반 이상 남았다. 그러면서 가끔 들었던 생각은 '붕어빵 장사를 그렇게 했다면 부자 됐겠다'는 것이었다. 즉, 나 역시 때때로 '부자'가 성공의 기준이었다는 고백이다.

갈수록 살기 어려워지는 자본주의 사회에서 돈을 언급하지 않고 성공을 이야기하는 나 자신에게 '귀신 씻나락 까먹는 소리하고 있다'는 속말이 올라온다. 그렇지만 경제적인 것을 제외하면 사회복지사라는 직업이 내게 준 것은 실로 헤아리기 어렵다. 언젠가 남편에게 한 질문이 있다. 나의 존재 가치를 세 가지만 말해보라고. 세 가지 중 하나는 내가 남편의 가치를 올려준다는 것이었다. 사회복지사로서 사회적 약자에게 늘 최선을 다하는 모습이 남편에게 자부심을 준다는 것. 아이들에게도 마찬가지였다. IMF가 터졌을 때도 한 번도 밀리지 않았던 급여, 적지만 호봉에 따라 때맞춰 인상되는 급여는 마치 그런 일이 있는지조차 알 수 없을 정도였다. 그만큼 안정적인 직업군에서 근무한다는 것은 누구도 부정하지 않을 것이다.

여전히 월급봉투를 제대로 본 적도 없이 일하고 있는, 즉 월급 액수 같은 것은 안중에도 없이 일하고 있는 사회복지사들에게는 대단히 미안한 마음이다. 성공이라는 주제에 웬 월급 이야기냐고 언짢아할 수도 있겠다. 여전히 사회가 사회복지사에게 기대하는 바는 '헌신, 좋은 일'에 가깝다. 그것이 드러내 놓고 돈 얘기를 할 수 없게도 한다. 또한 꼭 높은 연봉만이 성공했다고 말할 수 없는 분야가 사회복지 영역이기도 하다. 그렇다면 사회복지 분야에서 성공했다고 말할 수 있는 상황은 어떤 상황일까. 몇몇 사회복지사들에게 물었다.

사회복지사 L: 말에 영향력이 있을 때

사회복지사 P: 타 기관에 컨설팅을 해줄 수 있는 능력이 생겼을 때

사회복지사 J: 이름만 들어도 알 수 있는 사람이 되었을 때

사회복시사 Y: 관청에서 자문을 요청할 때

사회복지사 C: 능력이나 슈퍼바이저 역할이 뛰어났을 때

이 외에도 자신의 커리어를 만들어가는 사람, 도움이 되는 사람이라는 답을 들을 수 있었다. 놀랍게도 연봉 이야기가 나오지 않아서 월급에는 만족하느냐고 물었더니 이구동성으로 '돈을 생각했다면 사회복지사를 하지 않았을 것'이라는 답이 돌아왔다. 모든 사회복지사의 의견은 아니지만 이 요건들이 성공의 조건에

포함된다는 것에는 동의할 것이다. '성공'은 단순히 승진이나 연봉 상승만이 아니라, 전문성, 직업 만족도, 클라이언트의 변화, 사회적 영향력 등 여러 가지 요소를 포함한다. 성공한 사회복지사는 자신이 속한 기관, 지역사회, 클라이언트의 긍정적인 변화를 만들어 내고 소진되지 않으면서 지속적으로 성장하는 상태라고 볼 수 있다.

나 역시 '성공했다'는 기준을 클라이언트의 변화와 성장을 위한 프로그램 및 정책을 개발하여 적용하고 그런 사례를 다수 보유한 사회복지사라고 생각한다. 사회복지사 업무의 본질은 클라이언트 삶과 연결되어 있다. 다년간 지원한 클라이언트의 행동이나 삶이 크게 달라지지 않았다면 내용, 수행 방식 등 프로그램을 변경하여 지원해야 한다. 그것을 자신의 사례로 축적해 나갈 때 성공의 첫걸음을 내디딘 것이라고 할 수 있다. 무엇보다 클라이언트에 대한 평등한 시각을 갖는 것이 전문성, 나아가 성공을 뒷받침해 주는 중요한 요소다.

두 번째로 전문성이 있어야 성공했다고 볼 수 있다. 전문성의 요소로는 사회복지 이론과 실무 능력을 겸비하는 것. 상담, 사례관리 등 클라이언트 개개인에게 맞춤한 다양한 방법과 숙련된 기술로 개입할 수 있어야 한다. 경험에 기반한 정책 제안에도 능숙해야 한다. 복지 서비스의 새로운 모델을 개발하거나 혁신적인 프로그램이 무엇인지 알고 운영할 수 있어야 한다. '자기만의 브랜드를 만들어라'에서 언급한 바 있듯 자신만의 특허가 붙은 브랜드가 있어야 한다.

세 번째는 조직 및 지역사회 내에서 영향력을 발휘할 수 있어야 한다. 기관의 발전과 서비스 개선에 기여함으로써 자신의 지위를 확고하게 하는 것이다. 있어도 되고 없어도 되는 그런 사회복지사가 아니라 그 자리에 꼭 자신이 있어야만 할 정도로 영향력을 발휘하는 사회복지사가 되어야 한다. 어떤 일에서만큼은 다른 누구도 아닌 바로 물망에 떠오르는 사람처럼 말이다. 그러다 보면 어느 순간 클라이언트, 동료, 지역사회로부터 신뢰받는 전문가의 지위에 있을 것이다. 당연히 공공기관, 연구기관 등의 사회복지 제도 개선이나 정책 개발에 기여할 수 있는 기회가 많아진다.

네 번째로 무엇보다 중요한 상태인 직업적 만족과 성장을 느끼는 정도에 이르러야 한다. 타인의 인정도 중요하지만 스스로의 업무에 대한 보람과 의미를 느끼며 지속적으로 동기 부여가 업그레이드되는 상태를 말한다. 그런 사회복지사들은 심리적 소진을 느끼지 않는 것이 특징이다. 또한 신체적·정신적 건강을 위해 기꺼이 자기에게 투자한다. 개인적인 성장과 행복을 함께 추구하면서 조화로운 삶을 영위하는 것. 업무 외적인 일에서도 스스로 하고자 하는 일을 다양한 형태로 이룬 사회복지사를 일컫는다.

사회복지사들이 시설을 설치하고 운영하는 것을 성공 기준, 최종 목표로 두는 경우가 있다. 그러나 왜 시설을 설치하려는지에 대한 목표는 명확하지 않다. 누군가의 간섭을 받지 않고 자유롭게 시설을 운영할 수 있다는, 혹은 자기 시설을 가지고 운영자로서 사는 것이 성공한 사회복지사라고 생각하는 것이 아닌가 싶다. 하지만 온전히 클라이언트를 위해 시설을 설치하겠다는 포부로 시작해도 만만치 않은 일이 시설 운영이다. 따라서 왜 시설 운영을 꿈꾸는지, 왜 최종 목표로 삼고 있는지에 대한 철학, 마인드를 정확하게 가져야 할 필요가 있다.

결론적으로 성공한 사회복지사는 전문성, 직업 만족도, 사회적 영향력 등을 골고루 갖춘 사람이다. 더불어 클라이언트, 소속기관, 지역사회의 긍정적인 변화를 이끌면서 자신의 삶을 지속적으로 성장시켜 나갈 수 있는 상태라 할 수 있다.

꿈꾸지 않는 사람은 꿈꾸는 사람을 이길 수 없다

S 사회복지사가 입사한 지 1년쯤 되었을 때였다. 할 얘기가 있다며 상담을 청해 왔다. 표정이 밝지 않은 것이 무슨 이야기를 할지 짐작이 갔다. 아니나 다를까. '이 일을 하려고 사회복지를 전공한 것이 아니라며 그만두겠다'고 했다. 장애인 직업훈련을 하고 보호고용을 위해 비누를 만들고 있었던 우리 기관은 프로그램을 주로 하는 여느 복지기관과는 달랐다. 비누 찌꺼기들이 엉겨 붙은 작업복만 봐서는 일반적인 사회복지사라고 생각하기는 어려웠다. 그저 비누공장 근로자로밖에는 보이지 않았다.

잠시 침묵이 흐르고 꿈이 뭐냐고 내가 물었다. 그만두겠다는 자신의 말에 대한 내용이 아닌 예상치 못한 질문에 그가 눈을 동그랗게 뜨고 나를 바라보았다. 그리고는 "사회복지사요, 저는 사회복지를 하고 싶어요"라고 답했다. 이 일을 왜, 특히 사회복지사가 해야 하는지 설명하고 '일주일만 더 생각해 보라'고 다독인 후 내가 먼저 자리를 떴다. 이후 S는 5년을 더 일하고 다른 복지

업무도 경험해 보고 싶다며 이직했고 여전히 장애인 복지영역에서 일하고 있다. 그날 '우리가 왜 이 일을 하고 있는지 생각해 보라'고 마지막에 덧붙였던 말은 어제 한 듯 선명하다. 지금도 늘 하는 말이기 때문이다.

그런데 S는 사회복지를 전공하고도 왜 장애인 직업재활 분야가 복지 영역이라고 여기지 않았을까. 학과 커리큘럼에 장애인 일에 대한 과목이 없었기 때문이다. 졸업할 때까지 장애인이 일을 통해 자립해야 한다는 말을 아무에게도 들어보지 못한 결과였다. 이는 대학 교과과정이 현장을 수용하지 못한다는 것을 의미한다. 그로부터 10년 이상 세월이 흘렀지만 여전히 장애인직업에 관한 과목이 개설되어 있지 않은 대학이 많다. 학생들은 장애인의 직업상담, 일자리 지원, 직업을 갖기 위한 훈련 등의 필요성을 들어보지 못한 채 현장에 진입한다. 그런 사회복지사들에게 공장과 다름없는 장애인직업재활 현장이 회의적으로 느껴지는 것은 당연한 결과이다.

이 책을 보고 있는 당신들의 꿈은 무엇인가? 가끔 직원들에게 꿈을 묻는다. 모두 눈빛을 피하기 바쁘다. 꿈인 것도 같고 아닌 것도 같은, 깊이 숨겨놓은 생각을 마지못해 꺼내 놓는다. 집 마련하기, 대출 갚기, 건강하게 살기, 행복하게 살기 등등. 집 마련이나 대출 상환은 한국인이라면 거의 모두에게 해당되고 건강이나 행복은 지구인 모두가 품고 있는 것이다. 하긴, 나 역시 그랬다. 결혼하고 보니 집 마련이 꿈이었고 집 한 칸 마련하고 보니 빚 없는 삶이 꿈이었다.

그런데 그건 꿈이 아니다. 꿈이라면 모름지기 나를 발전시키고 나를 빛낼 수 있어야 한다. 집 마련과 대출의 고달픔을 잊을 수 있는 것이 꿈이다. 꿈도 아닌 것이 꿈인 척 우리 삶을 차지하고 있는 것을 꿈이라고 하지 말자. 서글프지 않은가. 어렸을 때를 생각해 보라. 선생님, 소방관, 대통령, 비행기 조종사, 경찰관 등등의 꿈을 꾸지 않았는가. 성인이 되어서는 좀 더 현실적인 꿈을 갖기도 했을 것이다. 어디쯤에서 잃어버렸는지 되짚어 보라. 무엇이 내 꿈으로 위장해 나를 속이고 있는지 깊이 들여다보라.

'악착같이 찾아봐라… 한번 사는 인생인데 왜 남이 좋아하는 것을 하는가. 눈만 뜨면 가장하고 싶은 일이 무엇인지 찾으라. 쭈그리고 앉아 있지 말고 나가서 뒤져 보고 찔러보고 열어보고 강의도 들어보고 책도 읽어보면서 찾아야 한다'고 최재천 교수는 자신의 책 『공부』에서 강조한다. 맞다. 그래야 한다. 악착같이 찾아서 악착같이 노력해야 한다. 설령 실패해도 괜찮다. 밑져야 본전이라고 하지만 아무리 밑져도 본전 이상이다. 그 과정에서 경험하고 얻고 느낀 것들은 무엇과도 바꿀 수 없는 귀한 순이익으로 돌아오기 때문이다.

유도 81kg급 김재범 선수는 2008년 베이징올림픽에서 결승 상대였던 비숍 선수에게 금메달을 내준 후 2012년 런던올림픽 결승에서 비숍 선수를 다시 맞아 금메달을 획득한다. 그때 김재범 선수의 인터뷰가 유명한 일화로 남아 있다. "그때(2008년)는 죽기 살기로 했는데 졌어요. 이번(2012년)에는 죽기로 했어요.

이겼어요. 그게 답입니다." 2012년 올림픽에서는 '죽기 살기'가 아닌 '살기'를 뺀 '죽기'로 결심하고 경기했다는 이야기다. 멋지지 않은가. 김재범 선수는 은메달이 꿈이 아니라 금메달이 꿈이었다.

김재범 선수처럼은 아니었지만 1997년 장애인복지를 막 시작했을 때 나는 전국에서 제일가는 사회복지사가 되는 것이 꿈이었다. 1등 사회복지사는 어떻게 될 수 있을까? 시설평가에서 전국 1등 하는 것을 우선적인 목표로 삼았다. 내가 하는 일을 평가받고 1등을 한다면 1등 사회복지사라 할 수 있을 것이라고 나만의 목표를 정한 것. 2001년 첫 평가, 2004년 두 번째 평가에서 지역에서는 탑이었지만 전국 탑은 하지 못했다. 드디어 2007년 평가에서 전국 1위를 했다. 법인 내 장애인 직업재활시설로 발령받은 후 2019년 평가에서도 1위를 차지했다. 기관을 운영하는 사회복지사로서 스스로 세운 목표에 도달한 것이다. 금메달 아닌가!

전국 1등으로 금메달을 따고 보니 더 큰 꿈이 저절로 찾아왔다. 현장 경험을 살려 지역 사회복지에 대한 체계를 잡고 정리하고 싶은 꿈이었다. 공공영역으로 들어가면 더 가능성이 있겠다는 생각에 때마침 설치된 사회서비스원 초대 원장 공모에 지원서를 제출했다. 먼저 설치된 타 지역의 사회서비스원들은 교수, 공무원, 광역단체 의원 출신들이 원장으로 앉아 있는 자리였다. **오로지 지역복지를 정리하고 발전시키겠다는 생각과 꼭 해내고 싶은 열망, 내가 아니면 안된다는 생각만으로 들이댄 그야말로 무모한 일이었다.** 그런데 여러 가지 루머가 돌았다.

나와 함께 최종면접에 올라간 J씨가 시장 측근이라느니 선거 지원에 따른 보은 인사라느니 등등의 기사가 쏟아져 나왔다. 사실이 아닌 부분도 없진 않았겠으나 지자체장이 맘먹고 내정한 사람을 어떻게 이길 수 있을 것인가. 시청 담당 부서에 사퇴서를 제출한 후 인맥 하나 없이 이 사회에서 살아가야 하는 씁쓸한 현실을 곱씹으며 일부러 먼 길을 돌아 집으로 향했던 기억이 잊히지 않는다. 외로운 도전이었지만 생각할수록 멋진 나를 다독여 주고 싶은 일이다. 꿈이란 그런 것이다. 이루지 못할 경우가 훨씬 더 많다. 다만 쉼 없이 꿈을 꾸고 도전하는 일이 중요하다. 그러다 보면 언젠가 이룰 수 있지 않겠는가.

명작동화 '파랑새'의 주인공 치르치르와 미치르가 파랑새를 찾기 위해 먼 길을 떠돌며 고생하다가 다시 돌아온 초라한 집에서 파랑새를 찾은 이야기처럼 지금 이곳에서 꿈을 탐색해 보는 방법도 있다. 지금 서 있는 그 자리에서 꿀 수 있는 꿈이 무엇인가? 거기서부터 생각해보라. 사례관리가 주 업무라면 사례관리의 1인자가 되겠다든가, 상담을 최고로 잘하는 사회복지사가 되겠다든가, 모든 프로포절을 선정될 수밖에 없도록 쓰겠다든가, 장애인 성관련 명강사가 되겠다든가. 유독 해외연수가 많은 사회복지 분야이니 영어나 일어 하나쯤 유창하게 하고야 말겠다든가.

K 사회복지사는 클라이언트에게 경제교육 프로그램을 하면서 경제교육 전문가가 되겠다는 꿈을 꾸기 시작했다. S 사회복지사

는 프로포절이 몇 번 선정되자 프로포절 잘 쓰는 방법으로 강의를 한다. 큰 꿈을 가져라. '내가 이렇게 큰 꿈을 이룰 수 있을까?' 싶을 만큼 상상 이상의 꿈을 꾸어라. 큰 배가 파도에도 덜 흔들리는 것처럼 큰 꿈이라야 작은 일에 방황하지 않는다.

습관이 위대한 사회복지사를 만든다

나는 언제나 당신 곁을 떠나지 않는 동반자
나는 당신의 가장 충실한 조언자일 수도 있고 가장 무거운 짐일 수도 있습니다.
나는 당신을 밀어 올릴 수도 있고 아니면 실패의 나락으로 끌어내릴 수도 있습니다.
당신은 당신이 하는 일 절반을 나한테 떠넘길 수 있습니다.
그러면 나는 순식간에 그리고 정확하게 해치웁니다.
나를 다루는 일은 쉽습니다. 나를 꽉 붙잡고 있기만 하면 됩니다.
일을 어떻게 했으면 좋은지 정확하게 보여만 주십시오.
몇 번만 연습하면 나는 자동으로 해냅니다.
나는 모든 위인의 하인입니다.
하지만 실패자의 하인이기도 합니다.
위대한 사람이라면 나는 위인을 만들어 냅니다.
실패자라면 나는 실패자로 만들어 냅니다.

나는 기계처럼 정확하게 움직이지만 그렇다고 기계는 아닙니다.
인간의 지성을 가지고 있을 따름입니다.
당신은 나를 움직여 이득을 볼 수도, 파멸을 맞을 수도 있습니다.
어느 쪽이든 나한테는 아무 상관도 없습니다.
나를 꽉 붙잡고 훈련시키십시오.
그러면 당신에게 이 세상을 드리겠습니다.
나를 편히 놓아주시면 당신을 파멸로 인도할 것입니다.
나는 바로 '습관'입니다.

하이럼 스미스의 책 『성공하는 시간관리와 인생관리를 위한 10가지 자연법칙』에 나오는 작자 미상의 '습관'이라는 시다. 몇 번만 연습하면 자동으로 한다고, 위인의 하인으로도, 실패자의 하인으로도 존재하면서 위인도, 실패자도 만들 수 있다고 호언장담한다. 꽉 붙잡고 훈련하면 이 세상을 준다고도 큰소리친다. 그야말로 훈련만 하면 금방 위인이 될 것 같다. 쉬운 것 같지만 전혀 쉽지 않은 일이다. 일 점검의 습관도, 운동 습관도, 식습관도 뭐 하나 쉬운 것이 없다. 그러기에 계획 세우는 것도, 공을 들이는 것도 '하지 않음'으로 편안함에 안주해 버린다. '파멸로 인도할 것'이라는 협박이 뜨끔한 이유다.

『성공하는 사람들의 7가지 습관』 저자 스티븐 코비는 '습관은 삶의 자동 프로그램'이라며 '습관이 우리의 사고방식, 의사결정, 대인관계까지 지배하며…. 좋은 습관은 인생을 성장시키고, 나쁜 습관은 발목을 잡는다'고 강조했다. 제임스 클리어도 『아주 작은 습관의 힘』에서 '당신의 삶은 당신 습관들의 총합'이라고 말한 바 있다. 이는 작은 습관들이 모여 정체성과 결과를 도출하는 것으로 '매일 1%씩 나아지는 습관이 장기적으로 큰 변화를 만든다'는 것이다. 찰스 두히그 또한 자신의 책 『습관의 힘』에서 '습관은 우리의 뇌가 결정을 줄이고 에너지를 절약하게 돕는다'며 '반복되는 행동을 뇌가 자동화하는 방식'으로 습관이 형성된다고 말하고 있다.

이 외에도 습관의 결과를 과학적으로 증명하면서 중요성을 쓴 책들이 많다. 그만큼 습관이 우리 삶을 좌우하고 긍정적인 방향으로 나아가도록 유인한다. 무명씨의 시 '습관'의 호언장담이 그냥 쓰여진 것이 아님을 알 수 있는 증거이다. 그럼 어떻게 하면 자동 프로그램으로 작동할 수 있도록 습관을 만들 수 있을까? 영국 UCL(University College London)의 연구에 따르면, 새로운 행동이 습관으로 자리 잡는 데 평균 66일이 걸리고 개인에 따라 최소 18일에서 최대 254일까지 보고 있다. 예를 들어 물 한 잔 마시는 정도의 행동은 빨리 습관화되고 운동이나 명상 같은 행위는 더 오랜 시간이 걸리는 것이다.

핵심은 매일 조금씩 반복하는 게 중요하다. 실천 가능하면서 과학적으로 검증된 실천 방법은 다음과 같다.

첫째, 작게 시작한다(Tiny habits). 너무 큰 목표가 아닌 작은 목표, 행동부터 시작해 보자. 가령, 출퇴근 시 큰 목소리로 인사하기와 같은 것이다.

둘째, 이미 습관화된 행위에 연결(Habit stacking)하여 습관을 추가한다. 독서 후에 글쓰기, 클라이언트 상담 전 전 상담록 확인하기, 식사 후 스트레칭하기 등이다.

셋째, 구체적인 시간과 장소를 정한다. '언젠가 해야지'가 아닌, 언제 어디서 할지 명확하게 정해 놓는다.

넷째, 시각화하여 관리한다. 체크리스트나 달력에 표시해 두고 실행 여부, 안 되었을 때 조치 등을 간략하게 기록한다.

다섯째, 보상한다. 일주일 이상 혹은 한 달 이상 계획대로 수행하였다면 보상을 통해 지속성을 유지한다.

여섯째, 환경을 만든다. 행동을 쉽게 하려면 물리적 환경을 정비하는 것이다. 예를 들어 책을 읽고 싶다면 침대 옆에 늘 책을 놓아두거나 조명 등을 설치한다.

일곱째, 유혹 방지 장치를 만들어 둔다. 미루거나 아예 하지 않을 가능성을 최대한 줄이는 장치를 마련하는 것이다. 친구와 같이 운동을 한다거나 알람을 맞춰 잊지 않게 하는 것들이다.

여덟째, '의지'보다 '시스템'에 집중한다. 의지는 무너질 수 있으므로 계획, 루틴, 환경을 시스템화해서 습관화하는 것이다.

사람에 따라 약속 시간에 10분, 20분 빨리 와 기다리는 경우, 겨우 지키는 경우, 매번 늦는 경우가 있다. 이는 교통 체증 같은 환경의 문제라기보다는 그 사람의 습관에서 비롯된다. 중요한 일, 기한이 정해진 일들은 여유를 가지고 순차적으로 수행하는 습관을 들여야 한다. 사회복지사 J의 업무가 늦어지는 것이 문제였던 적이 있다. 자신의 업무도 찔끔, 위에서 지시한 업무도 찔끔, 관에서 요구한 업무도 찔끔, 그야말로 찔끔 찔끔씩 하다 마는 업무 습관에 따른 문제였다. 그러다 보니 J의 업무와 연결되는 동료들의 업무도 모두 '찔끔'인 채로 멈춰 있었다. 업무 수행 습관을 어떻게 들이느냐가 자신의 성과는 물론 동료의 성과에도 영향을 미치는 경우이다.

중간관리자나 최고관리자의 피드백 시간을 충분히 남겨두고 서류를 올리는 것도 습관화해야 한다. 만일 하루 앞두고 올라오는 프로포절은 제대로 된 피드백을 할 수 없을 뿐 아니라 흔한 오타나 잘못된 문맥을 수정하기 어렵다. 궁극적으로 담당자뿐 아니라 기관 전체에 영향을 끼칠 수 있는 상황을 초래할 수 있다. 성격이 급한 나 역시, 아침에 전일 업무를 하나하나 점검하면서 확인이 필요한 것들을 바로바로 담당자를 불렀다. 습관적으로 두세 번씩 부르다 보니 내 시간도, 담당자의 시간도 축내고 지치게 했다. 생활실 라운딩이나, 법인에 보고할 사항도 급한 일이 아니라면 정해진 시간에 모아서 하면 효율적으로 처리를 할 수 있다.

번아웃과 반대되는 개념인 '지루함'을 뜻하는 보어아웃(Boreout)이라는 말이 있다. 스위스의 경제학자이면서 컨설턴트인 필리프 로트린과 피터 R. 베르너가 2007년 출간한 『Diagnose

Boreout』에서 처음 제시한 말이다. 이 책에서는 지루함이 번아웃 만큼이나 심각한 영향을 끼칠 수 있다고 주장했다. 십분 동의한다. 지루함은 의미 없이 시간만 때우게 되고 무기력을 동반한다. 도전적인 과제가 없거나 특히, SNS나 영상들은 보어아웃에 빠지게 하는 주범이다. 여기서 말하는 습관은 우리를 성장하게 하고 보어아웃이나 번아웃을 예방하는 것이라는 것을 잊지 말자.

많은 사람들이 새벽기상, 새벽독서 등 자신을 채찍질하며 산다. 새벽이든 저녁이든 스스로에게 맞는 시간을 선택하고 습관을 들이면 된다. **자신에게 더 효과적이고 효율적인 방법을 모색하면 되는 것이다. 필요한 것을 적정량 선택하고 결정해서 계획하여 실천하면 된다. 다만 멈춰있을 때도 계획을 잊으면 안 된다.** 언제 그런 것이 있었나 싶게 한참을 아무런 생각 없이 지내다가 도달하는 곳은 보어아웃 상태이기 때문이다. 매일 완벽하게 하지 못해도 괜찮다. 잠시 멈춰도 다시 시작하면 된다. 의식적으로 노력하면 분명 습관이 내게 올 것이다.

꾸중은 아무나 받나
'1년 차의 실수할 권리'

입사 1년 차, A 사회복지사는 요즘 부쩍 힘들다. 대상자에 대한 서비스를 잘하고 있는지, 방법이 맞는지 통 확신이 들지 않는다. 늘 해오던 서비스인데 의구심이 떠나질 않는다. 이러려고 사회복지를 전공했나 싶은 생각도 아침저녁으로 밀려든다. 대상자를 대하는 것도 이전과 달리 신나지 않고 실수도 많아졌다. 최근에 공동모금회에 제출한 프로포절도 떨어졌다. 그만둬야 하나 싶은 생각이 머릿속을 점령하고 있다. 도대체 뭐가 문제일까.

마의 1년 차 고개를 넘고 있는 A와 달리 사회복지사 B는 실수를 끔찍이도 싫어한다. 본인이 한 일에 대한 피드백이나 조언도 달가워하지 않는다. 그만큼 일도 완벽하게 해낸다. 그러나 나는 그런 B에 대한 걱정이 크다. 완벽하게 일을 처리하기 위해 자신을 밀어붙이다 보면 그만큼 빨리, 심하게 지치기 때문이다. 그녀와의 연말 면담 때 나는 벼르고 별러 뼈아픈 소리를 했다. '실수해라. 스스로를 닦달하지 말라'고. 이후 조금 편해진 듯하더니 금세 돌아가 버리고 말았다.

행정업무를 보고 있는 입사 4개월 차인 J 사회복지사와 티타임 시간이었다. 요즘 하는 생각이나 고민을 이야기해 보라고 하니 실수가 잦아졌다고 토로한다. 결재를 올린 서류들이 잘못되어 다시 내려오는 일이 많아졌다고. 증빙서류를 꼼꼼하게 확인해야 하는데 누락하는 일이 많다며 한숨을 내쉰다. 사무업무를 담당하고 있어 구매 요청이나 자질구레한 일들도 많다. 왠지 적성에 맞지 않는 것 같고 일이 재미가 없단다. 어떻게 해야 할까? 다음 몇 가지 실수의 미학을 들어보자.

첫 번째, 어느 조직에서나 1년 차는 힘들다. 당연한 일이고 아무도 비켜갈 수 없는 '국룰'이다. 주변의 선배 사회복지사들 또한 어떤 업무를 하고 있는지와 상관없이 허들 경기에서처럼 비켜갈 수 없는 장애물을 넘고 또 넘어지면서 그 자리까지 왔다. 머리를 쥐어짜는 고민과 잠 못 이루는 수많은 밤을 보냈기 때문에 팀장을, 국장을 맡고 있는 것이다. **1년 차가 실수하지 않는 것이 더 이상하지 않은가? 1년 차가 아무런 고민 없이 주어진 일만 한다는 것이 더 우려스럽지 않은가.** 어떤 실수를 하든 어떤 실패를 하든 1년 차라서 가능하다.

두 번째, 시간은 실수를 줄이거나 하지 않을 수 있는, 혹은 실수를 잊을 수 있는 필수 조건이다. 다른 일도 마찬가지지만 회계를 포함한 행정 일은 최소 2년은 돌아야 한다. 그래야 예산, 결산, 행정업무 시스템에 익숙해진다. 두 번 회전하는 동안은 실수도 실패도 괜찮다. 오히려 이 시기에 어려운 일도 시도해 봐야 한다. 이때는 선배들도 나서서 일을 가르쳐 주고 책임을 진다. 또한 시간이 지나면 누구도 내가 했던 실수를 기억하지 않는다. 그러니 너무 겁먹지 말고 들이대고 당당히 실패와 실수를 즐기자. 그것을 통해 더 단단하게 배운다.

세 번째, 별별 권리가 다 있다고 생각할지 모르겠지만 1년 차에게는 실수할 권리, 실패할 권리가 있다. 실수나 실패에 대한 책임은 경력에 따라 달라진다. 1년 차일 때 할 수 있는 실수를 3년 차에 한다면 어떻겠는가? 가령, 1년 차가 쓴 프로포절이 선정되지 않은 것과 3년 차가 쓴 프로포절이 선정되지 않는다면 1년 차에게는 좋은 경험 했다고, 오히려 고생했다는 격려까지 붙여 그러려니 넘어갈 수 있다. 그러나 3년 차에게는 퍽 너그럽지만은 않은 것이 현실이다.

네 번째, 실수는 다음 단계로 올라설 수 있는 반 계단 높은 댓돌과 같은 것이다. 동일한 업무를 반복하다 보면 고민했던 부분들이 자연스럽게 해결되는 경우가 많다. 실수는 이미 '반 계단 위에 올라서는' 것이나 다름없다는 말이다. 서비스에 대한 고민, 잘하고 있는지에 대한 고민은 누구나 한번쯤 만나는 유익한 댓돌이다. 두려워 말고 고민 속에 푹 빠져보자. 고민하는 사회복지사의 모습은 꽃보다도 아름답다. 실수의 시기를 지나 후배들에게서 신입 때 자신의 모습을 보면서 여유로운 미소를 짓게 될 것이다. 그러므로 1년차들이여, 부디 실패했다고 코 빠트리고 절망하지 마라.

다섯 번째, 1년 차는 평생 한 번밖에 받을 수 없는 신인상과 같다. 사회복지사 1년 차는 평생 딱 한 번뿐이므로 모든 것이 허용된다는 것을 기억하자. 실수에 대해 깊이 고민한다는 것은 잘하고 싶은 마음, 실수 없이 해내고 싶은 마음이 크다는 증거다. 일 잘하는 선배들 또한 실수를 통해 뼈가 굵은 사람들이다. 그러므로 잘하기 위한 실수는 기꺼이 눈감아준다. 혹 야단을 듣더라도 개의치 말자. 선임이 야단을 친다는 것은 '일을 해낼 녀석'이란 판단이 섰다는 것이다. 비로소 가르침이 시작되었다는 징조다. 어느 누가 내 사람이 아닌 직원에게 야단을 치겠는가. 그래서 직원들 사이에서는 '야단을 맞는 사람은 인정받는 사람'이라는 말이 있는 것이다.

미국의 농구선수 마이클 조던은 광고에서 이렇게 말한다. '나는 농구를 시작한 이래 구천 번 이상 슛을 놓쳤다. 나는 거의 삼백 번의 경기에서 졌다. 나는 경기를 결정짓는 위닝샷을 스물여섯 번이나 놓쳤다. 나는 실패하고, 실패하고, 또 실패했다. 그것이 내가 성공한 이유'라고. J. K. 롤링은 그의 대표적인 저서 『해리포터』가 열두 개 출판사에서 거절당했다. 그 과정을 통해 '우리가 진정한 자신을 알게 되는 것은 실패했을 때'라는 명언을 남겼다.

다만, 실수가 잦을 때는 그냥 좌절하기보다 원인을 분석하고, 실수를 줄일 방법을 찾아보는 것이 중요하다.

첫째, 실수의 원인을 분석한다. 비슷한 실수를 반복한다면 그 원인을 찾아보자. 집중력이 부족한 것인지, 정보나 지식이 부족한 것인지, 아니면 일 처리 방식에 문제가 있는 것인지 점검해

봐야 한다.

둘째, 실수를 기록하고 학습해야 한다. 일기처럼 기록하면서 어떤 상황에서 발생했는지 정리하면 비슷한 실수를 방지할 수 있다. 예를 들어 회의 준비 부족으로 자료를 빠뜨렸다면 다음부터 체크리스트를 만들어 점검할 수 있을 것이다.

셋째, 작은 목표부터 개선해 본다. 한 번에 모든 실수를 고치려 하기보다 하나씩 줄여나가는 방법이다. 예를 들어 '메일을 보낼 때 오타 확인하기'와 같은 작은 습관부터 들이자.

넷째, 루틴을 만들고 집중력을 높인다. 실수가 반복되는 건 습관의 문제일 가능성이 높다. 중요한 일을 할 때는 체크리스트나 메모를 활용하고 한 가지 일에 집중할 수 있는 환경을 의도적으로 만들어야 한다.

만약, 시간이 지나도 개선되지 않는다면 이 일이 나에게 맞는지 짚어 봐야 한다. 장애인 영역에서 근무하고 있다면 장애인을 대하는 일, 그와 관련된 많은 일들이 자신의 성격에 맞는지 살펴보아야 한다. 아동 영역이나 청소년 영역이 더 맞다고 판단된다면 이직을 고려할 수 있다. 앞서 언급한 회계나 행정업무를 하면서 실수가 잦다면 회계업무가 나와 잘 맞는지도 살펴봐야 한다. 만약 맞지 않는다고 판단되면 선임과 상의하고 업무를 바꿀 수 있다. 그러니 실수와 실패가 층층이 쌓여도 좌절하지 말자. 실수와 실패에는 반드시 대안이 있기 마련이다.

2부

이것만 잘해도 일 잘한다는 소리를 듣는다

메모로 쌓아 올린 내공, 메모에도 급이 있다

1992년 입사 첫 해부터 썼던 업무노트가 사무실 책장 두 칸을 차지하고 있다. 어쩐 일인지 버릴 수 없었다. 차곡차곡 모아 둔 것이 삼십 권이 넘었다. 표지가 삭아서 만지면 먼지 같은 색이 묻어나기도 하고 속지는 그날그날 업무를 기록한 채 누렇게 변해가고 있다. 구청 주무관이 다녀간 얘기, 갈겨 쓴 이사회의록, 막 도입된 컴퓨터 사용법, 클라이언트 입퇴소 내역, 후원금품 수령 내용 등등. '일주일째 김장'이라는 메모 옆에는 '죽을 것 같다'는 문장도 지친 듯이 비틀거린다. 어느 달 25일에는 '급료 406,500원'이란 메모도 흐릿하게 바래있다.

법인 설립 이념이나 역사, 기관의 주요 전환점 등을 직원들 대상으로 교육해야 할 일이 종종 있다. 그때마다 업무 일지를 꺼내 차근차근 훑어본다. 교육에 필요한 내용인데 의외로 간단하게 적혀져 있어 아쉬울 때가 많다. 반면, 당장 써먹을 수 없지만 자세히 써 있는 내용은 그때로 되돌아간 듯 쓰윽 훑어본다. 지금도 변하지 않는 습관 중 하나는 메모하는 것이다. 메모는 나의 삶을 뒤돌아보는 매개체이고 시간이 지난 후에도 현장에서 유용하게 사용할 수 있는 소중한 자료가 되고 있다.

메모에 대한 오랜 이력을 가지고 있는 나는 직원들에게 늘 그 중요성을 강조한다. 업무 피드백을 하는 데도 듣고만 있는 직원들은 불편하다. 그래서 잠시 잠깐 이야기를 하더라도 업무노트를 지참하여 쓰게 한다. 이제 차 한 잔 하자는 말에도 메모할 준비를 하는 직원들에게 쓰지 않아도 된다는 말을 해야 할 정도이다. 내가 직원들에게 가르칠 수 있는 일 중 작지만 중요한 일 중 하나다. 쉽고 당연한 일인 것 같지만 습관을 들이지 않으면 안 되는 것이 메모이기 때문이다.

마에다 유지는 그의 책 『메모의 마법』에서 메모의 필요성과 중요성을 다루고 있다. 보통 사람들이 일주일, 한 달 이상 써야 하는 분량을 거의 하루 만에 쓴다고 한다. 어마어마한 양이다. 한정되어 있는 인생을 더 본질적인 활동에 할애하기 위함이라고 한다. 그러면서 메모할 때 향상되는 기술 다섯 가지를 나열하고 있다. 지적 생산성 증가, 정보 획득, 경청하는 태도 향상, 구조화 능력 발달, 언어표현력 향상 등이 그것이다. 덧붙여 '메모는 나를 보여주고 분석하며 길을 알려준다'는 말로 그 중요성을 강조한다. 메모에 충실했을 때 얻을 수 있는 것들이다.

사회복지사들의 흔한 메모 중 가장 많은 양을 차지하면서 중요한 부분이 클라이언트에 대한 내용이다. 지금은 어느 정도 체계가 잡혀져 있고 기록하지 않으면 안 되는 시스템을 가지고 있다. 메모에도 단계가 있어서 적는 것에 익숙해진 다음에는 메모의 질을 한 단계 높여야 한다. 메모는 보는 이로 하여금 선입견이나 편견을 갖게 할 수 있으므로 그것을 최소화할 수 있는 객관적인 질적 수준을 유지해야 하기 때문이다. 가령, 타인에게 해가 되는 행동을 반복하는 클라이언트가 있을 때 그 행동만을 계속 써 놓는다면 일상적인 메모에 해당한다. 반면 원인을 찾고 문제를 해결한 서비스 내용, 변화하는 클라이언트 모습까지 써 놓는다면 훨씬 좋은 메모이자 기록이라고 할 수 있다. 마에다 유지가 말한 '분석하고 길을 알려주는 것'에 해당한다.

메모를 중요하게 여기는 또 하나의 이유는 클라이언트가 법적 문제에 연루되었을 때 대비하기 위함이다. 대부분 사회적 취약계층인 클라이언트는 법적으로 무력한 상황에 노출될 때가 많다. 현장에서 흔히 맞닥뜨리는 일이다. 얼마나 세밀하고 명확하게 정리해 두었느냐에 따라 클라이언트가 그 상황에서 벗어나는데 결정적인 역할을 하기도 한다. 장문의 기록 역시 그 시작은 메모다. 이처럼 사회복지사의 메모 한 줄은 다양한 문제를 해결하는 근거 자료로 활용된다. 결정 사항에 대해 확인하고 전문적인 근거를 남겨 놓음으로써 불필요한 갈등을 예방할 수 있다.

간접서비스에 해당하는 메모를 살펴보자. 행정사무, 자원개발, 기관의 각종 행사, 회의, 결정 사안에 대한 조치 등이다. 대부분 업무를 수행하면서 필요한 일들이다. 지난 연말 직원들을 면담했을 때 다수가 말하는 고충 중 하나가 요청한 물품이 그때그때 조달이 안 된다는 것이었다. 사무행정 일을 보는 사회복지사 담당이었는데 알아보니 구매청구가 들어온 서류를 어딘가에 넣어놓고 잊어버린 모양이었다. 업무노트에 '○○월 ○○일까지 ○○팀 물품구매'라는 메모만 하나 남겼어도 방지할 수 있는 일이었다. 작은 일이라 생각할 수 있지만 갈등을 조장하고 업무 효율성을 떨어뜨리는 주범이 되기도 한다.

지시받은 일을 메모했는데도 업무를 수행하지 못하는 경우가 많다. 메모해 놓은 날짜가 지나면서 메모 자체를 잊어버리기 때문이다. 대부분 깜박했다며 머쓱해 한다. **메모의 방법, 관리의 문제**이다. 가능한 한 기한까지 완료할 수 있는 방법을 모색해야 한다. 그렇다면 어떻게 하는 메모가 일의 능률과 능력을 키우고 기한을 지키는 데 도움이 될까.

첫 번째, 메모를 구조화해야 한다. 핵심적인 내용을 구체적이고 간결하게 작성할 수 있는 자신만의 메모구조를 만들어야 한다. 예를 들면, '업무명: 매뉴얼 수정, 주요 내용: 기 매뉴얼을 현재의 업무에 맞게 개정 보완, 기한: ○○년 ○○월 ○○일까지, 문의: 국장' 등 필요한 키워드를 정하여 작성한다.

두 번째, 포스트잇을 활용한다. 내용과 날짜를 기록하여 업무노트의 해당 일에 붙여 놓는 방법이다. 만일 해당 일에 포스트잇의 업무를 수행하지 못했다면 완료 날짜를 정해 옮겨 붙여놓으면 된다. 날짜 설정이 모호하다면 다이어리 앞쪽 해당 월에 붙여놓는 방법도 있다. 업무노트는 매일 보기 때문에 포스트잇을 확인할 수밖에 없다. 또한 이전 주, 다음 주 업무를 습관처럼 점검하다 보면 놓치는 것을 피할 수 있다.

세 번째, 급한 일과 덜 급한 일을 색상으로 구분해 놓는다. 업무를 노트에 적어 놓고 퇴근 전 완료한 업무와 완료하지 못한 업무에 각각 다른 색상의 형광펜으로 표시한다. 완료하지 못한 업무는 다음날 일정에 미리 적어 놓는다.

네 번째, 디지털 도구를 활용한다. 구글 문서, 노션 같은 협업툴을 사용하면 메모를 실시간 업데이트할 수 있다. 중요한 대화 내용을 검색할 때도 실용적이고 팀원 간에 메모를 공유하면서 업무에 반영하는 데도 도움이 된다. 실시간 메모 습관을 들일 수 있는 유용한 도구이기도 하다. 중요한 내용을 메모하려고 할 때 도구가 없다면 누락될 가능성이 크지 않은가. 눈앞에 있는 휴대폰을 이용해 간단히 메모할 수 있는 방법이다.

피드백을 주는 사람도 메모를 하지 않는 경우가 많다. 할 필요가 없다고 생각하는 것이다. P 기관장은 담당 사회복지사와 업무를 점검하던 중 당황스러운 일에 맞닥뜨렸다. 잘못 처리한 부분을 언급했더니 '원장님이 그렇게 하라고 했다'는 것이다. 생각해 보니 몇 번 같은 말을 들은 것이 떠올랐지만 증명할 방법이 없어 뭐라 할 말이 없었다. 그 이후로는 지시한 내용까지 세세하게 메모하고, 수정자료와 피드백자료를 같이 올려달라고 요청한단다. 메모는 경력과 직책에 상관없이 중요하다는 것을 알 수 있는 사례다.

SNS나 한, 두 음절 짧은 대화에 익숙한 요즘 세대는 메모, 기록 등 쓰는 행위를 어려워한다. 단 서너 줄 클라이언트의 특성을 쓰는 것도 힘겨워한다. 팀원들이 올린 일지나 상담일지에 대한 피드백을 하는 선임 사회복지사들도 힘들기는 마찬가지다. 그러다 보니 열 페이지가 훌쩍 넘어서는 프로포절을 작성하려면 눈앞이 캄캄하다. **열 장을 쓰려면 한 장이 완성되어야 한다. 한 장을 쓰기 위해서 한 줄 메모를 잘해야 한다. 결국 모든 기록은 메모 한 줄에서 시작되는 것이다.**

메모를 잊지 않도록 눈에 띄는 곳에 붙여 놓자. 하나하나 떼가면서 업무 일정에 포함하고 확인하고 또 확인하자. 다이어리를 창의적으로 활용해 보자. 이 정도 하면 불쑥 치고 들어오는 업무로 인해 계획이 틀어져도 금방 원래 일정으로 되돌아온다. 메모만 잘해도 머지않아 일 잘한다는 소리를 들을 것이다. 누군가의 이야기를 들으며 계속 메모하는 것은 상대방의 말에 관심이 있다는 것이고 경청하고 있음을 행동으로 보여주기 때문이다. 곧 신뢰감을 쌓는 지름길이다.

'memo'라는 영어단어는 라틴어 'memini'가 그 어원으로, '기억하다'라는 의미이다. memory, remember에도 'mem'이 들어간다. memorandum(memo)의 사전적 의미 '비망록'은 잊지 않으려 중요한 골자를 적어 두었다는 의미다. 역설적으로 메모를 해놓아도 잊어버리기 십상이라는 의미가 내포되어 있다. 그만큼 메모의 중요성은 아무리 강조해도 지나치지 않는다. 지금 하는 일은 일주일, 한 달, 수십 년이 흐른 뒤에도 쓰임이 있다. 30년 된 내 업무일지들처럼 말이다. 그러므로 책을 보거나 자료를 보면서 문득 드는 생각, 클라이언트에게 서비스를 하면서 떠오르는 더 좋은 아이디어를 메모해 두자.

퇴근할 때도 업무노트를 싸들고 갔던 기억이 어제 일처럼 생생하다. 업무노트를 끼고 있지 않으면 불안했다. 갑자기 생각나는 일을 적어 놓으면 그렇게 든든할 수가 없었다. 33년이 지나 하루도 빠짐없이 채워진 메모들을 보니 꾸준함은 복리보다 더 두텁다는 것을 새삼 느낀다. 어떤 장소에서든지 어떤 말이든지 어떤 방식으로든 메모해야 한다. 퇴근 후에라도 해야 할 일이 생각난다면 메모를 해 두거나 녹음을 해야 한다. 그렇게 하다보면 어느새 쓰는 즐거움에 빠져들 것이다. 단순한 메모를 넘어 양질의 메모, 아이디어가 덧붙여진 기록을 하는 자신을 발견할 것이다. 업무 효율은 당연히 올라간다. 메모의 습관화, 구조화, 도구 활용, 다양한 방법으로 메모하는 사회복지사를 당해낼 재간이 누구에게 있겠는가.

인기를 부르는 경청과 공감, 클라이언트는 알고 있다

회계업무 담당자를 사회복지사가 아닌 회계 경력이 있는 사람으로 채용한 적이 있었다. 숫자에 약한 사회복지사들이 실수가 잦고 회계업무를 버거워했기 때문이다. 힘들게 가르쳐서 할 만하다 싶으면 적응을 하지 못하고 퇴직하는 통에 다른 업무까지 정리가 안 된 채 밀려 있기 일쑤였다. 안 되겠다 싶어 사회복지사가 아닌 회계업무 경력자를 채용했다. 그런데 이번에는 엉뚱한 곳에서 문제가 터지기 시작했다. 사회복지시설 근무가 처음인 회계직원은 클라이언트를 이해하지 못하고 그들의 행동이나 말에 부정적인 반응을 보였다. 경청은 고사하고 듣는 것도 어려워하다보니 보이지 않게 클라이언트와 갈등이 생겼다.

클라이언트는 알고 있다. 어떤 직원이 따듯하게 대해 주고 자신의 말을 잘 들어 주는지, 컴퓨터에서 눈을 떼고 자판을 멈춘 후 자기와 눈을 맞추는지, 클라이언트는 그 직원을 찾아가 하이파이브를 하고 반갑게 인사를 한다. 기관에서 가장 인기가 없는 사람이 누구일까. 기관장인 내가 생각해도 기관장이다. 아무래도 자주 보지 않기 때문이다. 자리를 비울 때도 많고 사무실을 별도로 쓰고 있어 얼굴 보기 어렵다. 왠지 말 붙이기도 어렵고 무섭기까지 하다. 당신은 어떤 사회복지사인가.

경청과 공감은 이웃사촌이다. 경청 없이 공감하기 어렵고 공감하지 않으면 경청할 수 없다. 클라이언트의 말에 귀를 열고 주의를 기울여 한마디 한마디 새기듯 들어야 한다. 거리를 유지하고 뽀송뽀송 해석해야 한다. 그러나 대부분의 사회복지사들은 클라이언트를 '도움이 필요한 사람'이라는 편견을 가지고 있다. 몇 마디 말만 듣고도 다 안다고 생각한다. 심지어 흘려듣거나 소리만 듣는다. 반면, 지레짐작하고 과도하게 문제시하기도 한다. 모두 제대로 듣지 않고 말의 진정한 의미를 알려고 하지 않은 데서 생긴 일이다. 이런 일이 반복되면 어떤 일이 벌어질까? 잘못된 서비스를 할 수밖에 없다.

경청에서 중요한 요소 중 하나는 객관성이다. 어떻게 해야 클라이언트의 말과 행동 앞에 객관적일 수 있을까? 간단하다. 크게 문제가 되지 않은 행동에는 '흔히 일어날 수 있는 일'이라는 가벼운 관점을 가져야 한다. 사회복지사들의 지나친 걱정이나 제지가 경청을 방해하는 경우가 많기 때문이다. '클라이언트가 자립하는 데 가장 큰 장애는 무엇인가?'라는 질문을 던지면 사회복지사들은 바로 '가족'이라고 답한다. 맞다. 엄마라서, 아빠라서 일상적인 행동에도 염려하고 그 염려가 결국 통제가 된다. 객관성을 가질 수 없다. 당연한 일이다. 사회복지사들은 어떤가? 가족 다음으로 객관성이 없는 그룹이 바로 사회복지사들이다.

지역사회 옷가게로 출근하는 정신장애를 가진 클라이언트가 있었다. 지역사회에서 처음 일 하게 된 그들은 시간보다 빨리 나가 근처 카페에서 차를 마셨다. 평범한 직장인으로서 누구나 할 수 있는 소소한 일상이었지만 그들에게는 들뜨지 않을 수 없는 특별한 일이었다. 그 일이 일주일째 지속되자 담당 사회복지사는 너무 일찍 출근하는 것, 매일 카페에 가서 돈을 쓰는 것 등을 문제라 생각했다. 정말 그런가? 내가 그 '문제'를 들었을 때 '차 한 잔을 사이에 두고 서로 마주보며 이야기하고 공감받는 것이 고팠던 것은 아닐까'라는 생각이 먼저 떠올랐다.

일본의 노인요양시설인 선빌리지에서 출간한 『노인이 말하지 않은 것들』에서 'T 사회복지사는 J 씨로부터 "오줌을 싸고 마는 내 기분을 너희가 알 수 있겠어?"라는 말을 들은 순간, 타인이 몰랐으면 좋겠다고 생각하는 그 기분을 입 밖으로 내게 만든 자신이 정말 형편없이 생각되었고 진심으로 죄송한 마음뿐이었다'고 고백하는 내용이 나온다. 선빌리지에서는 직원을 채용하면 체험부터 시킨다고 한다. 장애체험을 통해 도움을 받는 사람의 입장을, 기저귀를 착용하고 배설하는 체험으로 배설의 어려움을, 축축해진 기저귀가 얼마나 불쾌하며 빨리 벗고 싶은지를 경험하게 하기 위해서다. 휠체어를 타고 찻집에 가거나 지하철을 타보게도 한다. 별 어려움 없이 해왔던 일을 타인의 도움을 받지 않으면 안 되는 창피함, 비참함 등을 체득하도록 하는 것이다.

독일의 사회운동가 안드레아스 하이네케는 '어둠 속의 대화'라는 공공전시 네트워크를 개발했다. 이곳을 찾는 사람들은 시각장애인의 안내를 받아 시연에 참여한다. 흰색 지팡이 하나 달랑 들고 복잡한 거리를 오가고 칠흑같이 어두운 카페에서 음료를 마시기도 한다. 1988년에 창설된 이 네트워크는 30개국의 130개가 넘는 도시를 순회했고 700만 명 이상이 참가했다. 그 결과 시각장애인 6천 명의 일자리를 만들어 냈다. 하이네케는 '어둠 속의 대화'가 장애를 이해하고 '타자성'에 대한 관용을 촉발하도록 하는데 도움을 주고자 했다고 말한다.[1] 이 모두가 경험을 통해 공감해야만 경청할 수 있다는 논리가 깔려 있다.

누구든 고정관념에서 완전히 자유로울 수 없다. 다만 클라이언트가 시민으로 살아가도록 일반화해야 한다. 로잔 토머스도 그의 책 『태도의 품격』에서 상대방의 말을 제대로 들으면 정보를 보다 깊이 이해한다고 했다. 존 메디나 역시, 저서 『브레인 룰스』에서 인간이 멀티태스킹을 할 수 없다는 사실이 연구로 입증되었다면서 인간의 뇌는 오직 한 사람의 말에 집중하도록 구조화 되어있다고 피력한다. 황인태 역시 인간의 듣기 다섯 가지 수준을 다음과 같이 이야기한다.

첫째, 무시, 상대방의 말을 들으려고 노력하지 않는다.

1) 로먼 크르즈나릭(2018). 공감하는 능력, 153쪽.

둘째, 듣는 척, 상대방의 말을 듣는 시늉만 한다.

셋째, 선택적 듣기, 상대방이 하는 말 중에서 흥미 있는 부분만 듣는다.

넷째, 적극적 경청, 상대방의 말을 잘 듣기 위해 적극적인 자세를 취한다. 언어적 반응은 물론, 눈을 맞추고 고개를 끄덕이고 상대방의 말에 짧게 '응 그렇지' 등의 반응을 보인다.

다섯째, 공감적 경청, 상대의 말, 의도, 감정을 이해하기 위해 상대방이 말하는 동안 자신의 생각과 감정을 비우고 잠시 상대방의 입장이 된다.[2)]

복지현장에서 일하는 당신의 듣기 수준은 몇 번째인가?

클라이언트뿐 아니라 동료들과 관계 안에서도 경청과 공감은 필수다. 똑같은 피드백을 하고 내용을 요청했는데도 상이한 자료를 제출하는 경우가 종종 있다. 같은 장소에서 다 같이 결정한 일조차도 각각의 결과가 나온다. 물론 의도적으로 그럴 리는 없다. 말은 한 사람이 했는데 들은 사람들이 제각각 해석했기 때문이다. 말한 사람이 헛갈리게 했을 수 있으나 대부분 듣는 사람들이 제대로 듣지 않았기 때문에 발생한 상황이다. 의미는 듣지 않고 소리만 들었다는 증거다. 다른 업무에, 휴대폰에, 개인사에, 가정사 등에 생각이 가 있었기 때문이다. 황인태의 다섯 가지 듣

2) 황인태(2017). 리더에게 인정받는 직원의 40가지 비밀, 67쪽.

기 중 두 번째나 세 번째의 듣기에 머물러 있는 것이다.

인간의 주의 집중력은 8초 안팎이라는 연구에서도 알 수 있듯이 경청하고 공감까지 연결하는 것은 쉬운 일이 아니다. 그러므로 화자는 주의가 흐트러지면 집중해 달라고 요청해야 한다. 청자는 되도록 논의 내용 외의 일은 접어두고 귀를 기울여야 한다. 이해하지 못했거나 제대로 듣지 못했다면 다시 한번 말해 달라고 해야 한다. 잘 들었다고 하더라도 질문이나 복기를 통해 재차 확인하는 과정을 거치는 것도 한 방법이다. 무엇보다 전문적 듣기가 중요하다. 사회복지사는 단순한 해결사가 아니라 클라이언트의 주체성, 동료의 다름, 조직의 특성을 이해하고 존중하며 전문적 서비스를 하는 사람이기 때문이다.

요즘은 문 하나만 열면 얼굴을 볼 수 있는 사무실에서도 카카오톡으로 메시지를 주고받는다. 카카오톡 소통은 편리하지만 정확한 정보를 전달하는 데 한계가 있다. 되도록이면 사무실에서는 얼굴을 보고 말을 하자. 말의 뉘앙스를 제대로 이해하기 위해서는 표정, 추임새 등도 해석해야 하기 때문이다. 모니터에서 눈을 돌려 클라이언트를 바라보자. 그의 말과 표정에 귀와 눈을 기울이자. 이제껏 몰랐던 또 다른 모습의 클라이언트가 내 앞에 있을 것이다.

좀 더 자주 만나고 싶거나 만나면 즐거운 사람이 있다. 내게는 P 사회복지사가 그런 사람이다. P 사회복지사는 무슨 말을 해도 깊이 들어준다. 그리고 경청하지 않으면 도저히 할 수 없을 것 같은 피드백이나 조언, 지지를 해준다. 내게 관심이 없으면 할 수 없는 말들이다. 목소리마저 낮고 부드럽다. 어찌 그런 사회복지사를 좋아하지 않겠는가. 클라이언트는 알고 있다. 평소 당신의 경청과 공감 능력을!

질문, 밥 먹듯이 해야만 하는 이유

법인 내 다른 기관에서 근무한 H 팀장이 국장으로 승진해 왔다. 딱 한 가지 당부했다. '일을 하다가 눈곱만큼이라도 의문이 생기면 질문하라'고. 그런데 결재 서류를 가져와 설명하는 일, 당장 결정해야 할 일 등 이외의 질문은 하지 않았다. 직원들과의 갈등은 없나? 서비스에 대한 피드백은 잘하고 있나? 기한을 넘기거나 업무처리가 안 되는 직원들에게는 어떤 조언을 하고 있나? 자기가 하는 일들에 대한 확신은 있을까? 이 분야는 처음이라 옆에서 보는 것과는 다를 텐데… 등등, 오히려 내가 더 많은 질문을 만들고 있었다. 결국 H 국장은 조직에 답답함만을 남기고 1년도 근무하지 못한 채 그만두고 말았다.

H 국장이 남긴 퇴직 사유는 '도저히 원장님을 따라갈 수 없다'는 것이었다. 기관장의 질문에는 답을 할 수 없고 자신은 뭘 질문해야 할지 모르겠다는 의미였다. 나 역시 질문하지 않은 그가 버겁긴 마찬가지여서 보낼 수밖에 없었던 안타까운 일이었다.

타 분야라고는 하나 전임지에서 20년 가까이 일한 그가 전혀 다른 분야에 와서 모른다고 말하기에는 적잖이 용기가 필요했을 것이다. 새로운 것을 알기 위해서는 질문이 필수라는 것도, 적응하기 위해서 질문하지 않으면 안 된다는 것도 알고 있었겠지만 그것이 질문까지 연결되지 않았던 사례다.

클라이언트에게 던지는 질문, 동료나 상사에게 하는 질문, 정책이나 전달체계에 대한 의문에서 오는 질문 등등은 현장에 있다면 당연한 것들이다. 만약 질문하지 않은 사회복지사가 서비스를 했을 때 어떤 일이 일어날까? 클라이언트의 선택과 결정이 배제된 일방적인 서비스가 될 것이다. 목욕 후 입고 싶은 옷, 먹고 싶은 간식이나 반찬, 머리를 만지고 싶은 헤어숍, 바르고 싶은 립스틱 등 작은 질문부터 습관화한다면 일상생활에서 일어나는 인권침해도 예방할 수 있다. **바로 사소한 질문에서 존엄이 싹트는 것이다.** 나아가 기관에 던지는 질문은 조직의 발전을 가져온다. 정책에 던지는 질문은 더 나은 복지정책을 수립하게 한다.

K 사회복지사는 '심한 장애인은 일을 할 수 없을까?'라는 질문을 스스로에게 던졌다. '심한 장애인은 돈을 벌 수 있는 일을 한 번도 하지 못하고 사망에 이르러야만 하는 것일까?', '특수학교나 특수학급을 졸업한 스무 살 장애인들은 다 어디로 갈까?', '그들이 일을 할 수 있도록 하려면 어떻게 해야 할까?' 등 질문이 질문을 낳았다. 이후 동료들과 논의해 교육-복지-노동을 연계하는 프로젝트를 계획했다. 마침 아산복지재단에서 발달장애인

들을 위한 특화 프로그램에 집중적으로 지원해 주는 때였다. 3년 동안 3억 원의 지원을 받아 프로젝트를 실행했다.

지원이 종료된 후에도 이 프로젝트는 다양하게 진화하여 수행되고 있으며, 공공기관에서도 정책 연구 아이디어로 다뤄졌다. 한국을 넘어 오스트리아 빈에 소재한 민간단체인 '제로프로젝트'에 출품하여 한국 최초의 우수프로그램으로 선정되는 쾌거를 이루기도 했다. 스스로에게도, 기관에게도, 국가적으로도 성장할 수 있는 연결고리 역할을 한 것이다. 이처럼 사회복지사 한 사람이 복지 현장에 던지는 질문은 많은 변화를 가져온다.

그런데 왜 우리는 질문하지 않을까? 모른다는 것도 모르고, 딱히 알아야 할 것도 없으며 하라는 것만 하면 된다는 생각 때문은 아닐까? 나아가 질문을 하면 상대방이 어떻게 생각할지 생각만 해도 고민된다. 신입직원들은 '팀장님이 바쁜 것 같아서 묻지 못했다'며 마치 팀장 탓인냥 책임을 떠넘긴다. 실제로 팀장들에게 물어보면 고개를 흔든다. 나 역시 질문을 많이 하지 않았다. 말단일 때는 무서웠고 두려웠다. 딱히 할 질문도 없었고 질문할 상대도 없었다. 중간관리자를 거쳐 기관장이 되었지만 대외적인 자리에서 질문을 하려면 여전히 심장이 두근거린다. 재미있는 사실은 질문할 때 긴장감으로 속까지 벌게진 나를 아무도 신경 쓰지 않는다는 것이다. 그 사실을 지렛대 삼아 손을 번쩍 들려고 노력하지만 여전히 극복해야 할 일 중 하나다.

E 사회복지사가 아무도 업무를 가르쳐 주지 않는다며 볼멘소

리를 한 적이 있었다. 근무한 지 3년이 넘은 시점이어서 대부분의 업무를 터득한 상황이었고 별말 없이 수행하고 있던 터였다. 살펴보니, 혼자서 해결하기 어려운 일에 부딪힐 때마다 툭툭 던지는 불만이었다. 답답하기는 팀장도 마찬가지였다. '궁금한 것들은 그때그때 물어봐야 가르쳐줄 게 아니냐, 평소에는 가만히 있다가 무슨 일이 생기면 불평한다'며 E 사회복지사를 원망했다.

사회복지사들의 질문과 시기가 적절해야 한다는 것을 말해 주는 사례다. 현장에서 오고가는 대부분의 질문과 응답은 업무를 진행하는 과정에서 발생한다. 일정 조정이나 예산집행, 결재 기한, 교육 같은 업무 수행 과정에서 필수적으로 컨펌을 받고 결정해야 하는 일들이다. 질문이라기보다 일상적인 업무 확인에 가깝다. 그렇다면 적극적으로 질문하고, 질문의 질을 높이기 위해선 어떻게 해야 할까?

먼저 귀 기울여 들어야 한다. 그리고 상이한 견해에 대해서는 간과하지 말고 왜 그렇게 생각하는지 물어야 한다. 또한 **규정이나 지침 등이 현장과 맞는지, 무조건 규정대로만 해야 하는지 의문을 가져야 한다. 복지 현장 구석구석 탐색의 시선을 던져야 하는 것이다.** 그렇게 만들어진 질문이라야 발전을 도모할 수 있다. 특히, 신입 사회복지사들은 이 행위를 밥 먹듯이 해야 한다. 신입 때 해야 할 질문이 있고, 1년 차일 때, 2년 차일 때 해야 할 질문이 있다. 신입 때나 할 질문을 2년 차 때 한다면 상사는 불편할 수밖에 없고 부드러운 피드백이 돌아올 리 만무하기 때문이다.

곱지 않은 피드백이라도 질문을 한다면 그나마 다행이다. 본인도 알고 있는 것이다. '이 경력에 이 질문이 적절하지 않다'는 것을! 그렇기에 질문하지 않는다. 자꾸만 말문을 닫는다. 능력도 그다지 늘지 않는다. 두려워하지 말아야 한다. 누구나 신입 시절이 있었고 지금 당신의 상사도 누군가의 신입이었다. 눈 딱 감고, 아니 눈을 크게 뜨고 '어떻게 하면 될까요? 이렇게 하는 게 맞을까요? 제대로 하고 있는 걸까요?'라고 묻자. 그래도 질문하기가 어렵다면 질문 시간을 일부러 만드는 것도 좋은 방법이다. 내가 가끔 쓰는 방법이다. 매주 실시하는 스터디 시간을 통째로 질문하는 시간으로 쓰기도 한다. 처음에는 쭈뼛거리는 직원들도 갈수록 질문의 수준이 높아진다.

좋은 질문은 업무를 발전시킬 수 있는 질문이다. 가령, 늘 하던 상담방식에 대해 의문을 제기하고 질문해 보자. 매년 동일한 사업계획서의 틀을 비틀어 보고 이렇게, 저렇게 하면 어떨지 물어보자. 글을 잘 쓸 수 있는 방법에 대해 의문을 품어보자. 질문이 많은 사람이 답도 많이 가지고 있다. 알아야만 질문을 할 수 있기 때문이다. 정답이 아니어도 다양한 방법들을 제시할 수 있다. 평소 호기심이 많고 질문이 많은 사람과 가깝게 지내보라. 금세 창의적인 질문을 생각하게 될 것이다.

2010년 서울에서 열린 G20 폐막 기자회견장에서 버락 오바마 미국 대통령이 특별히 한국 기자들에게 질문의 기회를 준다. 훌륭하게 개최국의 역할을 해주었다는 말을 덧붙이면서 말이다. 아무에게나 질문을 할 수 있는 권한을 주지 않는다는 것! 순간 정적이 흐른다. 오바마 대통령은 '한국어로 질문하면 꼭 통역이 필요할 것'이라고 친절하게 질문을 유도한다. 카메라 셔터 소리가 그나마 정적의 무색함을 덜어주는 가운데 이윽고 한 사람이 마이크를 잡는다. 중국 기자라고 본인을 소개하면서 아시아를 대표해 질문해도 되겠는지 묻는다. 오바마 대통령은 한국 기자들에게 질문을 요청했다며 한국 기자들에게 질문 없는지, 질문할 사람이 아무도 없는지 재차 묻는다. 결국 질문권은 중국 기자에게 넘어간다.[3)]

지금도 그 영상은 부끄럽고, 만약 내가 그 자리에 있었어도 그랬을 것이라고 인정할 수밖에 없는 것이 부끄럽다. 그러므로 부지런히 질문해야 한다. 최소한 상사나 동료들이 오바마 대통령은 아니지 않은가. 생각이 다르다면, 궁금한 것이 있다면 아무리 작은 것이라도 적극적으로 질문해야 한다. 상사는 묻지 않으면 대답하지 않는다. 당신이 모르는 것도 모른다. 어떤 부분을 더 알고 싶어 하는지 아무리 뛰어난 상사라도 알 수 없다. 혹 '잘 모를텐데 왜 묻지 않지?' 정도의 눈치를 챈다 해도 모른 체 한다. 당신이 묻길 기다리고 있는 것이다. 한마디로 질문하지 않는 자의 궁금증은 그 누구도 궁금해하지 않는다. 세상에 나쁜 질문은 없다. 그 상황에 맞는 질문, 더 창의적인 질문, 더 생각을 요하는 질문이 있을 뿐이다.

3) EBS(2014). 왜 우리는 대학에 가는가 5부.

소통은 미주알고주알 친정엄마와 수다 떨듯

'낼 출장가지? 몇 시에나 오냐? 늦으면 집으로 와서 밥 먹고 가라 피곤한데.' 어머니는 출장이 있다고 한참 전에 한 내 말을 마음에 두었다가 하루 전에는 으레 전화를 주셨다. 내 모든 일정에는 어머니가 계셨다. 밥은 먹고 다니는지 나보다 더 끼니를 챙기시고 잔기침 하나에도 병원에 가라고 독촉하셨다. 평소와 다르게 환한 옷을 입고가면 색깔이 예쁘다고 칭찬해 주셨다. 그랬던 어머니가 돌아가시고 가장 힘들었던 것은 소소한 것까지 나누었던 사람이 갑자기 사라진 조용하고 텅 빈 시간과 공간이었다. 출장은 여전히 많았지만 '언제 출장 가냐고, 언제 돌아오냐' 고 전화를 주는 사람이 아무도 없다는 사실이었다.

국장이 새로 왔다. 평소 쾌활하고 활동적인 성격이어서 친정엄마와 애기하듯 소통하자는 당부 한마디로 단행한 인사였다. 다행히 그녀에게는 친정어머니도 시어머니도 계셔서 빠르게 이해했다. 그런데 전임자와 다를 게 별반 없었다. 결재 문서를 브리핑하거나 클라이언트의 근황을 설명하거나 일어난 사실을 전달해 주는 정도였다. 맡은 업무는 잘했지만 국장으로서 새롭고 창의적으로 내야 하는 소통의 길을 만들지 못했다. 게다가 국장이 되기 전에는 듣지 않았던 조언을 한 번, 두 번 듣다 보니 표정까지 어두워졌다. 이미 친밀한 관계를 유지하고 있는 동료들에게 피드백을 하고, 일이 안됐을 때 불편한 소리를 해야 하는 것도 어려워했다. 직원들의 업무능력에 대한 피드백이 그 직원과의 관계가 틀어지지 않을까 걱정까지 드는 모양이었다.

소통은 어떤 것으로도 상대방을 궁금하지 않게 하는 것이다. 중간관리자뿐만 아니라 구성원 모두에게 해당한다. 챗GPT에게 소통의 종류를 물어보면 대면·비대면 소통부터 문서적·디지털 소통까지 많은 종류의 소통을 나열한다. 또 소극적이고 적극적인 소통, 일상적이고 업무적인 소통, 상시적 소통, 주기적 소통 등 다양하게 알려준다. 복지 현장에서 소통해야 할 일은 수없이 많고 그 소통들을 모두 분류하고 설명할 순 없지만 몇 가지만 짚어 보자.

먼저 사적 소통인 안부를 묻는 것부터 시작해 보자. 주말에는 뭘 했는지, 아이들은 잘 크고 있는지, 어떤 운동을 하고 있는지, 요즘 무슨 책을 읽고 있는지 등등 소소한 사적 근황을 주고받다 보면 금세 친밀해진다. 며칠 휴가를 다녀왔거나 머리에 잔뜩 힘을 주고 출근했는데 아무도 리액션을 해주지 않았을 때 좀 뻘쭘하지 않던가. 동료의 작은 변화에도 반응을 하는 것이 사적 소통이다. 사적 소통이 많은 기관은 친밀감도 높아서 조직 활성화의 원동력이 된다. 일상적이고 개인적인 소통을 잘해야 업무 안에서 공적 소통의 길도 넓고 쉬워진다. 소통을 거창하게 생각하면 말문이 막힐 수밖에 없기 때문이다.

공적 소통은 업무 안에서 해야 할 모든 일에 해당한다. 클라이언트에 대한 소통은 말할 것도 없고 의무적으로 보고해야 하거나 공유해야 할 사항들, 논의해야 할 모든 일을 포함한다. 그런데 가만히 현장을 살펴보면 의무적이고 당연한 사항들만이 소통이라고 생각하는 경우가 많다. 가령, 행사일정, 클라이언트에 대한 특이사항, 방문자, 기관의 특별한 일을 공유하는 것만 소통이라고 여긴다. 어떤 면에서는 소통일 수 있겠으나 이 정도는 그냥 업무 전달이다. 이마저도 안 된다면 그 조직은 소통의 정도를 심각하게 점검해 봐야 한다.

사례를 하나 들어보자. A 씨는 시설 거주자로 장애인직업재활시설에서 일하는 발달장애인이다. 연말이 되자 인근 복지관에서 운영하는 일자리로 옮기고 싶다는 말을 했다. (발달장애인이 어디에 어떤 일자리가 있다는 사실을 인식하기는 쉽지 않다. 사회복지사가 '가고 싶냐?'라고 물으면 대부분 '가고 싶다'는 말을 한다.) 그 한마디에 일터를 그만두고 복지관 일자리로 이직했다. 그리고 얼마 되지 않아 그만두고 말았다. A 씨의 일 능력과 환경, 새로운 지원자와의 관계 형성 등에 대한 두 기관 사회복지사들이 긴밀히 소통하지 않은 데서 발생한 결과였다.

직장에서 보는 클라이언트의 일 능력과 거주시설에서 바라보는 일 능력은 다를 수밖에 없다. 두 기관의 담당자가 해당 클라이언트의 욕구, 적성, 적응력, 이직 등에 대해 **충분한 정보를 주고 받고 적절하게 대처**했다면 A 씨는 별 탈 없이 직장생활을 하고 있을 것이었다. A 씨는 직업을 갖기 위해 지난한 훈련과 구직과정을 다시 거쳐야 했다. 사회복지사의 불통 결과가 클라이언트의 삶을 어떻게 바꾸는지 보이지 않는가. 장애를 가지고 있거나 인지에 한계가 있는 클라이언트의 말이 순전한 100%의 욕구라고 하기에는 다소 무리가 있다. 안타깝지만 현실이다. 그러므로 **전문적인 기술로 클라이언트 말의 속뜻을 파악하는 것도 소통이라 할 수 있다.**

클라이언트에 대한 다른 서비스도 마찬가지다. 연초에 수립된 서비스 계획은 거의 변동 없이 진행된다. 변동이 필요한 경우에도 정석처럼 굳어져 수정되지 않을 가능성이 크다. 1년에 몇 번 있는 평가는 서비스의 효과보다는 계획대로 실행했는지에 초점이 맞춰져 있다. 반면, 계획이 변경될 때, 방법이나 횟수, 장소 등의 수정이 필요할 때 선택권은 클라이언트에게 있다기보다는 지원자인 사회복지사에게 있다. 이제껏 그래왔고 그렇게 해온 선배들이 클라이언트 선택권의 중요성을 가르치지 않았기 때문이다. 많이 개선되었다고는 하나 아직도 일방적이다. 그러므로 무엇이 변경되든 '오늘은 무슨 프로그램을 몇 시에 어디서 한다'고 고지하고 클라이언트가 결정할 수 있도록 지원해야 한다.

불통의 벽이 두껍게 서 있는 곳 중 하나가 동일법인 내 기관과 기관 사이다. 법인 설립 목적은 차치해 두고서라도 기관 각각의 기능이 있으니 그럴 수 있다. 기관장들도 나름의 운영방침과 오랜 경력으로 쌓인 노하우가 있다 보니 직원 교육이나 기관 운영 방향이 기관장 개인의 색깔을 띤다. 그렇게 시간이 흐르다 보면 같은 법인이되 다른 법인의 기관처럼 존재할 수밖에 없다. 사람으로 치면 형제자매 같은 기관의 정보를 전혀 알 길이 없다. 어려운 일도 칭찬할 일도 서로 모른 채 서류만 같은 법인인 채로 운영된다. 더 심각한 상황은 경쟁관계가 되고 만다는 것이다. 마음 아픈 일이다.

일 년에 한 번 실시하는 법인 연수가 끝나고 직원들의 건의사항을 취합했다. 그중 가장 많은 내용은 기관 간 교류였다. 두 번째로는 동일 직군끼리의 소통과 모임을 만들어 달라는 것이었다. 그 외, 법인 설립 정신에 대한 교육, 기관 견학, 동아리 지원 등이 뒤를 이었다. 모두 소통과 관련된 것들로 법인 내 기관들끼리 소통하지 않는다는 증거였다. 복지관에서만 근무한 사회복지사들은 거주시설을 이해하는 데 한계가 있다. 일자리를 창출하는 시니어 센터나 장애인직업재활시설에서 근무한 경험이 없는 사람은 노인이나 장애인 일자리의 중요성을 인식하는 데 한계가 있다. 청소년 복지기관에서 일한 사회복지사가 노인 시설을 이해하지 못하는 것과 같다.

디지털 소통도 한계가 있기는 마찬가지다. 카톡으로 주고받다가 성질 급한 사람이 먼저 전화를 하는 것도 그 때문이다. 카카오톡은 반가운 목소리를 담지 못한다. 수다도 안 된다. 아무리

'손짓발짓'으로 '방가방가'를 외쳐도 백 프로 전달하지 못한다. 카카오톡이 소리 내어 웃는 것을 들어본 적 있는가? 통화에도 한계가 있다. 미소도 표정도 몸짓도 전할 수 없다. 경영과 비즈니스 분야의 전문적인 저널인 『하버드 비즈니스 리뷰』는 디지털 기기를 통한 의사소통과 직접 얼굴을 마주하는 의사소통을 비교한 결과, 면대면 소통이 압도적인 차이로 디지털 소통을 앞선다고 발표한 바 있다.

소통은 불편함을 동반한다. 앞서 언급한 것처럼 신임 국장이 직원들에게 하는 업무 요청이나 지시, 개선을 요구하는 데 불편한 마음이 든다하여 아무것도 하지 않는다면 어떤 결과를 초래하겠는가? 생각만 해도 답답해진다. 다행히 신임 국장은 불편한 세월을 무사히 견디고 '구임'이 되어 가고 있다. 못해 먹겠다고 집어던지기도 하고 그만하겠다고 눈물 바람도 몇 번, 소통에 필요한 세월이 흐른 것이다. 이제는 제법 '구임' 국장의 목소리가 창문을 넘어 내 사무실까지 소란스럽게 한다. '못해먹겠다'며 '집어 던지는 것'이나 '그만하겠다'며 쏟은 '눈물 바람' 또한 속을 탈탈 털어내는 쓰린 소통이었던 것.

소통은 혈관이다. 모세혈관이 막히면 동맥이 막힌다. 작은 일도 소통함으로써 흐르게 해야 한다. 친정엄마와는 시시콜콜 이야기한다. 잔소리라고 치부해도, 가끔은 티격태격해도 금방 돌아서서 다시금 '미주알고주알'이다.

기한엄수!
능력자로 가는 첫 관문

3월이 끝나가는 데도 사업계획서가 나오지 않고 있었다. 각 부서에서 올린 것을 국장이 끌어안고 있었기 때문이다. 클라이언트 개인별 지원계획이 마무리되지 않아 반영이 안 됐다는 회신만 몇 번째 올라왔다. '그럼 클라이언트에 대한 지원은 어떻게 하고 있느냐'는 질문에 '늘 하던 대로 하고 있다'는 답변이 돌아왔다. 최소 1월 말까지는 전년도 평가가 완료되고 그 평가를 비롯한 클라이언트의 욕구를 반영한 지원계획이 완성되어야 한다. 그때서야 비로소 새로운 서비스를 시작하는 것이 규칙이고 클라이언트에 대한 예의다. 서비스 계획도, 조직의 사업계획도 결정되지 않은 채 전년과 다를 바 없는 서비스를 실행하고 있는 상황이었다.

사람을 대상으로 하는 사회복지 특성상 업무적으로 기한을 넘길 수밖에 없는 몇 가지 요인들이 있다. **첫 번째로 복잡하고 과중한 업무 때문이다.** 사례 관리, 보고서 작성, 클라이언트 지원 등 다양한 일을 동시에 처리해야 하는 현장은 우선순위가 혼란스럽고 기한을 맞추는 데 어려움이 있다. 이 업무, 저 업무 모두 마무리는 못하고 '깨작깨작' 손만 대고 있는 형국이다. **두 번째로는 업무 목표나 지침이 명확하지 않고 기준이 없기 때문이다.** 무엇을 먼저 해야 할지 불분명하고 처리하는 데 부담이 따르는 일을 후 순위로 미루다 보면 기한을 넘길 위험이 커진다. 더구나 연말과 연초에 몰려있는 일들을 기한 내 처리하기가 결코 녹록지 않은 것이 현실이다.

특히, 클라이언트에게 발생하는 일들이나 시도 때도 없이 불쑥 치고 들어오는 행사, 외부 방문객 응대 등 계획에 없던 일들이 쏟아질 때는 아무리 손발이 빠른 사회복지사라 하더라도 도리가 없다. 내 일인지, 네 일인지 모를 업무들은 감정적 소진을 불러오고 집중력도 흐트러뜨린다. 악순환이 계속된다. 이런 상황 속에서 기한 내 업무를 처리해야 한다는 압박감은 무기력이나 스트레스 상태에 빠지게 한다. 대한민국의 사회복지사라면 누구나 예외 없이 경험했고 경험하고 있으며 앞으로도 수없이 겪을 수밖에 없는 상황들이다.

그렇지만 나는 이 지면을 빌어 좀 더 본질적이고 불편한 이야기를 하고자 한다. **첫 번째는 시간관리의 문제다.** 50대로 접어든 대부분의 사회복지사들이 말단이었을 때, 그러니까 '혼자서 북치고 장구치고' 하던 때였다. 소식지 만들고, 금전출납부를 한 줄 한 줄 수기로 채워가며 예산을 집행하고 정산했다. 은행가고, 물건 사러 다니고, 짬짬이 주방 일 도와주고, 클라이언트 신변처리는 물론, 소일거리로 함께 나무 도시락 같은 것을 만들기도 했다. 그것도 모자라 프로그램도 진행해야 했다. 일은 끝이 없었고 자정을 넘기기가 일쑤였다.

'꼰대라떼'의 이야기를 하려는 것이 아니다. 90년대 복지 현장에서는 어쩔 수 없었고 할 수 없으면 현장을 떠나야 했다. 그만큼 일을 해내는 사회복지사가 필요했다는 얘기다. 항상 인력은 부족했고 체계도 시스템도 없었다. 그러나 단 하나 있었던 건 사회복지사들의 헌신이었다. 헌신 밖에는 그 어떤 것도 그 시간을 견디게 할 수 있는 것은 없었다. 때문에 기한이 지켜지지 않아도 눈감아 주고 참고 기다렸다.

지금은 어떤가. 직원은 두 배, 세 배 이상 많아지고 업무도 과학적으로 분장되었다. 주 52시간 근로 기준을 맞추기 위해 3교대 근무도 실시하고 있다. 이제는 지침상 제시하는 시간 외 근무시간을 초과하여 일하는 사회복지사는 거의 없다. 개인용 컴퓨터가 있어서 일처리도 그만큼 빨라졌으며 서식이나 서류들은 상당 부분 '복붙'해서 쓸 수 있다. 체계도 시스템도 하루가 다르게 발전한다. 다시 말하면 업무 기한을 넘길 이유가 그만큼 사라진 것이다. 기한을 넘길 수밖에 없는 이유들을 모두 갖다 대도 백프로 수긍하기 어렵다. 도대체 무엇이 문제일까.

헌신과 동기가 사라지고 그곳에 무책임과 무기력이 자리하고 있기 때문이다. 다른 말로 하면 사회복지사들이 자신들의 가치와 목표를 잃었다는 이야기다. 에드워드 데시(Edward Deci)와 리처드 라이언(Richard Ryan)은 『자기결정 이론(Self-Determination Theory)』에서 인간의 동기를 내재적 동기(intrinsic motivation)와 외재적 동기(extrinsic motivation)로 나누고 '헌신은 내재적 동기와 밀접하게 연결되어 있으며, 개인이 자신의 가치와 목표에 믿음과 열정을 가지고 있을 때 더 높은 헌신을 보인다'고 설명한다. 헌신과 동기는 서로를 보완하며, 헌신이 높아질수록 동기 또한 강화된다고 보는 것이다.

결국 사회복지사들이 자신의 일에 가치와 목표를 부여하면 동기를 갖게 되고 그 동기는 헌신을 유발한다는 것. 그럼 헌신이 업무 기한과 무슨 연관이 있을까? 헌신이 업무기한 준수나 성과에 미치는 영향을 파악한 연구는 비즈니스, 심리학, 인사관리 등에서 활발히 진행되어 왔다. 특히 조직행동 이론에서는 헌신의 개념이 근무자들의 성과 및 조직에 대한 태도에 미치는 영향을 상세히 다룬다.

아놀드 비 바커(Arnold B. Bakker)와 대프니 더 브리스(Daphné de Vries)가 연구한 『헌신이 직무 성과 및 직무 만족도에 미치는 영향』에서 '직원의 헌신 수준이 높을수록 업무 기한을 준수하는 경향이 높고, 성과 또한 향상된다'고 밝힌 바 있다. 마이어(Meyer)와 앨런(Allen) 또한 조직에 대한 헌신을 세 가지 요인, 즉 정서적, 지속적, 규범적 요인으로 다루고 이중 정서적으로 헌신한 직원들은 자신의 업무에 더 높은 성과를 보이며, 기한 준수에서도 성실함을 나타낸다고 보았다. 르핀(LePine), 피콜로(Piccolo), 잭슨(Jackson), 매튜와 베리(Mathieu & Berry) 역시 개인의 헌신 수준과 팀 성과의 상관관계를 분석한 결과 개인의 헌신이 팀 성과에 긍정적인 영향을 미치고, 특히 시한이 중요한 작업에서는 헌신이 팀 프로젝트의 기한 준수에 기여한다는 결과를 도출했다.

그러나 복지현장은 날이 갈수록 헌신보다는 개인의 자유, 권리가 확장되고 있다. 그 가운데 일은 기한을 훌쩍 넘어 탄력 없는 고무줄처럼 늘어지고 결국 그 피해는 클라이언트의 몫이 되고 있다. 조직은 마른 논바닥 갈라지듯 갈등이 생기고, 헌신 비슷한 말 한마디만 던져도 부서질 듯 건조하고 위태롭다. 세상이 달라졌으니 어쩔 수 없는 것일까. 그렇지 않다. 앞서 나열한 많은 연구에서처럼 **사회복지사 개개인이 자기만의 목표와 동기를 설정하고 업무의 탄성을 스스로 높이면 된다. 이때 필수적으로 뒷받침되어야 할 것이 바로 헌신이다.**

사회복지사 각자는 스스로의 헌신성 정도를 자주 성찰해 보아야 한다. 종종 사회복지사와 기관장 간의 갑질이나 인권침해가 문제시 되는 현장에서 헌신을 운운하는 것이 결코 편하지 만은 않다. 그러나 사람을 상대하는 일, 그것도 가장 취약한 이들을 마주하는 일에 있어 헌신을 함께 말하지 않고는 달리 방법이 없다. 헌신과 업무의 상관관계에서 알 수 있듯 헌신을 공고하게 보유한 사회복지사가 기한을 지킬 가능성이 크기 때문이다. 나 개인적으로도 클라이언트와 현장에 대한 헌신과 보람이 없었다면 기한을 지키는 것은 물론 일의 성과를 내지 못했을 것이며 지금 이 자리에 있는 것도 불가능했을 것이다.

단단하게 자리하고 있는 무기력과 무책임 또한 도려내야 할 일 중 하나다. 자신도 모르게 빠져 있는 몹쓸 매너리즘을 벗어 던지고 시간 관리가 효율적으로 되고 있는지 확인해야 한다. 『리더에게 인정받는 직원의 40가지 비결』을 쓴 황인태 작가는 임원으로 재직 당시 직원들이 담배를 피우느라 비운 시간을 계산해 보았단다. 그 결과, 하루 4, 5회 정도 담배를 피우러 나가고 1회 15분 정도 소요되었다. 일 년을 계산해 보니 30일을 담배 피우는 시간으로 보낸다는 것을 알게 되었다. 이 조사 결과는 의미 없이 보내는 시간, 허투루 보낸 시간이 얼마나 많은지 알 수 있게 한다.

어차피 늦어진 일, 3월이 되고 기다림에 지칠 때쯤이면 사업계획서가 나올 것이다. 그 동안의 모든 핑계도, 서비스의 방법, 횟수, 담당자 등이 새로울 것 없이 진행되고 있었던 변변치 않은 현장도 조금은 나아질 것이다. 그렇게 씁쓸한 한 편으로, 어쩔 수 없이 아직 실무자이던 옛날이 그리워질 수밖에 없다. 10월 31일, 야근을 마치고 사무실 한쪽에 수고했다며 원장님이 손수 마련한 조촐한 술상에 둘러앉았던 일, 팔토시를 낀 채 '시월의 마지막 밤'을 열창했던 일! 시간 외 근무수당에 목메는 현실에서는 도대체가 끈끈해질 수 없는 현장이 답답해진다.

죽어도 지키고 싶은 나만의 원칙

오래전의 일이다. 퇴근 후 밤 열시 경, 구청 주무관으로부터 전화가 왔다. 다른 때와 달리 조심스럽게 '기부하려는 사람이 있는데 2천만 원을 기부받고 4천만 원 기부금 영수증을 끊어줄 수 있는지' 물었다. 소득세 신고 시 조금이라도 세금 혜택을 보려는 것 같다고 부연 설명을 했다. 순간 '가능하죠!' 할 뻔했다. 정신을 차리고 '혼자 결정하기 어려운 일'이라며 '내일 윗분과 상의 후 연락 드리겠다'고 전하고 전화를 끊었다. 다음날 윗분도 잠시 흔들리는 듯하더니 '안 되겠지?'라며 망설임이 섞인 애매한 답을 주셨다. 나 역시 '안 되겠죠?' 하며 이도 저도 아닌, 확실하게 결정해 주길 바라는 서로의 마음이 핑퐁처럼 왔다 갔다 했다. 더 이상 망설이면 안 될 것 같아 바로 전화를 넣었다. '저희 기관은 받지 않겠습니다.'

구청 주무관은 거액의 기부금을 이왕이면 우리 기관에 주고 싶은 마음이었다고, 그런데 기부 금액의 두 배 영수증을 요구하자 불편한 마음이었지만 물어나 보자는 심산이었단다. '그럴 줄 알았다'며 받지 않겠다는 기관 결정에 고마워했다. 주무관도, 기관도 원칙적이지 못한 것에 대한 무거운 이심전심이 통했던 것이다. 그 주무관은 이전에도 이후에도 숙직을 하면서 부랑인이 발생할 때마다 자정이든 새벽이든 기관으로 전화를 했다. 그때마다 모셔와 보호했다. 위기상황에 있는 클라이언트는 우선 보호하고 그 후 서류를 보완한다는 일종의 원칙에서였다.

장애인 직업재활시설로 발령이 나서 비누를 만들기 시작했을 때 '원재료를 확인할 수 없는 베이스를 녹여 만드는 비누는 생산하지 않겠다'는 원칙을 세웠었다. 쥐뿔도 없으면서 배짱만 두둑하던 때였다. 어렵사리 기술을 익혀 천연비누를 생산하기 시작했을 때 어느 업체로부터 MP(Melt and Pour)비누 2천만 원 상당의 발주가 들어왔다. MP비누는 말 그대로 이미 만들어진 베이스를 구입해 녹인 다음 비누 틀에 부으면 된다. 만들기도 쉽고 출시하는 시간도 하루가 걸리지 않아 단시간 내 다량 생산이 가능하다. 그러나 베이스의 재료를 알 수 없고 숙성시간 없이 바로 사용하는 것이 좋은 비누라고 하기엔 부족함이 있었다.

당시 우리 기관은 자연, 사람에게 유익한 제품을 만든다는 원칙을 가지고, 좋은 오일을 선별하고 계량해서 베이스부터 비누화 작업을 했다. 그 후에도 30일 이상 숙성해야만 출고하는 시스템이었다. 저조한 매출에 근로하고 있는 클라이언트에게 급여 지급도 빠듯한 상황에서 2천만 원은 혹하고도 남는 일이었다. 하지만 그 '혹'은 자칫 제거

하기 어려울 정도로 무거운 '혹'이 될 수도 있었다. 직원들과 논의 후 어렵지 않게 MP비누는 생산하지 않는다는 회신을 줄 수 있었다. 그때 그 결정으로 말미암아 우리 기관이 성장했고 사람에게 유익한 세제를 만드는 데 더욱 정진할 수 있었다고 믿어 의심치 않는다.

이외에도 운영 원칙은 인권, 투명, 안전으로 정하고 있다. '인권'은 더 이상 말이 필요 없을 정도로 민감하게 다루고 순간순간 점검해야 할 요소다. 혹 지시형의 말투는 쓰지 않는지, 두 번 세 번 언어적 지원을 할 때 부정적 감정은 없는지, 클라이언트가 원하는 것보다 짜여진 계획대로 하려는 경향은 없는지 등등. 무엇보다 클라이언트와 수직적 관계는 아닌지 수시로 살펴야 한다. 방지책은 스스로 세운 원칙을 중심에 두는 실천뿐이다. 점검하는 방법은 간단하다. '클라이언트에게 하는 말을 내가 듣는다면 어떤 기분이 들까?' 클라이언트 입장이 되어 보는 것이다.

복지현장은 보조금뿐 아니라 후원금, 수익금이 있으므로 더욱 '투명'하고 적절하게 예산을 집행하는 데 힘써야 한다. 지금은 사직했지만 예산을 투입하면 편하게 일할 수 있는 것을 예산을 조금이라도 줄이기 위해 돌아돌아 힘들고 고집스럽게 일한 직원이 있었다. 그 직원과 일할 때 '내가 집을 팔아서라도 예산을 마련할 테니 돈을 쓰라'는 조언을 서른 번쯤 한 것 같다. 가끔 답답하기는 했지만 시설 형편을 고려하여 한 푼이라도 허투루 쓰지 않으려고 노력했던 그에게 지금도 고맙고 미안한 마음이다.

'안전'은 간단하고 명료하다. 말 그대로 클라이언트의 안전이 가장

우선한다는 원칙이다. 생산 기자재들이나 재료를 다뤄야 하는데 순발력이 느린 클라이언트가 행여 다치거나 재료로부터 오는 부작용에 노출되지 않도록 시시각각 살피는 것이다. 출퇴근 때도 마찬가지다. 보호자로 하여금 자립할 수 있는 첫 단계로 대중교통을 이용하게 해달라 권장하면서도 늘 걱정되는 일 중 하나여서 딜레마에 처할 수밖에 없다. 그러므로 '안전'은 가장 우선적으로, 자립은 그 다음으로 적용하는 제2의 원칙으로 규정하고 있다. 이처럼 모든 기관에서 조직의 특성에 맞는 원칙을 정해야 한다.

원칙을 만들고 지키다 보면 결정력에 근육이 붙는다. 이전보다 빨라지고 강해진다. 원칙은 시기나 상황에 따라 바뀔 수 있지만 그때마다 원칙을 세우고 실천하는 것은 필수적이다. 가령, '클라이언트가 말을 걸어올 때는 일을 멈추고 그의 눈을 보겠다'든지, '클라이언트에게 최적의 지원을 하되, 최종 선택과 결정은 스스로 하도록 하겠다'든지, '회의에서 하나 이상 의견을 제시하겠다'든지, '비민주적인 사항을 목격했을 때는 침묵하지 않겠다'든지 등 원칙을 세워 지켜야 한다.

현장에서 보편적으로 원칙화할 수 있는 것들은 더 살펴보자면 다음과 같다.

첫째, 합법성의 원칙이다. 업무를 수행함에 있어 관련 법률과 규정을 준수하겠다는 원칙이다. 법적 절차를 어기지 않도록 주의하고, 법적 근거 없이 자의적으로 운영하지 않겠다는 것이다. 그럼에도 불구하고 그 '합법'이 클라이언트 삶에 방해가 되는 것은 아닌지 살펴야 한다. 이는 뒤에서 다시 다루도록 하겠다.

둘째, 효율성의 원칙이다. 자원을 최대한 효율적으로 활용하여 클라이언트에게 최상의 서비스 제공은 물론, 시간, 예산, 인력을 적절히 관리하고 불필요한 낭비를 줄이겠다는 것이다.

셋째, 공정성과 형평성의 원칙으로 모든 클라이언트에게 동등한 서비스를 제공하겠다는 것이다. 성별, 연령, 종교, 경제적 상황 등에 따라 차별하지 않는 것을 포함한다. 서비스가 필요한 대상에게는 적절한 서비스가 제때 지원되도록 설계해야 한다.

넷째, 투명성의 원칙이다. 행정 과정과 결과를 명확히 기록하고 공개할 수 있어야 한다. 클라이언트와 관계자들에게 필요한 정보를 제공함으로써 신뢰를 바탕으로 운영하겠다는 원칙이다.

다섯째, 책임성의 원칙으로 자신의 업무와 결정에 대해 책임지겠다는 것이다. 실수가 발생했을 경우 이를 인정하고, 해결하기 위해 노력하겠다는 것. 기관의 정책과 서비스가 사회적 책임에 부합하는지도 검토해야 할 사항이다.

여섯째, 윤리성의 원칙이다. 사회복지사의 윤리적 기준에 따라 업무를 수행해야 하며, 클라이언트의 비밀을 보호하고, 그들의 권리를 존중한다는 것이다. 이해 충돌 상황이 발생하지 않도록 하면서도 클라이언트의 이익을 우선시해야 한다.

일곱째, 경청과 소통의 원칙이다. 클라이언트의 말에 귀 기울이고 리액션함으로써 그들의 욕구를 정확하게 파악하겠다고 결정하는 것이다. 사회복지사의 적절한 질문과 반응은 클라이언트의 표현력을 상승시키는 도구이다. 매번 반복되거나 중요하지 않다고 생각되는 말이어도 의도적인 훈련을 통해 집중하고 말에 담긴 의미를 파악해야 한다.

여덟째, 참여와 협력의 원칙이다. 클라이언트의 의견과 참여를 존중하고 요구를 반영하여 서비스를 설계하겠다는 원칙에 해당한다. 나아가 동료, 지역사회, 관련 기관과의 협력을 통해 문제를 해결하는 것을 포함한다.

기본적인 원칙 여덟 가지를 제시했다. 기관 운영 규정에 담아야 하는 당연한 것들이다. 이를 기반하여 기관과 클라이언트의 상황에 맞는 새로운 원칙을 추가하면 된다. 사실, 원칙을 세우는 것은 쉽지만 지키는 것은 어렵다. 원칙을 두고 일을 하는 것과 그러지 않은 것은 결과도 다르게 나타난다. 원칙이 있는 경우는 일의 일관성이 있고 동일한 사안이 생겼을 때 해결 과정이 명확하다. 그렇지 못한 경우에는 일관성이 없고 해결 과정도 오래 걸릴 수 있으며 최선이 아닌 결과를 도출할 수 있다. 사회복지사가 클라이언트, 조직, 지역사회를 위해 책임감을 가지고 효과적으로 업무를 수행하기 위해서 원칙은 없어서는 안 될 중요한 기준이다.

오타, 잘못된 띄어쓰기 하나로 결정되는 당신의 이미지

입사 후 가장 먼저 배운 일은 공문 작성이었다. 당시는 타자기로 일일이 내용을 쳐야 했다. 한두 글자쯤 틀려도 화이트로 지우고 그 위에 덧입혀 타자를 치는 것이 흔한 일이었다. 그런데 총무님(현, 사무국장)이 얼마나 엄격한지 오타 하나, 잘못된 띄어쓰기 하나도 허용하지 않았다. 선을 그으면서 묻어난 볼펜잉크도 봐주지 않았다. 컴퓨터로 한 것처럼 정갈하게 완성되지 않으면 처음부터 다시 작성하라고 부드럽지만 단호하게 요구했다. 그렇게 세 번을 반복하던 날 나는 볼펜 똥이 여기저기 묻은 종이를 구겨 던지며 '그만두겠다'고 선언한 뒤 사무실을 뛰쳐나갔다. 몇 시간 동안 주변을 어슬렁거리다가 마음을 가라앉히고 돌아오니 총무님도 너무했다 싶었는지 미안하다고 했다. 이후부터 총무님의 엄격함은 다소 수그러들었지만 나 역시 실수하지 않으려고 노력했다. 그때부터였다. 오타나 띄어쓰기, 부자연스러운 문맥에 총무님은 저리 가라 할 정도로 깐깐해지기 시작한 때가.

지금은 문서 작성뿐 아니라 수정이나 편집이 그때와는 비교할 수 없을 만큼 수월해졌다. 그런데 검토 시간은 길어지고 고칠 것은 더 많아졌다. 앞뒤 문맥도 딱 꼬집어 말하기가 애매해서 맞는 것도, 맞지 않는 것도 아니다. 그러다 보니 피드백은 더 어려워졌다. 왜일까. 문서를 만드는 것이 용이해지고 수정, 보완이 쉽다 보니 점검 과정에 집중하지 않은 탓일까. 여지없이 오타나 띄어쓰기, 반복 단어들 위에 피드백이 빨갛게 달린다. 통째로 갈아엎지 않고 수정 보완을 요구하는 정도는 그래도 낫다고 위안을 삼아야 할 정도다.

보고를 올린 경력보다 보고를 받고 점검한 경력이 더 많아진 선임들은 서류 한 장만으로도 직원들의 업무 스타일, 민감성, 꼼꼼함 등을 알아차린다. 보고 또 보고 몇 번을 확인한 보고서에서도 왜 그리 오타가 나오는지 귀신이 곡할 노릇이다. 거기다 선임은 어쩌면 그렇게 오타를 꼭꼭 집어내는지 귀신이 따로 없다. 온통 숫자로 이루어진 이사회 자료는 컴퓨터로 계산해 몇 번씩 점검해 올리는데도 계산기로 검토하는 기관장은 반드시 틀린 숫자를 찾아내고야 만다. 무슨 마법을 부리는 것도 아닐 텐데 대체 담당자 눈에는 왜 안 보이는 것일까. 왜냐고? 윗사람들은 잘못된 것을 찾아내려고 작정을 한 사람들이기 때문이다. 그것이 윗사람들의 일이고 그들의 급여에는 '귀신' 노릇에 대한 대가도 포함되어 있기 때문이다.

신경 써야 할 것이 오타와 띄어쓰기뿐만 아니다. 단 한 줄을 쓰더라도 앞뒤 문맥이 매끄러워야 한다. 게다가 업무태도나 능력도 띄어쓰기 하나로 평가된다. 그러므로 문서 하나하나를 생성할 때마다 습관처럼 몸에 익혀야 할 것들이 있다.

첫 번째, 확인이다. '언더라인을 쳐가면서 한 자 한 자 씹어 먹는다는 심정'으로 꼭꼭 눌러가며 검토해야 한다. 두 번 세 번 더 이상 내 눈에 보이지 않을 때까지 보고 또 봐야 한다. 중요한 부분이 아니라고 대충 넘어가면 안 된다. '한 가지를 보면 열 가지를 안다'고 하지 않던가. 작은 부분에서 실수하는 사람은 '클라이언트의 문제도 제대로 해결하지 못할 것'이라는 부정적인 평가가 자동으로 뒤따라오기 마련이다.

두 번째, 인터넷상의 글이나 정보를 맹신하지 말아야 한다. 다음 글을 살펴보자.

> 이틀째 내린 폭설에 전국 초·중·고교 등굣길도 마비됐다. 28일 경기도교육청은 관내 유·초·중·고교 4700곳에 '대설에 따라서 교장 재량 휴업을 적극 권고한다'는 내용의 공문을 발송했다. <u>휴업 조치의 경우 학생만 등교하지 않고 휴교는 학생과 교직원은 학교에 나와야 한다.</u> 이에 따라 각 학교는 학교, 지역 상황에 따라 휴업이나 등교 시간을 조정하고 있다(중앙일보, 2024년 11월 28일).

2024년 11월 28일자 메이저 일간지 뉴스다. 몇 번을 읽어 보아도 밑줄 친 부분의 의미가 명확하지 않다. '휴업조치의 경우 학생만 등교하지 않고'는 교사는 등교해야 한다는 뜻이다. '휴교는 학생과 교직원은 학교에 나와야 한다'는 휴교가 아니라는 말이다. 말이 안 된다. 위키백과는 다음과 같이 휴업과 휴교의 차이를 설명하고 있다. (국어사전을 보았지만 명확하지 않아 위키백과 설명을 첨부했다.)

- 휴업은 학교장 재량으로 결정되며 교직원은 출근하지만 학생들은 등교하지 않음.
- 휴교는 교직원과 학생 모두 등교하지 않음.

기자는 경기지역의 학교 휴업에 따라 학생은 등교하지 않는다는 것과 함께 휴교에 대한 설명을 덧붙이고자 했을 것이다. 그러나 어이없게도 '학교에 나와야 한다'고 작성했다. 이처럼 인터넷 자료에는 허점이 많다. 해가 바뀐 다음에 검색해 보았을 때도 수정되지 않은 채 그대로 남아 있었다. 몇 번씩 확인해야 한다는 말을 실감하게 하는 사례다. 눈 씻고 확인해도 꼭 중요한 자리에서 튀어나오는 것이 오타이고 잘못된 띄어쓰기이며 꼬인 문맥이다. 힘이 쭉 빠진다. 어쩔 것인가 확인을 반복할 수밖에.

프랜 엘스턴(Fran Elston)은 「CNN아이 리포트」에 투고한 '인터넷 용어의 영향으로 퇴보하는 요즘 세대의 문법과 글쓰기 능력'에서 디지털 기기로 소통할 때 주로 사용되는 인터넷 용어가 어휘부터 문장구조, 구두점, 문체, 형식까지 문법에 전반적으로 악영향을 끼치고 있다고 주장했다. 또한 '학자들 사이에서는 인터넷 용어 남용이 언어의 핵심인 문법 구조에 위협을 가한다는 우려가 퍼져 나가고 있다'고 피력한 바 있다.

세 번째, 국어사전을 가까이 하자. 앞선 내용과 같이, 인터넷 자료는 확신하기에 정확하지 않은 단어나, 내용이 많다. 가령 '벚꽃'과 '벗꽃'을 검색해 보면 두 단어 모두 그럴듯하게 설명되어 있어 어떤 것이 맞는지 헷갈린다. 심지어 '벛꽃'으로 표기되어 있기도 하다. 휴대폰으로 바로바로 검색할 수 있어 활용도나 편리성 측면에서야 따라갈 수 없겠지만 되도록 종이 사전을 보는 것이 좋다. 굳이 인터넷을 이용하겠다면 '국립국어원'과 같은 공신력 있는 사이트를 이용하면 그나마 낫다.

네 번째, 평소 독서나 글쓰기로 정확한 단어, 띄어쓰기를 체득해야 한다. 완전히 숙지하지 않고 습관화하지 않는다면 자신도 모르게 인터넷 용어나 은어를 사용한다. 어느 날 올라온 서류에는 '줍깅'이라는 단어가 쓰여 있었다. 처음 보는 단어였다. 당연히 국어사전을 폈는데 그런 단어는 찾을 수 없었다. 문서 작성자를 불러 물어보니 요즘에 '아주 핫한' 단어라고 자랑스럽게 설명했다. 어쩔 수 없이 인터넷 창에 '줍깅'을 넣어봤다. '줍다'와 '조깅'을 합쳐 만든 플로깅의 한국식 표현이었다. 사적 대화 때나 사용하는 은어를 아무런 의식 없이 공식 문서에 쓰는 것이 과연 괜찮은지 심각하게 고려해 봐야 한다.

이 외에도 '돼/되', '이/히', '서/써', '왠/웬', '안/않' '게/께' 등의 조사, 접속사, 접두사, 접미사는 늘 확인을 거듭해야 한다. 한 음, 한 음 사용에 주의를 기울여야 한다는 뜻이다. 또한 문장 전체의 정확도를 떨어뜨릴 수 있는 '아마, ~한 것 같다, 대충,

대략'과 같은 확실하지 않은 단어나 문구 사용도 지양해야 한다. 방송에서도 버젓이 잘못 표기할 때가 있다. 자동 교정 도구만 활용해도 어느 정도 걸러질 수 있을 일인데 음절 하나쯤이야 신경 안 써도 된다는 듯이 느껴져 언짢을 때가 많다. 한술 더 떠 듣도 보도 못한 단어들을 양산해 낸다.

마크 트웨인(Mark Twain)은 '적절한 단어와 거의 적절한 단어의 차이는 번개의 빛과 반딧불이의 빛만큼이나 다르다'고 했다. 퓰리처상을 수상한 칼럼니스트 윌리엄 라즈베리(William Raspberry)도 '언어를 말과 글로 올바르게 표현하는 능력은 대학 졸업장보다 훨씬 많은 기회를 열어준다. 반대로 말과 글을 사용하는 능력이 형편없다면 미처 존재하는지도 몰랐던 기회의 문조차 굳게 닫히고 만다'고 역설한 바 있다.

깐깐한 동료나 선임이 바로 옆에 있다면 당신은 복 받은 것이다. 지적을 받거나 꾸지람을 들을 때는 속상하겠지만 선임들은 꾸지람을 들으면서도 배우려고 하는 후배들에게 뭐든 가르쳐 줄 준비가 되어 있다. 꾸지람하는 상사가 당신을 더 아끼고 키우고 싶어 한다. 믿기지 않겠지만 사실이다. 키우고 싶은 후배가 아니라면 띄어쓰기 하나 잘못했다고 야단을 치겠는가. 그런 상사나 선임이야말로 그렇게 일을 배웠으며 그 상사가 자신을 아낀다고 생각했기 때문에 그 자리에 있는 것이다. 나 역시 총무님으로부터 기본을 배워 이 자리에 있다. 살아계신다면 그날의 추억을 나누며 차 한 잔 하고 싶다.

당신만의 사회복지 브랜드는 무엇인가요?

티타임 시간, '만약 지금 당장 일을 그만둔다면 어떤 일을 할까'라는 주제로 분분한 이야기들이 오갔다. 캠핑장을 하겠다, 사회복지시설을 하나 설치하겠다, 공부를 하겠다, 다시 사회복지기관에 이력서를 넣겠다, 쉬면서 차차 생각하겠다 등등의 계획이 나왔다. 몇몇 사람들은 '절대 그만두지 않겠다'고 해 웃고 말았지만 그날이 그날 같고, 어제의 일이 내일 일인 상태가 우리 모두의 현주소다. 다람쥐 쳇바퀴 안에서 끊임없이 사회의 취약성을 마주하면서 그저 월급쟁이로 머무르게 한다. 일의 흥미도 삶의 재미도 잃어 간다. 그나마 정년 보장은 다행인 것일까.

하긴, 임기직이 많고 운영법인이나 규정들이 심심치 않게 변경되는 요즘에는 정년도 믿을 것이 못 된다. 철밥통처럼 여겼던 사회복지기관이라도 어쩔 수 없다. 사회복지사와 운영자의 충돌이나 갈등도 철밥통이 될 수 없는 요인 중 하나다. 결코 안심할 수 있는 직장이 아니다. 그럼에도 불구하고 사회복지 영역에서 일을 하다가 다른 분야로 전향하는 경우는 극히 드물다. 오히려 타 분야에서 사회복지 분야로 진입하는 경우가 더 많다. 복지 영역이 넓어지면서 필요인력과 예산이 증가하고 있기 때문이다.

다 알다시피 복지현장에서 승진이란 하늘의 별따기만큼 어렵다. 소규모일수록 더 그렇다. 직책으로 정해져 있는 자리는 제한적이고 의도적으로 만들어 놓은 부서의 부서장, 즉 과장, 팀장 정도가 전부다. 직책을 가지고 있는 직원이 그만두지 않으면 누군가의 정년을 기다리는 수밖에 없다. 그나마 특정 종교에서 운영하거나 가족이 다수 근무하고 있다면 그조차도 희박해진다. 20년이 훌쩍 넘게 근무하고 있는 사회복지사들도 호봉만 올라갈 뿐 평직원에 머물러 있는 경우가 대다수다.

그러므로 사회복지사 개개인은 각자의 업무에서 자기만의 브랜드를 만들어야 한다. 홈페이지를 관리하는 사회복지사는 업무를 좀 더 확장시켜 홈페이지 제작이나 홍보 마케팅을 배울 수 있을 것이다. 사회복지기관에서 특히 취약한 부분이기도 하다. 영상 전문가, 사진작가로 활동하고 있는 K 사회복지사는 재능을 활용해 봉사활동은 물론 주말을 이용해 아르바이트도 하고 있다. 기관 행사에 가보면 K가 비디오카메라를 들고 왔다 갔다 하는 모습은 멋있기도 하고 부럽기도 하다.

15년 전만 해도 현장은 클라이언트의 개별성보다는 제공자의 의견이 더 중심이었다. 지금은 정년퇴직을 한 J 선생은 현장을 클라이언트 중심으로 변화시키기 위해 PCP(Person Centered

Plan) 이론을 번역해 도입했다. 그리고 현장에서 적용할 수 있도록 전국 사회복지사들을 대상으로 교육을 실시했다. J 선생과 그가 소속되어 있는 기관은 장애인들을 위한 획기적인 이론을 한국에 확산시킨 것이다. 그 이후로 장애인에 대한 인식과 서비스의 실천 방법이 상당한 변화를 가져왔다. 지금도 PCP를 이야기할 때 J 선생이 가장 먼저 떠오른다.

장애인의 성교육과 관련한 강사는 손에 꼽을 정도다. 비장애인의 성교육 강사는 많지만 장애인 대상 성교육 강사는 찾아보기 어렵다. 도전행동에 대해 전문적으로 개입하고 수정해 줄 수 있는 전문가를 찾는 것도 쉽지 않다. 상담은 두말할 것도 없다. 엑셀 하나만 능숙하게 다뤄도 클라이언트 개인별 서비스를 일목요연하게 관리할 수 있는 프로그램을 만들 수 있다. 직원들에게 어떤 교육이 받고 싶은지 조사하면 장애인 상담이나 성 관련한 욕구가 가장 크다는 것을 감안해 보면 답은 금방 나온다. 사회복지사의 글쓰기는 어떤가? 프로포절, 일지, 상담일지를 작성하는 것도 힘들지 않은가? 아무리 AI가 발달한다고 해도 나의 경험과 생각을 직접 묘사하는 것에 비길 바가 못 된다. 글을 쓸 줄 아는 사람만이 AI의 글을 활용할 수 있다.

『직장생활의 품격』을 쓴 장중호 작가는 퍼스널 브랜딩을 위한 4단계 과정을 다음과 같이 소개한다.

첫째, 내가 무엇이 되고 싶은지, 무엇을 하고 싶은지 설정하고 확립하는 브랜드 정의 과정이다. 본연의 업무를 충실히 하다 보면 찾을 수 있고 취미나 관심사에서도 발견할 수 있다고 말한다. 맞다. 평소 시간 가는 줄 모르고 하는 일, 흥미로운 일, 출근할 때 마음을 설레게 하는 일. 그 일을 찾아보라. 스스로에게 맞는 무언가를 찾아내는 게 어렵다면 동료에게 물어보라.

둘째, 브랜드 구축과정으로 자신만의 콘텐츠를 쌓아가라고 조언한다. 스토리와 사람들이 혹할 수 있는 흥밋거리를 포함한다. 가령, 때마다 꼭 필요하거나 앞선 프로그램을 기획하는 것과 같은 것이다. Y 사회복지사는 정신장애인에게 적합한 프로포절을 작성해 4억 가까운 자원을 확보했다. 뿐만 아니라 그 프로그램에 참여한 정신장애인들이 해외 전시에도 참여할 수 있는 기회를 만들기도 했다. 정신장애 특성에 적합한 문화예술을 통해 정신장애인 당사자의 사회활동은 물론 Y 자신의 커리어를 쌓는 데도 한몫한 사례다.

셋째, 브랜드 확산과정으로 SNS 등 주변 사람들과 공유하라고 권한다. '당신의 퍼스널 브랜드는 당신의 존재 자체보다 중요하고 당신이 떠난 뒤에도 오랫동안 자리에 남는다'고 강조하면서. 궁극적으로 좋은 브랜드는 사람보다 더 오래 기억된다는 뜻이다. 오래전 P 사회복지사는 자신이 근무하는 거주시설에 무연고 클라이언트가 많은 것에 착안해 지역민과의 가족결연 프로그램을 개발했다. 해당 프로그램은 P가 퇴직한 지 20년이 지난 지금까지도 수행되고 있다. 만약 그런 프로그램을 개발자의 이름으로 등록해 놓는다면 사용하는 기관에서는 사용료를 지불해야 할지도 모른다.

넷째, 브랜드 관리이다. 즉, 사회복지사 자신이 만들어 놓은 브랜드에 대한 사람들의 평판, 인정 등에 대한 관리라고 할 수 있다. 아마존의 창업자 제프 베이조스(Jeff Bezos)도 '당신의 브랜드는 당신이 자리를 비웠을 때 사람들이 당신을 두고 하는 말'이라고 밝힌 바 있다. 오늘 당장 자리를 이동하거나 다른 기관으로 발령이 난다면 자신의 자리에 어떤 브랜드가 남아 사람들의 입에 오르내릴지 상상해 보라. 앞에서 언급한 J 선생에 대한 평판은 '그가 아니었으면 서비스의 질도 나아지기 어려웠을 것'이라는 점이다.

실체가 있는 브랜드든, 추상적인 브랜드든 지금 각자가 쌓아 올리고 있는 커리어가 무엇인지 찾아보고 나만이 할 수 있는 특별한 일을 만들어보라. 나 역시 처음에는 모호했다. 30년이 넘는 기간 동안 내가 만들어 낸 브랜드는 무엇일까? 실제적 브랜드는 '글쓰기'이다. 추상적 브랜드는 '내 분야에서만큼은 앞서가는 창의력과 클라이언트에 대한 객관적인 서비스 실천'이라고 말할 수 있겠다. 그러므로 서두에서 언급한 첫 질문에 대한 답은 글쓰기라고 주저 없이 밝힐 것이다.

동일한 장소에서 동일한 업무로 쳇바퀴를 돌다 보면 쉬이 지치기 마련이다. 바쁜 업무 속에서 주어진 업무뿐 아니라 내 것으로 무엇인가를 창조해 낸다는 것은 그만큼 시간과 에너지가 소모된다. 그렇다면 **당신은 어제와 오늘, 내일이 다를 바 없는 쳇바퀴를 돌리느라 지칠 것인가. 무언가를 새롭게 창출해 내느라 지칠 것인가.** 선택은 스스로 하지만 내 경험에 비추어 볼 때 전자의 지침은 회복이 더딜 뿐 아니라 남는 것은 우울감이나 회의감뿐이었다. 그에 비해 후자는 성취감을 가져다주는 것을 물론 회복도 빨랐다. 현장에서 생생하게 살아남고 싶은가? 당장 자신만의 커리어를 창조하라.

3부

핵심 인물로 급부상할 수 있는 지름길

눈칫밥으로 다져진 복지에 대한 통합적 사고

장애인거주시설에서 10년 넘게 근무하고 장애인직업재활시설로 발령을 받았을 때, 도대체 직업재활시설에서 무엇을 해야 할지 알 수가 없었다. 나름 거주시설에서 많은 활동을 했음에도 성인 장애인들에게 일이 얼마나 중요한지, 얼마나 필요한지 깊이 고민하지 않았던 탓이었다. 자동차세 고지서를 접어 봉투에 넣는 디엠 작업으로 한창 바쁜 날, 야근하자는 내 말에 거주시설 장애인이 당당하게 물었다. '월급 얼마 더 줄 거야?' 당연한 말이었는데 순간 뒤통수를 맞은 것처럼 멍해졌다. 단 한 번도 그들에게 돈이 필요하다고 생각하지 않은 내 자신이 한심해서였다. 거주시설에서 근무한 시간이 무색할 만큼 클라이언트의 직업에 문외한이었던 나 역시 '통합'의 '통'자도 모르는 사회복지사였다.

'비빔밥에 길이 있다.' 최재천 교수의 말이다. 우연의 일치이겠지만 나는 늘 '복지 인절미'를 생각하곤 했다. 고슬고슬하게 찐 흰 찰밥을 절구통에 넣어 메질을 한다. 밥알이 뭉개지며 쫀득 쫀득 얽히고설켜 한 덩이가 된다. 메질과 뒤집고 매만짐, 그 간격의 조화가 인절미로 탄생하면 노란 콩가루가 펼쳐진 큰 비닐에 올려 먹기 좋은 크기로 자른다. 가끔, 옛날 방식으로 만드는 이 인절미처럼 모든 복지를 테이블 위에 올려놓고 메치고 매만져서 필요한 사람에게 꼭 필요한 형태로 돌아가도록 다시 설계하면 좋겠다는 생각이 들었다. 통합적이고 통섭적으로. 탑다운식의 정책, 실적 위주, 홍부 바지 깁듯 빈 곳이다 싶으면 원래의 형태나 헝겊의 질, 색상은 개의치 않고 덧대어 기워 넣는 작금의 복지는 누구에게 좋은지 알 수가 없어서이다.

최재천 교수의 스승인 에드워드 윌슨(E.O. Wilson)은 『통섭(統攝)』에서 '균형 잡힌 관점은 분과들을 쪼개서 하나하나 공부한다고 얻을 수 있는 것이 아니다. 오직 분과들 간의 통섭을 추구할 때만 가능하다. 그런 통합은 쉽게 성취되지 않을 것이다. 하지만 그렇게 할 수밖에 없지 않은가! 지적인 관점에서 보면 그런 통합은 진리의 울림'이라고 통합의 중요성을 강조하고 있다. 그 스승의 그 제자라고 했던가. 다양한 매체를 통해 통섭의 중요성과 필요성을 피력하고 있는 최재천 교수의 통섭에 대한 열망은 차라리 서글플 정도다.

『통섭』을 읽을 때쯤 한 법인임에도 장애인직업재활시설에 대한 관심이 없고, 장애인거주시설에 대해서도 알려고 하지 않은, 철저하게 분절된 복지영역에 대한 고민이 깊을 때였다. 물론 최재천 교수, 그의 스승 에드워드 윌슨이 말한 통섭은 환경정책, 윤리학, 사회과학, 생물학 등의 우주적 상태를 두고 하는 말이다. 그만큼 한 문장 한 문장 연필로 줄을 그어가며 정독해야만 이해가 되는 어려운 책이었다. 그럼에도 불구하고 마치 복지현장을 알고 말하는 것 같아 부분 부분 깊이 와 닿았다.

사회복지사들의 사회복지 전체를 아울러 직시하는 능력은 매우 부족하다고 할 수 있다. 장애인복지를 하는 사람은 노인복지를, 아동복지를 하는 사람은 장애인복지를 알지 못한다. 더욱 안타까운 현실은 대상이 같고 프로그램이 유사한 장애인복지 영역 안에서도 장애인복지관에서 근무하는 사회복지사들은 복지관 사업에 대해서만, 거주시설에서 근무하는 사회복지사들은 거주시설에 대해서만 알고 있다. 복지관 직원에게 장애인 직업재활시설에서는 물건을 생산하고 판매해서 그 수익금으로 장애인들에게 급여를 준다고 했을 때 깜짝 놀라던 모습이 생생하다.

이러한 분절은 현장에서 많은 문제를 양산한다. 클라이언트에게 직접적인 영향을 미치는 서비스의 중복, 누락, 단절 등이 그것이다. 예를 들면, 고등과정을 마치고 복지관이나 거주시설에 첫발을 디딘 장애인이 직업의 중요성을 아는 사회복지사의 지원을 받지 않는 이상 취업할 수 있는 길은 매우 희박하다. 복지관과 거주시설의 주된 서비스가 직업재활이 아니기 때문이다. 복지관이나 거주시설의 사회복지사가 성인 장애인들의 취업을 당연하게 여겨야 할 시스템이나 기능이 없기 때문이다. 클라이언트의 욕구가 있다면 언젠가 취업할 수 있겠지만 그 '언젠가'가

언제일지 알 수가 없다. 취업할 나이에 어느 영역으로 첫발을 내딛느냐에 따라 클라이언트의 인생이 달라진다는 '웃픈' 소문이 그냥 나온 말이 아니다.

장애인의 일자리 사업이 활성화되면서 복지관이나 거주시설에서 취업프로그램을 수행하고 있는 마당에 일부 사회복지사들은 동의하지 않을 수도 있다. 그렇다면 묻고 싶다. 비장애인과 마찬가지로 장애인도 당연히 일을 해야 한다는 마인드로 일자리 사업을 수행하고 있는지! 곰곰이 생각해 보라. 그렇다고 확신할 수 있는 사회복지사가 과연 몇 명이나 될까. 장담하기 어렵다. 장애인 직업재활과 그 외의 장애인복지사업 간의 철저한 분절이 낳은 결과다. 클라이언트에 대한 서비스는 서비스대로, 사회복지사의 의식은 의식대로 각자 움직이고 있다. 이러한 현상은 '내가 소속된 기관의 클라이언트만 돌보면 그만'이라는 인식을 낳았고 결국 각 영역 간 넘을 수 없는 벽이 되고 말았다.

장애인직업재활시설로 발령을 받은 후 한동안 법인 내 거주시설에서 점심을 해결해야 했다. 백미터 정도 걸어 식당에 도착하면 거주시설 직원들이 먼저 식사를 한 후라 늘 음식이 부족했다. 게다가 남성 근로장애인들의 밥량은 고봉밥이라 한두 번은 리필을 해야만 했는데 독립할 주방도 사람도 없다 보니 어쩔 수 없이 눈칫밥을 먹어야 했다. 하지만 눈칫밥이나 먼 거리, 부실한 반찬 정도야 얼마든지 그러려니 이해할 수 있었다. 그러나 법인도, 법인 내 그 누구도 갓 설치한 열악한 기관의 클라이언트 '먹는 일'

에 무관심했던 일이 아직까지도 상흔으로 남아있다. 철저하게 분절된 정책이나 지침, 지도점검, 평가가 초래한 결과였다. 주방도 없는 직업재활시설의 클라이언트와 직원들이 거주시설에서 점심을 같이 먹었다는 것을 지적하고 '조치하라'는 지도점검 결과를 누가 거부할 수 있겠는가.

아무리 분리와 경쟁이 판을 친다 해도 사회복지사라면 아무짝에도 쓸모없는 이런 몹쓸 현상에 굴복하지 말아야 한다. 장애인복지를 하는 사회복지사가 옆 기관 장애인들이 먹는 밥에 눈치를 주어서야 되겠는가? 되려 공무원의 생각을 바꾸려고 노력해야 하지 않겠는가? 노인복지를 하는 사회복지사는 소속기관을 초월해 노인 복지정책에 관심을 갖고 모든 노인들의 삶을 위한 개선을 요구해야 한다. 청소년복지를 하는 사회복지사도 마찬가지다. 궁극적으로 각 영역의 복지를 넘어 한국의 복지에 대해 책임감을 가져야 하는 것이다.

사회복지의 통합은 클라이언트의 삶에도 영향을 미치지만 예산 절감을 가져올 수 있는 기제가 될 수 있다. 비슷한 영역끼리 합하고 한 법인 내에서 함께 할 수 있는 것은 함께 할 때, 즉, 한 달에 한 번이나 사용할까 말까 한 공간을 공유할 때 불필요한 기능보강 예산이 줄 것이다. 이러한 비합리적인 현장을 파헤치는 것은 사회복지사가 아니라면 할 수 없다. 그래야 복지 마인드가 확대되고 사회복지사로서 전문성이 형성될 것임은 두말할 것도 없다. 통섭의 마인드로 복지마인드를 키워야 한다.

스티브 잡스(Steve Jobs)가 아이폰을 막 개발했을 때 무대 한가운데에 테크놀러지와 인문학이라는 단어가 쓰인 푯말을 세워두고 '이 기계는 인문학과 과학기술이 교차하는 지점에서 탄생했다'고 설명하는 영상을 본 적 있다. 기술과 인문학의 융합이라는 혁신이 아이폰의 탄생을 이끌었으며 아이폰이 품고 있는 어마어마한 세상은 마치 인문학과의 통섭이 아니었다면 개발될 수 없었다는 듯 '교차'를 강조하고 있었다. 사용자에게 더 나은 경험을 제공하는 데 초점을 두었다는 아이폰은 기계에 젬병인 나도 그 그립감은 인문학처럼 익숙하게 느껴졌다.

융합, 통합은 과학기술, 생물학 등 다양한 분야에서 지향하고 있다. 이 시대의 모든 분야가 함께 추구해야 할 공동의 숙제라고 해도 과언이 아니다. 하물며 사각지대에 있는 사람을 지원하는 복지에서의 통합은 시급하고 필수적이며 더 이상 주저할 시간이 없다. 물론 복지부와 교육부, 노동부 등 각 부처가 통합의 필요성을 깨닫는다면 더할 나위 없겠다. 그러나 수없이 건의하고 제안했던 경험은 더 이상 바라지 말아야 할 일이라는 것을 알게 했다. 그러므로 지금 있는 자리에서 나부터 통합을 고민하고 서로 독려해야 한다.

'두물머리 복지'는 어떤가. 경기도 양평에 있는 남한강과 북한강이 만나는 곳 두물머리는 '두 강물이 머리를 맞대듯이 만나 하나의 강'이 되는 지점이다. 각각 남과 북을 버리고 한강이 되는 것이다. 각 영역이 가지고 있는 이기나 색깔을 버린다면 우리나라의 복지는 어떻게 될까? 각각의 영역을 한 그루 나무로 보고 전체적인 서비스를 하기 위해서 뿌리부터 우듬지 끝까지 연결되는 서비스를 한다면 선진국 못지않은 복지 현장이 될 것이다. 뿌리 기능, 둥치 기능, 가지 기능을 나누되 혈류처럼 상호 흘러야만 가능한 일이다. 바로 두물머리 정책과 실천이다.

이니셔티브(Initiative)의 마법, 할 일 창조하기

매년 특수학교를 졸업하고 성인기로 진입하는 장애인은 9천여 명 전후다. 이들 중 취업자는 20% 안팎이다. 1천8백여 명만 직업을 갖게 된다는 것이다. 그렇다면 나머지 7천2백여 명은 어디로 갈까? 전공과나 대학에 입학하거나 복지관 등 복지기관을 이용하거나 가정에서 다시 보호를 받기 시작한다. 그래서 독립은 커녕, 노쇠한 몸으로 자신보다 덩치가 큰 자녀를 돌봐야 하는 보호자들은 '학교 다닐 때가 차라리 낫다'는 이야기를 심심치 않게 한다. 어느 날 사회복지사 L은 깊은 생각에 빠졌다. '도대체 7천2백 명은 다 어디로 가는 것일까.' 그들이 졸업 후 어디에서 무얼 하는지 알기 위해 교육부 통계를 뒤져봐도 찾을 길이 없었다.

L 사회복지사는 '특수학교(급) 연계 프로젝트'를 설계하기 시작했다. 특수학교에 재학 중인 장애 학생들에 대한 직업훈련을 조기에 실시함과 동시에 현장실습을 병행하여 취업률을 높이는 프로젝트였다. 교육부와 고용노동부, 보건복지부 등 각 부처에

서 설치한 공공기관들의 연계가 필요했다. 협업을 하겠다는 해당 기관들의 동의서를 받는 것은 쉽지 않았다. 협조가 필요하다는 공문을 들고 찾아가 장황하게 설명해도 일개 사회복지기관에서 왜 이 일을 하려 하는지 이해하지 못했다. 어렵사리 준비한 프로포절을 들고 기업복지재단, 공동모금회 등 지원이 가능한 곳의 문을 두드렸다. 적극적이고 주도적인 사람(Proactive Person)이란 단어만으로 다 설명할 수 없는 L 사회복지사의 모험적인 실천행위였다.

이니셔티브는 어떤 일을 시작하거나 이끌어가는 능력과 의지를 뜻하는 말이다. 새로운 아이디어로 프로젝트를 제안하고 실행하는 데 적극적인 태도와 행동을 뜻하기도 한다. 'Initiative-driven Person'은 자발적으로 추진하는 사람이라는 뜻이다. 이들은 스스로 문제를 인식하고 해결책을 제안하며, 지역사회를 변화시키기 위해 주도적으로 나선다. 긍정적인 사회 변화를 꾀하려고 적극적으로 행동하는 사람이라 할 수 있다.

사회복지사들을 다양한 말로 정의한다. 그중 하나가 '촉진자'이다. 바로 이니셔티브를 가지고 실천하는 사람을 말한다. 사회복지사들이 하는 일은 지역사회에 많은 영향을 미친다. 저소득 가정, 노인, 청소년가장 등 우리 사회의 사각지대에서 생활하는 클라이언트가 보다 나은 삶을 살아갈 수 있도록 지원한다. 어느 사회복지사는 경제적 어려움을 겪고 있는 한부모 가정을 지원하기 위해 '경제 자립 프로젝트'를 시작하였다. 직업 교육, 금융 상담, 심리 상담 등의 서비스를 제공하여 가정의 자립을 유도한 것이다. 단순한 지원을 넘어, 개인의 존엄성을 회복하고 지역 사회의 자생력을 키우는 중요한 기능을 한 이니셔티브 사례다.

문제가 발생하기 전 예방 프로그램을 기획하여 실시한 사례도 있다. 예를 들어, 아동 학대 예방 캠페인을 실시하여 아동 권리에 대한 인식을 높이고 필요한 자원을 제공한 예다. 다양한 워크숍과 교육 프로그램을 통해 아동 학대를 조기에 발견하고 대처할 수 있는 능력을 스스로 발휘할 수 있도록 씨앗을 심은 것이다. 이처럼 사회에서 발생할 수 있는 각종 문제들을 사전에 파악하여 환경을 개선한다.

이 밖에도 사회복지사들이 하고 있거나 할 수 있는 일들은 다양하다. 시대 흐름에 따라 그 일의 종류와 규모도 변화하고 있다. 최근에는 정책 제안과 애드보커시 활동을 통해서 사회적 변화를 이끌어 내는 데 한몫을 담당하고 있다. 정부 및 비정부 기구와 협력하여 제도개선을 위한 연구와 정책을 제안하면서 사회 구조적 불평등 해소에 기여한다. 예를 들어, 주거 문제 해결을 위해 주거 보조금 제도 개선을 요구하는 목소리를 내고 있으며, 이러한 노력은 궁극적으로 더 많은 클라이언트에게 혜택을 주는 것이다.

가족이 없는 아동들과 일반 가정과의 결연을 통해 가족을 만들어 주기도 한다. 요즘 호응이 좋은 주거환경개선 프로그램도 그중 하나다. 자원봉사자의 활동인 독거 노인들의 말벗 프로그램 실시로 노인들의 우울증 지수가 낮아진 사례도 있다. 청소년들의 정신건강 문제가 심각해지는 가운데, 이를 해결하기 위한 학교 내 프로그램이 부족한 것을 인지한 사회복지사는 정신건강 교육을 개발했다. 이후, 정신건강 전문가와 협력하여 '마음 챙김' 워크숍 및 세미나를 기획하고 정기적으로 운영하여 워크숍에 참석하는 학생들이 자기 정서 관리법을 스스로 터득하게 했다.

현장에서 하는 일상적인 일 또한 조금만 깊이 들여다보면 이니셔티브로 전환될 가능성이 높다. 그렇게 변화된 일들은 보편적 가치인 연대와 공동체 의식을 세우는 데 중요한 역할을 한다. 그 중심에서 사회복지사들은 서로 다른 배경을 가진 클라이언트와 소통하며 관계의 가치를 알리고 그들의 목소리를 사회에 전달하는 다리 역할을 한다. 이는 존중과 협력이 바탕이 된 건강한 사회를 만드는 데 중요한 행동이라 말할 수 있다.

결론적으로, 사회복지사들의 활동에 내재된 이니셔티브는 난관을 극복하기 위한 노력일 뿐만 아니라 사회 전체의 선한 변화를 이루는 초석이 된다. 나아가 개인의 삶을 변화시킬 뿐 아니라 지역사회와 국가의 미래를 밝혀줄 수 있는 중대한 일이다. 혹 '내가 하는 일이 뭐라고 이렇게 거창하게 떠드나' 싶을 수도 있겠다. 눈을 크게 뜨고 주위를 살펴보라. 가족조차도 외면하는 클라이언트를 지원하고, 아무도 하지 않는 궂은일을 내색 없이 도맡아 하는 동료들이 보일 것이다. 이 사회가 지속 가능하도록 곳곳에서 견인차 역할을 하고 있는 것을 발견할 것이다.

직원들의 티타임 시간, 이제 과장이 된 L 사회복지사가 동료들에게 묻는다. 알고 싶은 정보가 있을 때 어떤 통로를 통해 얻느냐고. 대부분의 직원들이 인터넷이나 지인들로부터 취한다고 답을 한다. 몇 명은 챗GPT를 활용한다고도 한다. 직원들이 정보를 얻어내는 과정을 듣고 있자니 마음이 복잡해진다. 새로운 것을 취하기 위해서라기보다는 업무를 하면서 막히는 것을 해결하기 위한 '제자리걸음' 정보 취득이라고 할까. **이니셔티브는 제자리걸음을 통해서는 형성되지 않는다. '멀리, 높이 뛰기'가 필요하다.**

복지현장에서 '멀리, 높이 뛰기'는 무엇일까. '멀리'는 '왜'에, '높이'는 '어떻게'에 대비해 볼 수 있다. 오래 묵은 문제를 하나 꺼내 들고 '왜 이렇게 해결하지 못하고 있을까?'라는 질문을 던진다. 그리고 '어떻게 해야 할까?' 방법을 모색한다. 현장이 가지고 있는 문제를 인식하지 못하면 '멀리, 높이 뛰기'는 불가능하다. 내 업무의 문제도 좋지만 조직의 문제, 내 영역의 문제, 정책의 문제로 확대해 나간다. 사무실 안팎을 어슬렁거리면서 끈기 있게 물고 늘어져야 한다.

L 사회복지사도 장애인에게 직업훈련을 실시해서 그들의 일 능력을 키우는 것이 자신의 업무였다. 그렇지만 좀 더 '멀리' 확대해서 중증장애인들이 '왜' 일을 할 수 없는지, 성인기로 들어선 장애인들이 '어디에서 무엇을 하고 있는지'에 질문을 던졌다. 당연히 일을 통해 독립해야 할 나이임에도 불구하고 돌봄으로 되돌아가는 장애인들을 맞닥뜨리면서 '어떻게'해야 할지 고민했

다. 그래서 어디에서도 하고 있지 않는 '특수학교(급)연계 프로젝트'를 고안해 낸 것이다.

이니셔티브란 이런 것이다. **사회복지사가 해결하지 못할 일은 없다는 것.** 사회복지사의 지위, 마인드는 그만큼 중요하다. 사회복지사가 되고자 했고 사회복지사가 된 사람들은 이미 사회문제를 해결하고픈 욕구를 내재하고 있다. 그런 사람들은 자신의 노력으로 인해 변화되는 클라이언트의 삶을 보면서 무엇과도 비교할 수 없는 보람을 느낀다. '멀리, 높이 뛴' 결과를 눈앞에서 확인하면서 '높이, 멀리'를 다시금 넓혀간다. 그런 사회복지사들이 있기에 지금 이 사회가 유지되고 있는 것이다.

K 사회복지사, 그녀는 어떻게 창의력을 키웠나

비누를 생산하는 장애인직업재활시설에서 일하는 K 사회복지사는 계란모양 비누를 만들었다. 부활절 때 축하 메시지나 예쁜 그림이 그려진 삶은 계란을 받았을 때 먹지도 못하고 바라보다 결국 버렸던 경험에서 얻은 결과였다. 아깝게 버려지는 계란 낭비를 줄이면서 동시에 대체 상품으로 적합하다는 생각이 들었다. 그렇게 만들어진 계란모양 비누는 교회와 성당 홍보를 통해 첫해 1만 개 이상 판매되는 쾌거를 이뤘다. 비누의 변신은 계속됐다. 성탄 트리에 창포비누(청색), 진주비누(흰색), 파프리카비누(주황색) 등 다양한 색깔과 모양으로 비누를 만들어 장식했다. 어느 때보다도 창의적인 크리스마스트리가 되었다.

창의력은 쓸수록 커진다. 새로움은 더 기발한 새로움을 끌어당긴다. 최재천 교수는 자신의 책 『공부』에서 '창의력이란 온 마음을 쏟으며 길을 모색하는 경험에서 나온다'고 말한 바 있다. '온 마음을 쏟으며'에 방점이 있다. **어떤 일이든 하던 대로, 습관대로,**

남이 해오던 방식대로 하는 것은 '온 마음을 쏟는' 상태가 아니다. 한 마디로 창의력은 지금 이 상태보다 더 나은 것, 더 새로운 것을 추구함으로써 생기는 것이다.

일을 하다 보면 '다른 기관도 다 그렇게 해요. 규정대로 했어요.' 등의 말을 종종 듣는다. 각종 자료를 보다가도 변경이 필요한 부분을 언급했을 때 돌아오는 답변은 '이전에도 그렇게 했다'는 말이다. 평소에 문제의식이 없다는 것을 여실히 보여주는 답이다. 하던 대로 하는 것이 맞는지, 더 나은 방법은 없는지, 하물며 규정은 정확한 것인지, 정확하다고 하는 것이 최선인지에 대한 고민을 숨 쉬듯 해야 한다. '이전에는 그렇게 했는데 이렇게 해보면 어떨까요?'라고 스스로에게, 동료에게 질문을 던져야 한다.

비누 이야기를 좀 더 해보자. 비누 생산과정은 어느 정도의 시간이 흐르면 보지 않고도 만들 수 있을 정도로 익숙해진다. 익숙함은 공정 과정을 관찰하거나 품질 향상에 주의를 덜 기울이게 한다. 그러다 보니 항상 같은 공정에서 불량이 발생하거나 좀 더 쉬운 방법이 있음에도 개선의 필요성을 느끼지 못한다. 문제는 그런 분위기에 직원들이 젖어든다는 것이다. 조치가 필요한 것도 '원래 그렇게 했기 때문'이라는 현상에 길들여진다. 익숙함은 창의력 증진에 독으로 작동한다. 그야말로 공정마다 세심하게 살피면서 좀 더 창의적인 공정으로의 전환과 변화를 만들어야 하는 것이다.

그렇다면 창의력을 키우는 방법이 무엇일까? 먼저 습관적으로

하는 행위를 의도적으로 단절해야 한다. 한 번 길들여진 습관은 창의력을 증진하는데 방해물이 된다. **업무를 삐딱하게 바라보자.** 늘 해오던 방식이고 능숙한 방법이라 하더라도 다른 방법이 없는지 찾아보자는 것이다. 무슨 관계가 있을까 싶겠지만 그런 행동은 일상적인 습관과도 연결되어 있다. 가령, 자신도 모르게 인터넷을 연다거나, SNS를 한다거나, 주말이면 소파와 한 몸처럼 붙어 TV에 빠져 있는 것이 보통이라면 업무에서도 늘 하던 방식을 고수할 가능성이 크다. 책을 본다거나 산책을 하거나 낯선 곳을 기웃거려야 한다.

두 번째로 일하면서 조금이라도 불편한 것이 있다면 지나치지 말고 민감하게 반응해야 한다. 어떻게 하면 개선 할 수 있는지, 다른 방법은 없는지 여러 가지로 시도해 보는 것이다. 포장 과정 중 생비닐에 비누를 넣다 보면 비닐 모서리에 부딪혀 비누가 긁히고 패여 상처가 난다. 아무래도 손동작이 불편한 장애인들이 하다 보니 불량은 더 많아진다. 그 업무를 지원하던 사회복지사는 '어떻게 하면 좀 더 편리하게 하면서 불량을 줄일 수 있을까?' 고민하던 중 아주 쉬운 곳에서 답을 찾아냈다. 과자봉지 안에 든 과자 떠먹는 종이를 차용해 두꺼운 종이로 비누를 감싸 비닐에 넣을 수 있도록 지원했다.

세 번째 스스로에게 매일 하나씩 질문을 던져 본다. 어떤 질문이라도 좋다. 그 질문에 답하고 일주일 후 또는 한 달 후 똑같은 질문을 하고 답하는 행위를 하다 보면 분명 달라진 답이 나올 것이다.

또는 매일 조금씩 업그레이드된 질문을 한다. 답을 하다가 막힐 때는 자료를 찾아 답을 하면 부가적인 내용도 얻게 된다. 실제로 C 사회복지사는 질문책을 마련해 하나의 질문을 주기적으로 던짐으로써 생각의 변화를 체크하면서 창의력을 향상했다고 한다.

마지막으로 다른 분야를 내 분야에 적용해 보는 것이다. 예를 들면, 꽃바구니를 차용해 비누를 바구니에 담아 포장하면 고급스럽고 세상에 둘도 없는 비누 바구니가 된다. 평범한 종이상자에 세팅되어 있는 것보다 선물용으로도 안성맞춤이다. 바구니 재활용은 덤이다. 한 줄 김밥처럼 자투리까지 포함해 비누 한 줄을 포장하면 더욱 풍성하다. 비누꽃도 마찬가지로 차용된 아이디어다. 비누라는 아이템 하나만으로 다양하게 변화를 줄 수 있고 다른 아이템으로도 얼마든지 가능하다. 바로 K 사회복지사가 과제처럼 두고 쓰는 방법이다. 책을 보다가, 길을 가다가 눈길이 가는 대목들을 끌어와 자신의 업무에 적용시키는 것.

이처럼 늘 같은 일을 하면서도 조금만 생각을 비틀어 보면 창의력을 키울 수 있다. 다양한 사례와 정보를 통해서도, 평이하기 이를 데 없는 회의 중에도, 클라이언트의 말 속에서도 신선한 아이디어를 떠올릴 수 있다. H 사회복지사는 '알고 자파요('싫어요'의 전라도 사투리)'라고 표현하는 클라이어언트 말을 듣고 '알고 JOB다'라는, 일에 대한 호기심을 유발하는 슬로건을 만들어 프로그램을 기획했다. 간단한 것이지만 주의 깊게 듣고 다시 생각해야만 가능한 일이다. 그러므로 창의적으로 일하기 위해서는 무엇보다 개방적 사고가 중요하다. 고정관념, 전통적 사고방식을 깨야 한다.

매년 지원하는 서비스계획을 개인별로 수립하는 과정에서 이전 서비스에 대한 평가, 클라이언트 생활에 대한 다양한 상황 평가, 도구를 활용한 전문적인 평가를 한다. 그러나 그 평가들 중 꼭 필요한 평가가 있는 반면, 오히려 클라이언트에 대한 편견이나 선입견을 갖게 하는 평가도 있다. 갖가지 평가 틀을 분석하고 어떤 평가 틀을 적용할 것인지 결정하는 것은 순전히 사회복지사의 몫이다. 그럼에도 불구하고 이전에 했던 평가 틀을 그대로 사용하는 경우가 대부분이다. 평가 틀을 뒤집어보고 불필요한 부분이 어떤 것인지, 평가가 과연 클라이언트에게 도움이 될 것인지 섬세하게 살펴야 한다.

행정업무에도 창의력은 필요하다. 수백 가지의 서류를 다루면서 관청에 제출하는 필수서류, 준수해야 하는 지침, 클라이언트의 정보, 조직운영에 필요한 중요한 문서 등 꼭 비치해야 할 자료를 제외하고는 여타의 것들이 꼭 필요한지, 좀 더 간소화할 수는 없는지 고민해야 한다. 기록과 메모는 중요하지만 모든 것을 서류화할 필요는 없다. 나 역시 서류를 최소화하는 데 주력한다. 특히, 클라이언트에 대한 편견이 될 수 있는 불필요한 기록에 대해서는 더욱 엄격하다. 그 시간에 클라이언트와 한 번 더 눈을 마주치고 그의 눈빛이 말하는 것에 따라 서비스도, 서류도, 운영방법도 창의적으로 재조명해야 한다.

클라이언트에 대한 인권 패러다임이나 서비스 전달체계, 업무 수행 방법 등 현장의 많은 것이 빠르게 변화하고 있다. 그런데 사회복지사의 생각과 창의력은 그대로이다. 변화를 시도하지 않고 기존방식을 고수한다. 그중 하나가 클라이언트에 대한 다양한 평가와 욕구를 파악하는 방법이다. 서비스가 향상되지 않은 이유이다. 언제까지 '다른 기관도 그렇게 하고 있다'는 핑계를 댈 것인가. '늘 하던 대로 했다'는 말로 합리화할 것인가.

사람을 대상으로 하는 사회복지영역은 복잡하고 민감한 문제를 해결해야 하는 숙제를 안고 있다. 현장이 보유하고 있는 평가 방법이나 해결 방안보다 새롭게 발생하는 문제가 더 많다. 예측할 수 없는 문제에 유연하게 대처해야 하고 심리적인 문제를 다뤄야 하는 상황이 더 많아진 것이다. 그러나 클라이언트 개개인의 문제는 데이터화해서 쓰는데 한계가 있고, 문제마다 처방할 수 있는 알약이 있는 것도 아니다. 아무리 AI가 발전하는 시대라 해도 기계로는 대신할 수 없다. 그렇기에 사회복지사의 창의성이 더 중요하다.

기존 패러다임을 뛰어넘자. 이전의 방식에 대해 의문을 제기하자. 정신과 마음을 활짝 열어 창의적인 마인드를 장착하자. 창의성은 클라이언트의 전 생애를 통찰해야 하는 사회복지사에게 없어서는 안 될 중요한 능력이다. 클라이언트 삶의 매 순간을 결정하는 책임이 있기 때문이다. 사회복지사의 결정이 클라이언트의 삶을 좌우할 수 있는 핵심적인 요소이기 때문이다.

결정 장애를 극복하는 명료한 방법

아침저녁으로 쌀쌀해진 늦가을, 따듯한 햇살이 귀해질 때다. 따듯한 커피 한 잔 들고 정원으로 나간다. 정원이라고 해봐야 열댓 명 서성이면 꽉 찰 만큼 작은 시골집 마당 정도의 크기지만 시설 이용자들이나 직원들에게 여유를 주는 공간으로 부족함이 없다. 잠시 햇볕을 쬐고 사무실로 들어오니 직원들이 흡사 모니터로 들어갈 태세로 컴퓨터를 바라보며 키보드를 두드리고 있다. 지금 아니면 안 되는 일일까 궁금하기도 하고 점심시간까지도 머리 식힐 틈 없이 바쁜 직원들을 바라보고 있자니 안타깝고 답답하다. 잠깐 바람 쐬고 오라는 주문에도 쉽사리 자리를 뜨지 못한다.

어찌 그 맘을 모를까. 쉬는 시간에도 직원들이 밖으로 나가지 못하는 이유를 십분 알고도 남는다. 그 잠깐 시간 동안이라도 자리를 비우면, 그렇지 않아도 산더미 같은 일이 더 큰 산더미가 될 것 같다. 진도가 나가지 않는다 해도 자리를 지키는 게 속 편하다. 퇴근 무렵 그만큼의 일이 다시 쌓인다 해도 컴퓨터를 들여다보고 있는 것이 차라리 덜 불안하다. 이제는 아래를 내려다보는 것이 현기증이 일 정도로 많은 시간을 쌓아온 선배 사회복지사로서 등 떠밀어 사회복지사들을 볕으로 내보내고 싶다. 그래도 일은 쌓이고, 그래도 일은 된다고 다독이면서.

사회복지사는 끊임없이 결정하고 그 결정을 실천하는 것이 주 업무다. 살아가는 일이 딜레이 될 수 없듯이 클라이언트의 삶도 미룰 수 없다. 조금의 오차도 없이 늘 최선의 선택을 해야만 한다. 그러나 빡빡한 업무는 쉴 틈을 안 주고 쉴 틈 없는 사회복지사가 좋은 결정을 하기란 쉽지 않은 일이다. 몸과 마음이 지치면 결정뿐 아니라 서비스의 질도 현격히 떨어진다. 사회복지사의 컨디션 상태에 따라 클라이언트의 모든 것이 좌우된다고 해도 과언이 아니기 때문이다. 게다가 지친 몸과 마음은 결정해야 하는 일 앞에서 장애를 일으키기도 한다. 그러므로 스스로의 쉼을 업무 계획처럼 의도적으로 만들어야 한다.

시·공간을 이동해 몸과 마음에 충전기를 꽂고 그 시간에 잠시 머물러 보라. 완전하게는 아닐지라도 여유 공간이 생기는 걸 느낄 것이다. 특히, 복잡한 일로 머리가 무거울 때는 잠시 밖으로 나가보라. 일을 생각해도 햇살 아래서 해라. 숨을 크게 쉬면서 일을 잠시 잊고 그냥 서 있어 보라. 의자가 있다면 잠깐 앉아서 졸아도 좋다. 그 시간이 머리를 맑게 한다. 복잡한 일의 실마리가 보인다. 설령 해결책이라고는 눈곱만큼도 보이지 않는다 해도 시원해진 머리로 다시 보면 훨씬 낫다.

결정하는 데 가장 어려운 점이 무엇인가. 자주 겪는 결정장애의 유형을 생각해 보자. 먼저 원인을 파악해야만 장애를 해소할 수 있다. 기관장인 나는 예산의 사용처를 결정해야 할 때다. 즉 클라이언트에게 당장 정해지지 않은 무언가 지원하고 싶을 때 규정과 맞지 않을 때가 있다. 물론 예산을 수립할 때는 이리저리 쓰겠다고 책정하지만 집행을 하다보면 예산대로 되지 않을 경우가 있다. 기관장이라 해도 예산 사용에서는 재량껏 할 수 없다 보니 더욱 그렇다. 또 하나, 분명 클라이언트를 위한 일인데 지침이나 규정이 가로막고 있을 때다.

전문가들은 결정 장애에 대한 해결책을 다음과 같이 제시하고 있다.

첫 번째, 우선순위 목록 만들라는 것이다. 선택해야 하는 옵션을 나열하고 각각의 장단점을 분석해 우선순위를 정한 다음 중요도를 평가함으로써 더 명확한 기준을 마련할 수 있다고 강조한다.

두 번째, 시간제한을 둔다. 결정을 내리기 위한 시간을 정해두고 그 시간 안에 가능한 한 많은 정보를 수집한다. 시간 소모를 줄임으로써 결정 마비를 예방하기 위함이다. 방학 때 미루고 미루던 숙제를 하루 이틀 남겨두고 해치우는 것과 같다.

세 번째, 5초 룰을 활용한다. 5초 이내에 가장 직관적으로 떠오르는 방법을 선택하는 것이다. 이는 지나치게 분석적인 사고에서 벗어나는 데 도움을 줄 뿐 아니라 의외로 좋은 결정을 하는 데 도움이 된다.

네 번째, 작은 것부터 결정한다. 큰 결정이 부담스러운 경우, 더 작은 결정부터 하고 그 결정이 성공을 거둘 경우 어려운 결정을 내리는 데 도움이 될 수 있다. 결정이 살짝 어긋난다 해도 크게 문제가 되지 않는다면 좋은 경험이 될 수 있다.

다섯 번째, 피드백을 요청한다. 신뢰할 수 있는 동료나 친구에게 조언을 구하는 것이다. 또 동료들의 결정장애 해결 방법을 공유함으로써 자신만의 방법을 창안할 수 있다.

여섯 번째, 5초 룰과 비슷한 방법으로 직관에 따라 결정한다. 자신의 직관을 신뢰하고 집중하여 선택한다. 감정이나 직감이 때때로 올바른 방향을 제시할 수 있다. 물증보다는 심증이 더 정확하게 맞아 떨어지는 경우가 있지 않은가. 하지만 이 방법은 어느 정도 경력이 있어야 가능하다. 이때 주의해야 할 점은 이전 결정을 그대로 적용하는 것, 즉, '정지된 결정'을 하지 않도록 조심해야 한다. 직관적 결정은 신속하다는 장점이 있으나 대신에 변화가 없을 수도 있다.

일곱 번째, 70% 결정 원칙이다. 모든 결정을 완벽하게 할 수는 없으므로 70% 정도 확신으로 결정하는 방법이다. 그 후 조치를 통해 보완하면 된다. 모로 가도 서울만 가면 된다는 말이 있다. 스스로의 결정에 확신과 여유를 갖자. 당장 결정하지 않아도 되는 일이라든지, 사례를 찾기 어려운 문제는 시간을 가지고 차근차근 생각한다. 조금씩 길을 찾다 보면 이전에 가보지 않은 길이라도 머지않아 목적지에 도착한다. 100%가 아닌 70, 80%의 만족이라 해도 좋다. 다음에는 좀 더 쉽고 빠르게 완성도 있는 결정을 하게 될 것이다.

여덟 번째, 비교 시나리오를 작성해 본다. 두 가지 이상의 옵션을 비교하는 시나리오를 작성하고 각 시나리오의 결과와 영향을 시각적으로 정리하는 방법이다. 예산처럼 수치가 정확하게 드러나는 것은 견적이나 이전 집행액과 비교해서 어느 정도 적절한 결정을 내릴 수 있다. 그러나 데이터가 없거나 애초에 데이터화 할 수 없었던 것들은 참고할 수 없다. 타 지역이나 타 기관들의 사례와 비교해 보는 것도 좋은 방법이다. 유사사례와 비교한 후 최선의 결정을 내리는 것이다.

아홉 번째, 잠시 덮어두고 문제와의 거리를 둔다. 하던 일을 멈추고 휴식을 취하거나 전혀 다른 일을 하는 방법이다. 이 방법은 객관적으로 판단하고 그동안 보지 못했던 것을 볼 수 있게 한다. 사람들은 대부분 일이 풀리지 않을 때 더 매달리는 경향이 있다. 그러나 소설책을 보든지, 만화책을 보든지, 영화를 보든지 잠시 그 일에서 손을 떼 볼 것을 추천한다. 전혀 다른 일을 하다 보면 의외로 쉽게 풀리기도 한다. 해법은 다른 장소에서 당신을 기다리고 있을 수도 있다.

열 번째, 결정 후 경험을 분석하는 시간을 갖는다. 이 방법은 다음 결정을 내릴 때 도움이 된다. 이전의 경험에서 해결책을 찾아보자. 어떻게 해결했는지 메모나 기록을 들춰보면 유사한 사례들을 발견할 것이다. 주의해야 할 점은 그 방법이 최선의 결정이었다 하더라도 지금 더 나은 결정은 무엇인지 재점검을 해야 한다는 것이다. 이러한 방법들을 불안감이나 결정마비 현상을 극복하는데 도움이 된다. 이 외에도 사회복지사 개개인의 성향에 맞게 선택하고 결정할 수 있는 방법을 모색해 본다.

장애인이나 노인 등 사회적 취약계층을 대상으로 일하고 있는 사회복지사들에게 결정의 기준은 아주 중요하다. 간혹, 기관이 정한 규정들이 클라이언트에게 도움이 되지 않을 때도 있다. 그럴 때 **가장 좋은 방법은 클라이언트 중심으로 결정하는 것이다.** 동료의 의견, 운영자의 방침을 따라야 할 때도 그 기준 역시 클라이언트로부터 와야 한다. 주무부처에서 내려준 지침도 클라이언트보다 상당 부분 제공자 중심으로 이루어져 있다. 그것을 분석하고 변경하여 서비스를 결정하는 사람이 사회복지사이다. **결국 사회복지 실천의 중심은 클라이언트여야 함을 잊지 말아야 한다.**

그 겨울, 후쿠오카 거리에서 훅 들어온 글로벌 욕구

2003년 초겨울 어느 날, 일행들은 숙소에서 휴식을 취하고 있을 때 나는 숙소를 나와 후쿠오카의 밤거리를 걷고 있었다. 낮에 방문했던 기관은 그 지역의 대형 복지센터였다. 언뜻 보기에도 우리나라의 웬만한 지자체 건물과 맞먹을 정도로 큰 건물이었다. 센터로 들어가기 위해 올랐던 넓고 긴 계단이 지금도 생생하다. 20층에 있는 강당으로 들어가자 '오전에도 한국 대학생들이 다녀갔다'며 안내하는 센터 직원이 환하게 웃었다. 순간 선명한 스크래치가 자존심을 훅 긁고 지나갔다. 이어진 센터 소개는 귀에 들어오지 않았다. 도대체 일본 사회복지의 무엇이 한국 사회복지 관련자들을 끌어들이는 것인지 씁쓸하고 답답한 의문이 귀를 막고 있었던 탓이다.

지금도 그렇지만 2000년대 초반은 일본 복지시설 견학이 붐을 이루던 때였다. 우리 일행 또한 일본의 앞서가는 점을 배우기 위해 지역복지관, 장애인과 노인 거주시설, 보장구 판매시설 등을 돌아보는 일정으로 계획한 연수였다. 그런데 센터 직원에게서 당당함을 넘어 우월감마저 느껴졌다. 마치 관광지로 밀려드는 관광객을 맞이하는 듯 했다. 지레 자존심이 상하고 부끄러웠다. 하지만 그 견학에서 얻은 것은 '차이'였다. 그리고 '상실감'이었다. 선별된 취약계층만이 아닌 지역민을 위한 복지센터, 그 안에서 이뤄지는 각종 프로그램들, 이미 1인, 2인실을 사용하고 있는 장애인 시설, 노인이 편리하게 사용할 수 있는 일상적인 보장구들, 현장 중심의 각종 정책들, 종사자의 지위나 급여 등 우리나라는 언제쯤 이런 복지현장이 될지 한국 사회복지의 어두운 면을 재확인하는 연수였다.

사회복지계의 해외연수는 일본뿐 아니라 전 세계로 확산되고 있다. 4일부터 길게는 2주에 가깝게 선진국 사회복지를 견학한다. 나 역시 그중 한 사람이어서 '그래서 뭐가 달라졌는데' 자문해 본다면 시원하게 할 말이 없다. 쉼이라는 미명하에 몇 개의 시설을 둘러볼 뿐 얻은 것이라고는 '따라갈 수 없는 뒤처짐'에 대한 확인일 뿐이다. 복지 현장은 20년 전과 많이 달라졌지만 다른 나라의 복지를 보기 위해 연수를 가는 횟수는 더 많아졌다. 그토록 많은 선진지 견학이 있었기에 지금의 현장을 만들었다고 피력하는 사람이 있을지 모르겠다. 내 대답은 '글쎄'다.

한국 사회복지의 사정도 많이 달라졌지만 외국에서 견학을 오지는 않는다. 우리나라가 여전히 복지 선진화를 꾀해야 하는 부분이 많기 때문이다. 선진국에 비해 복지예산이, 국민의 삶의 질이 높지 않기 때문이다. 여전히 갈 길이 멀고 양질의 복지 현장을 만들어야 하는 숙제를 안고 있다. '나아졌다'에 머무르지 않아야 하는 이유이기도 하다. 그러므로 선진국의 복지를 우리 현실에 맞게 적용하고 우리의 모델을 전수하는 두 개의 트랙을 운용함으로써 발전과 기여를 동시에 이끌어가야 한다.

연수가 사회복지사의 역량을 계발하고 우리나라 복지를 발전시키는 것이 목적이라면 이제 그 방법이 달라져야 한다. 사회복지사들이 글로벌 역량을 키울 수 있도록 체계적이고 장기적인 연수가 필요하다. 사회복지사들도 근본적으로 현장의 변화를 가져올 수 있는 능력을 키워야 한다. 말하자면 선진국에서 습득한 것을 우리에게 적용하고, 나아가서는 우리의 좋은 것을 후발 국가들에게 전수하는 것이다. 그렇다면 사회복지사에게 글로벌 역량이란 무엇이고 구체적으로 어떤 능력을 일컫는 것일까.

가장 먼저는 언어 능력이다. **영어를 포함한 외국어를 구사할 수 있는 능력을 키워야 한다.** 해외를 다녀올 때마다 비행기 안에서 우리는 굳은 결심을 한다. '일본어 공부 해야지, 영어 공부 해야지.' 그런데 일주일이 지나면 언제 그랬냐는 듯 일상으로 돌아가고 만다. 그리고 그 다음 연수에 또 같은 계획을 세우지만 능력은 쌓이지 않고 계획만 층층이 쌓일 뿐이다. 지금이 가장 빠른 때다. 하루 한 문장이라도 당장 시작해 보자. 얼마 되지 않아 외국어가 가져다주는 기회에 놀랄 것이다.

C 사회복지사는 한국 복지현장에서 일할 때 3개월 정도 독일

로 연수 갈 기회를 잡았다. 독일어에 능통한 것은 아니었지만 용기를 내 부딪혔다. 그리고 한국으로 돌아와 온 가족이 독일로의 이민을 계획했고 실행에 옮겼다. 그 과정이 쉬운 것이 아니었지만 도전하는 즐거움도 있었으리라. C 사회복지사는 현재 독일어를 자유자재로 구사하는 것은 물론 독일 복지현장에 몸담고 있다. 우리보다 훨씬 앞선 독일의 복지를 경험하고 배우면서 언젠가는 한국의 복지에 기여할 것이다.

두 번째, 대학이나 대학원 진학을 외국으로 하는 방법도 있다. 선진국에서 사회복지를 공부한다면 국제적인 복지 시각을 키울 수 있다. 또한 한국의 복지를 객관적으로 보는 데 도움이 된다. 국내 지방대에서 사회복지를 전공한 P는 재학 중에 독일어를 공부해 독일 대학원에 입학했다. 그곳에서 석·박사 학위를 받고 국내로 돌아와 NGO 단체에서 근무하고 있다. 대학을 졸업하고 현장으로 나가는 동기들과 달리 P는 일찌감치 해외로 눈을 돌려 글로벌 역량을 키우기 위해 준비한 케이스다. 국제적으로 인정받는 국제 사회복지사 자격증을 취득하여 전문성을 높인 것이다.

세 번째, 세계 곳곳에서 봉사자를 영입하는 복지단체로 진출할 수도 있다. '캠프힐'도 그 중 하나다. '캠프힐'은 마을 형태로 형성된 장애인 공동체이다. 한 채의 주택에 장애인 두, 세 명과 봉사자들이 거주하는 일종의 복지시설인 셈이다. 최대한 지역사회와 분리하지 않고 시민의 한 사람으로 살아갈 수 있도록 지원한다. 그러다 보니 우리나라 시설처럼 대규모 건물에서 다수 생활하는 것과 달리 돌봄 인력이 많이 필요하다. 국내 대학에서 영문학을 전공한 N은 우연한 기회에 '캠프힐'을 알게 되어 봉사자로 들어가게 되었다. N은 그곳에서 지원해 준 덕에 영국의 지방대학을 졸업하고 귀국하여 캠프힐과 같은 복지현장을 만드는데 함께 하고 있다. 찾아보면 세계 곳곳에서 한국인 사회복지사들이 활동하고 있다.

국제 사회복지사협회나 단체에 가입하는 방법도 있다. 그만큼 세계적인 네트워크도 치밀하게 형성되어 있다. 이 네트워크를 활용해 국내에 있으면서도 선진국의 복지 변화를 알 수 있다. 국내에서 활동하고 있는 사회복지사들이 맘만 먹으면 얼마든지 국제무대에서 역량을 강화하고 일할 수 있는 기회를 잡을 수 있다는 말이다. 또한 세계 곳곳에서 사회복지대회를 개최한다. 해외 대학이나 기관에서 제공하는 사회복지 관련 다수의 프로그램이나 세미나도 있다. 글로벌 트렌드에 관심을 갖고 적극적으로 참석하는 것이 글로벌 역량 증진의 지름길이다.

원조를 받았던 나라가 다른 나라에 원조하는 나라는 한국밖에 없다고 한다. 그만큼 한국의 복지 예산이나 전달체계, 서비스의 질이 성장했다는 증거이다. 그렇지만 경제적 원조와 봉사자 파견에 집중되어 있다. 원조의 종류가 좀 더 확장되어야 마땅하다. **돌고 돌아 선진복지를 구현했던 우리의 긴 경험을 단축하고 짧은 시간 안에 클라이언트 중심의 복지체계를 가질 수 있도록 우리 모델을 다른 나라에 이식하는 것도 그 중 하나다.** 이제 그 일을 사회복지사가 해야 한다. 사회복지사 개개인은 그러한 목표를 가지고 준비하고 사회복지사협회나 정부는 이에 뒷받침할 수 있는 구조를 만들어야 한다.

국제 사회복지 문제에 대한 연구를 수행하고, 연구 결과를 국제 학술지에 발표하여 전문성을 인정받을 수도 있다. 컨퍼런스에 참가하여 발표하는 기회를 만들 수도 있을 것이다. 유엔의 지원을 받는 NGO기구인 '제로 프로젝트'는 매년 주제를 달리해 세계 각국의 장애인 관련 우수 프로그램을 공모한다. 앞서 언급한 적인 있는 L 과장의 '교육-고용-복지 프로젝트'는 오스트리아 빈에 소재한 '제로프로젝트'에 선정된 바 있었다. 선정된 프로그램을 운영하는 세계 곳곳의 기관들이 모여 매년 초에 빈에서 컨퍼런스를 개최한다. 코로나 19로 인해 불발되긴 했지만 그런 기회는 사회복지사 당사자의 자부심을 키우는 데 큰 역할을 한다.

그날 후쿠오카의 거리를 걸으며 다분히 객기에 가까운 결심을 했었다. 대통령에게 편지를 써야겠구나. 사회복지 종사자들의 자존심이 상하지 않게 해달라고, 자부심을 갖고 일하게 해달라고, 일본 사회복지계 사람들이 한국의 복지를 보러 오게 해달라고. 이룰 수 없는 결심이라는 것을 잘 알지만 지금도 그 꿈을 꾸곤 한다. 대통령에게 가 닿지도 않을 편지를 마음속으로 쓰면서 쓸쓸했고 씁쓸했던 20년도 더 지난 일본 사회복지 현장 견학 후기를 지금에 와서 꺼낸 이유가 있다. 일만 보를 걸어 여기에 닿았다면 다시 일만 보를 더 걸어 더 나은 복지에 닿을 수 있지 않을까 해서다. 클라이언트가 평범한 행복을 누릴 수 있는 사회가 되길 기대해서다.

사회복지전문가라고 생각하는 사람, 손들어 보세요

어느 날 회의 시간이었다. 직원들에게 스스로 전문가라고 생각하는 사람은 손을 들어보라고 했다. 30여 명의 직원 중 단 한 명만이 손을 들었다. 손을 들지 않은 직원들에게 다시 물었다. 여러분들은 전문가가 아닌가? 아무도 대답을 못하고 애꿎은 눈길만 피하고 있었다. 대다수의 사회복지사들이 마찬가지일 것이다. 그렇다면 사회복지사들은 왜 스스로 전문가라고 확신하지 못하는 것일까. 자신의 능력을 믿지 못해서일까. 전문가라고 생각하는 나름의 과정을 밟지 않아서일까?

의사나 변호사, 교사, 기술분야 종사자들에게 전문가냐고 묻는 것은 우스운 일이다. 스스로 전문가라고 생각하거나 그렇지 않거나 그들이 전문가라는 것을 아무도 의심하지 않는다. 사회가 인정하기 때문이다. 그렇다면 사회복지사가 전문가라는 것은 누가 인정할까. 사회복지사는 어떤 영역보다도 클라이언트의 복합적인 삶에 개입하고 있다. 의사는 질병을 다루고, 변호사는 소송을 다루고, 교사는 학습 능력을 다루지만 사회복지사는 질병과 소송, 학습 능력을 다루고 연결하며 해결한다. 그러니 나부터 당당하게 전문가라 인정하고 능력을 키워야 하지 않을까.

사회복지사는 복잡한 사회적 문제, 즉 고령화, 빈곤, 가족 해체 등 시급하고 필요한 문제를 분석하여 적절한 개입을 시도한다. 클라이언트를 위한 정보 제공 및 권리 보호를 위해서 해당 법률과 제도에 대해서도 터득한다. 외국인 근로자나 다문화 가정 등 특수한 욕구가 있는 클라이언트 문제에도 개입한다. 또한 최근 급증하고 있는 정신 건강 문제에도 관여하고 있다. 그뿐인가. 클라이언트에게 필요한 자원을 배분하기 위해서는 다양한 기관의 자원 연계에 대한 전문적인 지식과 기술도 겸비해야 한다. 뒤얽힌 사회문제에 대한 윤리적인 판단 능력도 갖추지 않으면 안 된다.

좀 더 세밀하게 들어가 보자. 클라이언트는 복잡하고 다양한 욕구를 가지고 있다. 클라이언트의 욕구는 어디까지 들어주어야 할까. 표현하는 욕구를 다 수용해야 하는가. 그렇지 않다. 때때로 지원할 수 없거나 혹은 의도적으로 차단해야 하는 욕구도 있다. 지원해야 할 서비스를 선택하고 중단해야 할 때를 알아야 한다. 또한 다른 서비스로 변경해야 할 시기를 알고 그에 따른 이유나 논리를 정의할 수 있어야 한다. 이와 같은 과정은 전문성을 갖추지 않고서는 불가능한 일이다. 그런 의미에서 수많은 사회복지사들이 이미 전문성을 갖춘 전문가인 것이다.

국어사전에서는 전문가를 '어떤 특정한 부문을 오로지 연구·담당하며 특히 그 부분에 정통한 사람'이라 정의하고 있다. 전문적인 서비스를 하기 위해서 좀 더 복지에 '정통한 사람'이 되어야 한다는 뜻이다. 특히 다른 사람들이 놓치고 있거나 인식하지 못하는 부분을 민감하게 체크할 수 있어야 한다. 장애인복지 영역일 경우 그중 하나가 **'장애의 일반화'**이다. 발달 장애인 대상 서비스를 보면 어린아이로 인식하는 경향이 강하다. 가령 '용돈 사용 제한'이나 '카페 이용 제한'과 같은 것들이 그것이다. 성인 장애인을 일반적인 성인으로 인정하고 존중하는 서비스를 실천할 줄 아는 사회복지사가 전문가이다. 쉬운 듯 하면서도 어려운 부분이다.

두 번째로 전문가는 **정확한 서비스 파악 능력과 개입 기술을 갖춰야 한다.** 매년 지원계획을 수립하다 보면 전년도와 다를 바 없는 내용일 때가 많다. 계속해 오던 서비스이고 클라이언트가 특별한 욕구를 표현하지 않았기 때문일 수 있다. 그럼에도 불구하고 전년도 서비스의 효과나 필요성, 지속성을 평가하고 동일한 서비스라 하더라도 클라이언트에게 좀 더 적합하게 개선하려면 어떻게 해야 하는지 고민해야 한다. 또한 횟수나 방법을 검토하여 클라이언트의 약점을 강점으로 변화시킬 수 있는 서비스를 개발해야 한다. 자원 활용과 지원 기간 등을 명확하게 설정하는 것은 두말할 것도 없다.

세 번째로 클라이언트를 적극적으로 옹호할 수 있는 지식을 갖춘 사람, 클라이언트에게 유익한 것이 무엇인지 분별하고 추진할 수 있는 사람, 그런 사람이 전문가다. 즉, **패러다임을 읽고 준비하는 사회복지사이다.** 클라이언트 중심적인 서비스인지, 현재 패러다임에 부합한지, 이 결정이 윤리적인지 등의 여부를 아는 것을 말한다. 물론 판단하기 어려운 딜레마들도 있다. 직원 인권이 클라이언트의 삶과 대립되는 경우는 전문성만을 요구하기에 다소 무리가 있다. 그럴 때조차도 설득력 있는 조정과 중개를 할 수 있는 능력을 지니고 있어야 한다.

어느 거주시설에서 운영하는 지역 내 체험홈(아파트)[4]이 세 채 있었다. 직원들의 근로 기준이 강화되고 시간 외 근무에 대한 수당 지급도 한계가 있었다. 현재 직원 TO로는 세 채 모두를 운영하기가 어렵다고 판단한 신임 기관장은 체험홈을 정리하기로 결정했다. 그러나 거주시설 탈시설 정책이 지속되고 사회적 요구나 패러다임이 거주시설 축소 쪽으로 기우는 상황에서 적절한 결정이라고 보기는 어려웠다. 더구나 클라이언트의 삶에 초점을 맞춘 것이 아닌 직원들의 근무 형태에 초점을 맞춘 결정이라 더더욱 동의를 이끌어내기 어려웠다. 결국 법인 전체 회의에서 신임 기관장의 방침은 재고되었고 모두 유지하기로 결정하였다. 시설의 방향을 결정하는 현재의 패러다임을 읽지 못한데서 발생한 사례라고 볼 수 있다.

네 번째로 **부적절한 일에 목소리를 낼 수 있는 사람**이 전문가이다.

4) 장애인들이 지역사회로 통합하기 위한 사전 단계로 제한된 기간 동안 머물면서 지역사회생활을 미리 체험하는 아파트나 주택 등을 일컬음.

관할 시군구 담당 주무관은 거의 1년마다 바뀐다. 같은 내용이라 하더라도 주무관에 따라 문제시 하는 경우도, 그렇지 않는 경우도 있다. 동일 지침에 의해 점검하는 데도 결과가 다른 것이다. 주무관의 경험에 의한 단순 해석의 차이이다. 그러다 보니 응대를 하는 사무직원이나 사무국장이 가지고 있는 마인드에 따라 시설의 행정도 바뀐다. 외부 목소리에 따라 내부 행정이나 지침, 기존의 업무형태가 바뀌는 것은 시설 규정이 없거나 담당 사회복지사의 전문성이 없어서이다. 아무리 주무관청이라 하더라도 1년도 안 된 주무관이 현장에서 수년간 뼈가 굵은 사회복지사보다 전문적이라 할 수는 없지 않겠는가.

반대로 경력이 짧은 사회복지사들이 오히려 수십 년의 업무 경력이 있는 사회복지사들보다 더 뛰어난 전문성을 발휘하는 경우도 있다. 경력자들의 오래 묵은 경험이 클라이언트의 욕구를 따라가지 못한 채 매너리즘에 빠져 있을 때 하룻강아지 범 무서운 줄 모르는 신입들은 따끈따끈한 지적 능력으로 현장을 탐색하기 때문이다. 개선(改善)의 일본식 발음은 카이젠(kaizen)이다. '정체에 저항한다'는 뜻으로, 직역하면 '지속적으로 나아간다'는 의미이다. 사회복지사는 정체에 저항하는 목소리를 내면서 앞으로 나아가야 한다.

그러므로 **정체하지 않은 사회복지사**가 전문가이다. 전문성을 어떻게 키워야 할까. 보통 클라이언트 정보나 욕구를 파악하는 것은 특별한 기술이 필요하지 않다. 그러나 상담의 기술, 소통의 기술, 개입의 기술, 문제해결의 기술 등은 시간이 필요하다. 앤절라 더크워스(Angela Duckworth)는 『그릿』에서 에릭슨의 한 연구를 언급했는데 독일음악원의 최우수 바이올리니스트들이 최고 수준의 전문 기량을 갖추기 위해 10년간 약 1만 시간을 연습했다는 이야기다. 반면에 그들보다 기량이 못한 학생들이 같은 기간에 연습한 시간은 그들의 절반 정도밖에 안됐다고 밝혔다. 복지현장에서 연주하는 것은 바이올린이 아니다. 사람의 마음이다. 그보다 더 정교한 연습이 필요하다는 이야기다.

클라이언트 중심적으로 사고하는 습관, 이 서비스가 최선인지 의도적으로 의문을 가지는 습관, 지금 클라이언트의 삶이 최선인지 매 순간 고민하는 습관을 들여야 한다. 관에서 지시하는 것이 클라이언트를 위한 것인지, 정책이 사회적 약자에게 유리한 것인지 확인하는 시간이 쌓여야만 전문성도 쌓인다. 스티브 잡스는 전문성에 대해 '자신의 일에 대한 사랑과 전문성이 성공의 열쇠'라고 말했다. 전문성이 기술적인 능력뿐 아니라 자신이 하는 일에 대한 애정이 필요함을 일컫는 말이다.

사회복지사들의 전문성 그리고 사회복지사들이 스스로 전문가라고 당당하게 손을 들지 못하는 이유에 대해 고민해 봐야 한다. 사회는 지속적으로 변화하고 있고 사회문제도 그만큼 다양한 형태로 나타나고 있다. 어느 영역보다 넓고 깊은 전문적 스펙트럼을 지녀야 하는 영역이 사회복지 현장이라는 것을 되새겨야 한다.

상상 시뮬레이션

토론 장소에 도착해 행사를 준비하려던 A 사회복지사는 현수막, 명찰 등을 담아놓은 박스를 놓고 왔다는 사실을 깨달았다. 데드라인을 넘겨 들어온 원고를 확인하고 편집해 제본을 맡기는 등 토론 당일까지 나올까 말까 한 자료집에 온갖 신경이 가 있던 탓에 일어난 일이었다. 다행히 동료에게 부탁해 늦지 않게 박스를 가져올 수 있었지만 현수막을 설치하면서도, 발제자와 토론자 이름표를 붙이면서도 그에 필요한 도구들을 준비해 오지 않아 행사장 사무실에서 빌려 써야 했다. 어찌어찌 행사가 끝나고 평가를 하면서 그 사실이 다시 거론되었다. 자칫, 듬성듬성 실수투성이로 치러질 뻔했던지라 선임은 물론 동료들은 가슴을 쓸어내렸다.

꼼꼼하게 준비한다고 하는데도 특히 주의를 기울였던 중요한 대목에서 일어나지 말아야 할 사고가 터진다. 늘 하던 일도 순서가 뒤바뀐다거나 통째로 놓치기도 한다. 사사롭게는 참석자 소개를 빠트리거나 호칭, 직위를 잘못 말하기도 한다. 인사말을 하는 대표이사에게 건네준 메모가 잘못되었을 때 그야말로 속이 바짝 탄다. 언젠가 시장을 소개하면서 이전 시장의 시정 슬로건을 당당히 말했던 기억은 지금 생각해도 서늘하다. 정정해 말하기도, 그냥 지나가기에도 옹색한 상황이었다. 시장이 인사말을 하는 사이 비서로부터 전해져 온 쪽지를 보고 벌게진 얼굴을 식히며 '큰일났다'는 생각에 혼미해질 수밖에 없었던.

책잡히고 싶지 않은가? 지긋지긋한 실수를 끝내고 싶은가? 어떻게 해야 할까? 길고 긴 경험에 비추어 봤을 때 별다른 방법이란 게 있을 리가 없다. 그런 게 어디 있겠는가. 로봇 같은 보조가 따라다니면서 하나하나 읊어주지 않는 이상 놓치고 잊어버리기 십상이다. 그래도 자주 써먹는 방법을 말하라고 한다면 행사 전, 중, 후를 나눠 전체적으로 시뮬레이션하는 것이다. 상상 시뮬레이션(Imagined Simulation)은 특정 상황을 상상하면서 가상으로 시연해 보는 것을 말한다. 더 나아가 그에 대한 반응이나 결과를 예측하는 과정까지 포함한다. 즉, 이렇게 저렇게 했을 때 어떤 평가가 나올지 그 결과까지 추측해 보는 것이다.

상상 시뮬레이션은 심리학, 교육, 비즈니스 및 경영 등 다양한 영역에서 활용하고 있다. 심리학에서는 인지 행동 요법(Cognitive Behavioral Therapy, CBT)으로 환자의 정신적 또는 감정적 문제를 이해하고 개선하기 위해 특정 상황을 상상하게 함으로써 그 반응을 파악한다. 교육 측면에서는 학생들이 공상 속

시나리오를 통해 여러 가지 상황을 경험하고 문제해결 능력을 키우는 데 쓰이고 있다. 일종의 역할놀이도 포함된다. 학생들이 다양한 역할을 맡아 상황에 따라 행동하도록 장려하며, 사회적 기술과 협업 능력을 향상시키는 것이다.

비즈니스 및 경영 분야에서는 전략적 의사결정을 위해 경영진이 새로운 상황이나 정책의 결과를 시뮬레이션하여 장단점을 도출해 낸다. 기업에서는 프로젝트 관리에 적합하다. 프로젝트 진행 중 발생할 수 있는 다양한 시나리오를 구상하고 그에 대한 대응 방안을 마련하는 데 활용하는 것이다. 위와 같이 각각의 영역에서 필요한 상황을 상상함으로써 전략을 개발하고 이후 발생할 수 있는 문제점을 관리하는 방식이다.

사회복지영역에서는 상담사가 클라이언트를 도와 불안하거나 갈등 상태를 가상으로 시뮬레이션함으로써 대처 방법을 연습하고 클라이언트가 어떤 상황에서도 더 나은 결정을 내릴 수 있도록 지원하는데 유용하다. 시뮬레이션에 참여하는데 한계가 있는 클라이언트는 다른 사람들의 상황을 지켜보면서 간접 체험을 할 수도 있다. 한 단계 나아가 참여자들의 행동을 비디오 촬영을 한 후 반복적으로 시청함으로써 효과를 배가시키기도 한다.

상상 시뮬레이션의 장점은 실제 상황을 경험하기 전에 상황을 분석함으로써 업무진행 과정에서 잘못된 선택을 할 위험을 줄인다. 두 번째로는 다양한 상황에 대한 적응력을 키우고, 예기치 않은 사건에 대한 대처 능력을 쌓을 수 있다. 세 번째는 여러 가지 해결책을 탐색하고 다양한 시나리오에서의 결과를 고려함으로써 창의적이고 비판적인 사고를 촉진할 수 있다. 바로 문제해결능력을 강화하는 것이다. 마지막으로 가상 상황을 통해 정서적 반응을 연습함으로써 실제 상황에서 발생할 수 있는 스트레스나 불안 등의 감정을 조절하는 능력을 키울 수도 있다.

지인은 여행 준비를 할 때 매일매일 입을 옷과 양말, 모자, 스카프, 신발 등을 날짜별로 준비한다고 한다. 부가적인 패션 아이템도 물론 포함해서다. 그날그날의 옷차림을 침대 위에 펼쳐놓고 여행지에 따라 색감 등 예상 패션을 완성한다. 그렇게 한 벌 한 벌 캐리어에 정리해 여행지에서도 다음날 입을 옷과 양말을 옷걸이에 준비해 놓고 마치 패션모델이라도 된 듯 흐뭇하게 잠자리에 든단다. 자유롭고 편안해야 할 여행에 무슨 입을 옷 계획까지 짜느냐는 핀잔을 듣기도 하지만 현지에 도착해서 꼭 필요한 것을 가져오지 않았다는 것을 알았을 때 언짢은 기분에 비하면 아무것도 아니라고. 다시 사야 하는 번거로움을 겪지 않아도 되는 것은 덤이다. 강박처럼 보이는 행동이 지인에게는 편안한 일이 되었다는데 바로 여행 상상 시뮬레이션이라고 할 수 있다.

오래전에 집에서 영화를 보기 위해서는 동네 가게에서 비디오테이프를 빌려다 보고는 했다. 여러 사람이 빌려다 본 재미있는 영화들은 테이프가 늘어나 대사나 영상이 엿가락처럼 늘어져 있었다. 어쩌다 놓친 장면을 다시보기 위해서 테이프를 뒤로 돌리면 영상 속 사람이나 그림이 뒷걸음을 쳤다. 그것이 신기해 몇 번씩 되돌리곤 했다. 요즘 CCTV를 앞뒤로 반복해 돌려 보며 수사 등에 도움을 받는 것과 같은 구조다. 지금은 그런 비디오테이프를 보기도 어렵지만 중요한 사안을 통째로 놓치는 사건이 발생하면 그 옛날 비디오테이프가 생각나고는 한다.

결론적으로, 상상 시뮬레이션은 다양한 분야에서 사용할 수 있는 기법으로, 개인이나 그룹이 처할 수 있는 여러 가지 실정에서 최선의 결정을 내리고 행동할 수 있도록 돕는 도구이다. 사람들이 예상치 못한 상황에서도 자신감을 가지고 대처할 수 있는 능력을 키울 수 있는 것. 서두의 사례를 적용해 보자. 행사장을 상상한다. 현수막 거치대, 거치할 방법, 좌장, 발제자, 토론자 탁자와 자리, 부착할 이름표와 테이프, 내빈석을 표시한 문구, 내빈에 대한 호칭과 직위 리스트, 안내석의 자료집, 참석자 명부, 펜, 주차확인증, 음료 등등 전체를 머릿속에 넣고 설계하고 배치하면서 하나하나 준비한다. 그 과정에서 오타 등도 점검한다. 이번엔 거꾸로 시뮬레이션한다.

현장에서 일하는 사회복지사들이 당연히 이러한 방법으로 점검하고 준비하기도 할 것이다. 그런데 매번 생각지도 못한 곳에서 사고가 터진다. 등골이 오싹하지 않은가. 전체 과정을 몇 번씩 되짚어 확인해야 하는 이유다. 복지 현장에서 상상 시뮬레이션이 보편화되어 있지는 않다. 나 역시 시뮬레이션을 알지 못했지만 실수를 줄이기 위해 전체 과정을 앞뒤로 오가며 실제 상황처럼 준비하다 보니 '별일 없이' 마치는 횟수가 많아졌다. 습관처럼 몇 번씩 상상 속에서 행사를 진행하다 보면 누락되었거나 보완해야 할 사항을 발견하고는 한다. 더 이상 손댈 것 없이 준비가 완벽해질 때까지 계획서를 수정하고 중요 표시를 하고 또 한다. 그렇지만 행사 당일 여지없이 발생되고야 마는 실수…. 최선을 다한 끝에 생기는 실수는 핑계라도 댈 수 있다. 그렇게 점점 일 잘하는 사회복지사로 성장하는 것이다. 대충 흘려보내는 것치고 제대로 흘러가는 것은 생각보다 많지 않다.

'예스'를 지나야만 오는 '노'의 기회

이 책을 기획하면서 아직 완성되지 않은 목차를 직원들에게 보여주었다. 혹 더 들어가야 할 주제가 있는지 파악하기 위해서였다. 리스트를 살펴본 K가 "젊은 사회복지사들이 '노'를 하더라고 먼저 '예스'를 한 후에 하라는 내용이 들어가면 좋겠다"는 의견을 주었다. 그래야 일을 배울 수 있고 '예스'를 해야 할 때와 '노'를 해야 할 때를 분별할 수 있다는 것이었다. 30대 중반 K 사회복지사의 경험에서 우러나온 말이라는 것을 알 수 있었다. 생각해 보니 K와 일을 하면서 어렵겠다거나 안 되겠다거나 할 수 없겠다거나 등의 부정적인 이야기를 들어본 적이 없었다.

'예스'를 해야 한다는 말을 오해하지 말길 바란다. 잘못된 것에 대한 맹목적인 '예스'가 아니라 일을 배우기 위한 '예스'다. '예스'의 시기야말로 업무를 파악하고, 관련 정책을 알 수 있는 다시없을 시간이다. 때로는 근무시간이 지나는 것도 망각할 정도로 일에 몰입하게 하는 시간이다. 그런데 갈수록 '예스'는 사라지고 그 자리에는 불편한 '예스'나 아예 '노'가 스며들고 있다. 직원들의 말투나 얼굴 표정만으로도 어떤 마음으로 일을 하고 있는지 보인다. 마지못해 하는 직원, 대놓고 하지 않겠다는 직원, 한다고 해놓고 기한이 지나도록 감감무소식인 직원… 천차만별이다. 반면에 일단 해보겠다고 말하는 직원이 있다. 그러고선 고군분투하며 일을 처리한다.

당신은 어떤 직원인가? 요청을 받았을 때, 과제가 주어졌을 때 어려워도 한번 해보자는 주의인가, 될까? 할 수 있을까? 스스로의 능력을 재보는 주의인가, 바쁘다는 핑계를 대는 사람인가, 흔쾌히 하겠다고 말하는 직원인가. 가령, 직원이 따로 없는 법인의 큰 행사는 대부분 함께 의논하고 시설 직원들의 도움을 받아야 한다. 어떤 직원에게는 쉽게 부탁할 수 있지만 어떤 직원에게는 말을 꺼내는 것조차 불편할 때가 있다. 그러다 보니 불편한 직원에게는 부탁하기가 어렵다.

『리더에게 인정받는 직원의 40가지 비밀』을 쓴 황인태 작가는 '할 수 없어도 할 수 있다고 말하지 않으면 기회는 없다. 우선, 할 수 있다고 말하자. 말을 하고 강한 실행력을 갖자'고 독려한다. 맞다. '예스'를 했다면 갈등하지 말고 실행하라. **'예스'의 과정을 거친 다음에야 '노'에 힘이 생긴다.** 신입직원일 때는 더욱 그렇다. 모든 일에 '예스'라고 해야 할 의무와 권리를 스스로 갖자. 적극적이고 긍정적인 태도는 신뢰가 극대화될 뿐 아니라 선임들의 기대를 한 몸에 받게 된다. 혼자서는 습득할 수 없는 다수의 프로젝트에 참여하여 업무에 대한 이해나 스킬을 배울 수 있는 기회도 그렇지 못한 사람보다 더 많이 가질 수 있다. 업무 역량은 자동적으로 향상된다.

혹 '굳이 프로젝트에 참여하면서까지 고생해야 하나' 하고 생각하는 사회복지사들이 있을 것이다. 그 마음 충분히 이해한다. 오죽하면 그러겠는가. 마지못해 작성한 프로포절이 덜컥 선정이라도 되는 날엔 좋다는 생각보다 일할 생각에 앞이 캄캄해지니 말이다. 이미 맡고 있는 업무만도 태산인데 가욋일까지 해야 하는 상황이 마땅치만은 않다는 걸 누가 모르겠는가. 거기에 이의를 제기할 생각은 없다. 그마저 스스로 선택해야 하는 것. 그 과정을 밟아 온 나 역시 타의에 의해서든 자의에 의해서든, 반반에 의해서든 최종 결정은 늘 내가 했다. 물론 '예스' 쪽으로. 지금와 생각해 보면 '잘했다'이다.

가끔 연예인들을 생각한다. 밤이든 낮이든 작가가 써놓은 시나리오에 '예스'를 해야만 차질 없이 촬영할 수 있다. 아무리 유명한 연예인이라 하더라도 촬영장에서 몇 시간씩 대기도 해야 한다. 밤을 지새우기 일쑤고 도대체가 근로기준법은 아무짝에도 쓸모가 없다. 의사들은 또 어떤가? 개인병원이 아니라면 교수쯤은 되어야 출퇴근이 어느 정도 정해져 있다. 그래도 중환자가 발생하면 밤중에라도 뛰어나가야 한다. 환자에 대한 '예스'인 것이다. 올림픽과 같은 큰 무대에서 뛰는 선수들이 깊은 영감을 주는 것은 수년간 '예스'의 시간이 있었기 때문이다.

마땅히 '노'를 해야 할 때도 있다. 클라이언트를 위한, 좀 더 나은 복지 현장을 위한 '노'는 여전히 부족하다. 그렇다면 이런 '노'는 어떤가. 퇴근 시간을 훌쩍 넘기는 직원들과의 시간, 동료 업무 지원, 2박 3일 교육연수에서의 저녁 레크리에이션 시간 등. '당연히 해야 할 일 아닌가?' 생각할 수 있겠지만 당연하지 않는 것이 요즘 추세이다. 근무의 연장 혹은 조직문화 공유라고 볼 수 있는 행위까지도 '노'를 함으로써 부당한 요구라고 여긴다. 그리고 그렇게 생각하지 않았던 직원들에게까지 전염된다. '노'라고 해서 다 좋지 않은 것은 아니다. 깊은 고민이 필요한 경우도 있다는 이야기다.

어느 지자체에서 제정한 조례가 현장에서 수용하기 어려운 내용이 포함되어 있었다. 많은 사회복지사들이 시청사 앞에서 성명을 발표한 후 장미꽃 한 송이씩 들고 시장실 앞으로 행진했다. 수백 명의 사회복지사들이 줄 맞춰 계단을 오르는 시위는 마치 어느 시상식장에 들어가는 것 같았다. 장미꽃 향기에 취했는지 시장은 조례를 폐기했다. '장미꽃 노'를 한 것이다. 고급스럽게 화합한 '노'라고 할 수 있지 않겠는가.

사회복지사들의 얼굴을 자세히 들여다보면 이렇게 쓰여 있다. '착한사람!' 웃자고 한 이야기지만 뭘 요구해도 꽃처럼 한다. 요구해 놓고도 불편해한다. '예스'는 순도 100% 수용성으로 형성되어 있다. 변화에 유연하게 대응하고 다양한 의견이나 요구를 받아들이며, 주어진 상황에서 최선을 다해 조정할 수 있는 능력이 '예스'다. 개방적 태도, 적극적 경청, 유연하고 융통성 있는 사고방식 등이 사회복지사를 구성하고 있는 성분이어야 한다. 이러한 특질을 가진 사람이 위기에도 뛰어나게 대처한다. 그런데 지금의 현장은 어떤가. '네니오(Kick But)'라는 말이 있다. '네, 그런데요?'처럼 일단 알았다고 해놓고 구구절절 반대하는 설명을 붙인다는 뜻. **지금 현장은 '예스'와 '노'가 50 : 50인 '네니오'의 시대이다.**

입사한 지 1, 2년이 지나고 조직 분위기를 알고 나면 조직과 선임, 동료들의 장점보다는 단점이 더 많이, 더 빨리 보인다. 그리고 '예스'보다는 '노'의 의견이 더 많아진다. 물론 '노'를 해야 할 때도 있다. 다만 어디에서 오는 '노'인가를 탐색해 봐야 한다. 경력에서 오는 '노'인지, 경험에서 오는 '노'인지, 변화를 위한 '노'인지, 클라이언트를 위한 '노'인지. 이 분별 끝에서 오는 '노'라야 좋은 의견이라고 말할 수 있다. 이때 주의해야 할 점은 어디에서 '노'를 하느냐이다. 공식적인 자리에서 하는 '노'는 제안이 되지만 비공식적인 자리에서 하는 '노'는 같은 내용이라도 뒷담화이고 불만이 되어 버린다. 제안은 해결되지만 불만은 불만으로 남는 법이다.

K 사회복지사가 "어떤 일에도 '예스'를 먼저 해야 한다"는 내용을 넣으라고 할 때 적잖이 놀랄 수밖에 없었다. 현장에서 잔뼈가 굵은 나도 '꼰대'라는 이야기는 듣기 싫었기 때문이다. 나름 신세대들을 이해하려고 애쓰지만 기관장으로서 의식하지 않았

다면 거짓말이다. 한 편으로 내 마음을 콕 찍어 읽는 것 같아 뜨끔하기도 했다. 그래서 결심했다. 기꺼이 후배들을 위해 꼰대가 되자고. 어차피 나는 꼰대 세대이고 더 심한 꼰대에게 일을 배웠으며, 꼰대의 정신으로 일을 했기 때문이다. 그러므로 '예스'로 단단하게 다져진 다음 지혜롭고 당당하게 부르짖자. "노!"

의식의 물꼬를 터야만 트이는 의식적 말문

90년대 이전, 시설들은 대부분 폐쇄적이었다. 특히 정신요양원은 이름만 '요양원'이었지 감옥이나 마찬가지였다. 직원들은 간수처럼 열쇠를 가지고 있으면서 그들이 외부로 드나드는 문을 여닫아 주고는 했다. 빛이 바랜 묵직한 자물쇠통은 그렇지 않아도 육중한 철문을 더 견고하게 했다. 문을 열고 닫을 때마다 귀를 찌르는 '끼익끼익' 소리는 마치 거기서 나오면 안 된다는 경고 같았다. 처방받은 약을 줄 때, 아침저녁으로 국민체조를 할 때, 산책을 해야 할 때 등 정해진 시간에 열쇠를 쥔 직원들이 그 경고를 해제했다. 그 직원들 중 한 명이었던 나는 가끔 생각해본다. 그때 어떤 마음이었던가. 통제와 해제를 주관하는 자의 으쓱함은 없었던가. 내가 그들에게 뭔가를 해줄 수 있는 위치에 있다는 거만함은 없었던가. 결코 자유롭지 않다. 아니 부끄럽다. 그때는 다 그랬다고 해도, 두터운 격리가 당연한 분위기였다고 해도 일개 말단 직원이 '으쓱함', '거만함'이라니.

지금은 어떤가. 사회로부터 분리는 옅어지고 나아가 탈시설을 요구하고 있다. 그때보다 몇 배 많아진 직원 수, 영역별로 더 증가하고 세분화된 시설들은 체계적이고 전문적으로 발전하였다. 철문이나 자물쇠는 인권침해의 온상으로 신고해야 하는 0순위다. 그렇다면 다 괜찮아졌는가? '자물쇠', '철문' 같은 것은 오늘날 현장에서 찾아볼 수 없다고 자부할 수 있는가? 따져보자. 해마다 9월경에는 각 복지 영역의 사업 지침에 대한 제안, 개선이 필요한 현장의 의견을 수렴한다. 전국 현장에서 올라온 다양한 의견들을 취합해 지침과 해당 법령의 시행규칙을 개정하려는 것이다.

2020년경까지도 내가 종사하고 있는 장애인직업재활 영역 600여 개소가 넘는 시설의 건의는 열 건을 넘기지 않았다. 제안 의견이 없어서인지, 의견을 제시하라는 공문을 받지 못해서인지 알 수 없지만 **개선되지 않을 것이라는 불신이 팽배했기 때문이라는 것은 확신한다.** 나 역시 한 해도 거르지 않고 올렸지만 개선된 것은 없었다. 그래도 멈추지 않고 매년 건의하고 제안했다. 정년 할 때까지 단 한 건도 개선되지 않는다 하더라도 앞으로도 필요한 사항을 끈질기게 요구할 것이다. 그것이 클라이언트를 위해 할 수 있는 또 하나의 일이기 때문이다. 그렇게 해서 성사된 주목할 만한 다음과 같은 사례가 있다.

기관에 지원하는 보조금 중에는 건물을 짓거나 장비를 보강하도록 지원하는 기능보강비가 있다. 기능보강비의 사용 용도는 건물을 짓거나 장비만 살 수 있다. 그런데 어느 시설 기관장은 기능보강비의 사용 용도를 지역 내 아파트를 구입할 수 있도록 확대해 달라고 끊임없이 요구했다. 2000년대 초, 누가 봐도 말도 안 되는 억지에 가까운 제안이었다. 보건복지부 입장에서도 희귀하기 짝이 없는, 가능성이라고는 1도 없는 요구였을 것이다. 그런 요구가 장애인거주시설 탈시설이 이슈화되면서 10년이 안 돼 지원되기 시작했다. 물론 탈시설 반대에 부딪히면서 지원도 사라졌지만 말이다. 정책의 '자물쇠', '철문'을 없앤 것이다.

소속된 조직 안에서도 목소리를 내야 할 일은 의외로 많다. 다만 그 일들에 대한 의식이 있느냐 없느냐가 현장을 개선할 수도, 그렇지 않을 수도 있다. 클라이언트 S 씨는 누가 봐도 자립이 어렵다고 생각하는 중증 발달장애인이었다. 그러나 클라이언트의 자립과 직업 전이를 맡고 있는 H 사회복지사는 S 씨가 중증장애인이기 때문에 오히려 보호자와 분리되어야 한다고 역발상 했다. 보호자와 S 씨 각자 독립이 필요하다고 본 것이다. 무엇보다 보호자의 동의와 걱정을 덜어내는 것이 필요했다. 몇 번의 만남을 통해 설명하고 설득했다. 어렵사리 보호자의 동의를 얻고 공감대를 형성해 가면서 필요한 훈련을 실시하고 있을 때 인근 장애인복지관에서 자립지원 주택에 입주할 장애인을 모집한다는 공문을 받았다.

서른 살이 넘은 S 씨의 자립을 위해서 당사자는 물론, 보호자도, 기관도 각자에게 뒤따르는 책임과 각오가 필요했다. 혼자서 끼니를 해결하는 것에서부터 안전을 보장하는 것에 대한 답을 내놓아야 했다. 끼니는 챙길 수 있을까, 출퇴근은 가능할까, 부모님과 갑자기 떨어져 살아도 괜찮을까, 자고 일어나는 시간을 지킬 수 있을까 등등 열 가지가 넘는 염려와 의문이 있었지만 신청서를 작성했다. 그때까지만 해도 무모한 시도에 조금이라도 안심할 수 있는 '선정되면 좋고 안 돼도 괜찮고'라는 의도적 장치를 걸기도 했다. 그리고 덜컥 선정이 되어 버리고 말았다. 이사를 하고 복지관, 시설, 보호자의 지원으로 S 씨는 화려한 싱글 라이프를 누리고 있다.

아무리 작은 것이라도 변화가 이루어지기까지는 시간이 걸린다. 어쩌면 작은 조직일수록 더 오랜 시간이 걸릴 수도 있다. 묻히기도, 잊히기도 쉽고 상명하복에 덮이기도 쉽기 때문이다. 의견을 말하는 것이 용기가 필요하기도 하지만 주변을 샅샅이 살피는 매의 눈이 필요하기도 한다. 그런 점에서 H 사회복지사의 용기 있는 발언과 시도는 클라이언트의 삶을 180도 바꾸는 계기가 되었다. H 사회복지사가 주어진 일만 하는 직원이었다면, S 씨의 장애에만 관심을 기울였다면 불가능한 일이었을 것이다. 오히려 S 씨를 비장애인과 동등한 성인으로 보았고 그의 가능성에 안테나를 세웠던 탓에 이루어진 결과였다. 자립을 방해한 자물쇠를 연 사례라고 할 수 있다.

몇 명 되지 않은 인원으로 회의를 할 때 질문이나 소감, 의견을 말하라고 하면 모두가 쭈뼛쭈뼛 서로의 눈치만 볼 뿐 말의 물꼬를 트지 못한다. 오른쪽이든 왼쪽이든 차례차례 돌아가는 수밖에 없다. 그렇게 억지로라도 의견을 말하라고 하면 옆 동료의 말을 디딤돌 삼아 용기를 내 의견을 말한다. 가능성이라곤 전혀 없는 의견이라도 좋다. 가끔은 무모한 발언을 해보자. 그 무모함이 클라이언트에 대한 신뢰를 담고 있으면 된다. 사회복지사의 말과 의식이 어느 쪽으로 기우느냐에 따라 클라이언트의 삶이, 인생이 달라진다.

의견, 제안, 특히 현실을 개선하기 위한 발언은 변화를 추구하는 시작이 된다. 누군가의 첫 행동이 다음 행동을 불러오고 주도적인 사회복지사는 그 지점에서 가능성을 타진한다. 동료들에게 영감을 주는 것은 물론, 자극을 받은 동료들에게서 도미노 현상이 일어난다. 결국 현장의 개선점을 처음으로 언급하는 사람은 조직의 분위기를 긍정적으로 이끌 것이며 불확실성을 확실성으로 전환하는 데 기여한다. 그렇게 형성된 분위기는 사회복지사가 어떻게 일을 해야 할지에 대한 명확한 목표가 된다.

누구에게나 처음이 어렵다. 그만큼 실패, 거절, 주변의 눈총을 받을 수도 있다. 반면 무엇과도 바꿀 수 없는 다양한 경험을 쌓으면서 성장 발판으로 삼을 수 있다. 주도적인 사람이라는 호의적인 평가도 뒤따른다. 뿐만 아니라 조직의 체계적인 목표를 설정함으로써 전체에 중요한 전환점을 가져오는 긍정적인 영향을 미치기도 한다. 이전보다 나은 결과를 도출하는 것은 말할 것도 없다. 사회복지사들은 매 순간 결정을 해야 한다. 침묵에 안주해 거절이나 괜한 짓 한다는 눈총을 피하며 살 것인지, 상처를 받더라도 클라이언트의 변화를 유도하는 사회복지사로 살 것인지를.

독일의 유명한 철학자 아미엘 신부는 『아미엘의 일기』에서 '침묵하는 자는 잊힌다, 더 이상 전진하지 않는 자 후퇴한다, 멈추는 자는 추월당하고 짓밟힌다, 성장하길 중단한 자에겐 쇠퇴만 따르게 된다, 포기한 자는 자기 존재를 단념한 자'라고 피력한다. 30년이 넘었지만 정신장애인 복지현장에서의 잘못을, 몰랐다는 말로 다 덮을 수 없는 무지를, 말하지 못한 용기를 후회하고 후회한다. 그 후회가 불합리에 대해 침묵하지 않고 말하는 자로 살게 했다. 침묵하지 않고 제안했던 말들은 크나큰 고통으로 되돌아오기도 했다. 침묵하는 사회복지사가 침묵하지 않은 사회복지사의 고통으로 얻어진 변화와 이익에 편승하는 현장을 목격하는 일은 더 큰 고통이었다.

침묵의 안주에는 후회가 따르고 항변의 고통에는 변화가 따른다. 그러므로 사회복지사들은 신념을 가지고 일해야 한다. 클라이언트를 위해 일한다는 신념, 내가 말하지 않으면 바뀌지 않을 것이므로 용기를 내야 한다는 신념, 발언을 했을 때 반대에 부딪히거나 상처를 받아도 괜찮다는 신념! 대다수의 클라이언트가 사회복지사들의 등 뒤에 서 있기 때문이고 사회복지사는 그들의 옹호자이며 사회복지사의 생각이 클라이언트의 삶을 좌우하기 때문에 더욱 갈고 닦아야 할 것이 민감성이고 거기에서 캐내야 하는 것이 의식적 발언이다.

4부

능력 있는 사회복지사에게서만 볼 수 있는 특별한 힘

마음을 사로잡는 매력 만점 리더십

정기적인 직원 면담 시간, 사회복지사 A 차례였다. 회사 근처 카페에서 마주 앉은 그녀와 나 사이 3, 4초의 침묵이 지나갔다. 어떤 얘기도 좋으니 하고 싶은 말 다 하라고 멍석을 깔아주었다. 순간 그녀는 벌떡 일어나 휴지를 한 움큼 빼 오더니 눈물부터 쏟았다. 어깨를 두들겨 주지도 않고, 이해한다는 말도 하지 않고, 다 안다는 표정도 짓지 않고 그저 기다렸다. 눈물을 쏟고 빨개진 눈으로 첫 마디를 내뱉었다. "제가 잘하고 있는지 모르겠어요. 부서장으로서 팀을 잘 이끌고 있는지도 잘 모르겠고… 팀장 자격이 있나 싶기도 하고, 내가 끌고 가야 하는데 끌려가는 것 같고, 내가 하고 있는 일이 팀원들에게 동기부여가 되고 있나 확신도 안 서고…." 그러면 안 되었지만 풉, 웃음이 나왔다. 잘 성장하고 있구나 싶었다. 진주알 같은 리더십이 동글동글 만들어지고 있구나 싶어 안심이 되었다.

자고로 **리더십에 대한 자성적 의심이 리더십을 키운다.** 자기성찰 없이는 과거에 대한 반성도, 현재에 대한 고민도, 미래에 대한 계획도 없다. 그만큼 리더십의 중요성이 강조되고 있다. 복지 현장은 어떤가? 사회복지사들에게 요구되는 리더십은 무엇일까? 리더십은 운영자나 중간관리자들이 가져야 하는 것으로 생각하는가? 그렇지 않다. 평직원도 제 자리에서 발휘해야 할 리더십이 있다. 바로, 선배들의 발자취를 좇아가는 것만이 아니라 자신의 목표를 세우고 도전하며 개척해 나가는 능력이다.

리더십을 검색해 보면 많은 종류가 뜬다. 그중 사회복지 분야에서 주목해야 할 리더십은 변화 주도형 리더십, 서번트 리더십, 감성 리더십, 윤리적 리더십 등을 들 수 있겠다. 변화 주도형 리더십, 서번트 리더십은 사회복지사라면 기본적으로 보유해야 할 리더십이다. 하루가 다르게 변화하는 클라이언트의 욕구를 충족시키고, 있는 그대로 존중하고 섬겨야 하기 때문이다. 감성 리더십은 공감과 소통은 물론, 감정이입으로 클라이언트의 스트레스와 심리적인 문제를 해결하는 데 필수적인 리더십이다. 사회복지사에게 없어서는 안 될 리더십인 것이다.

기관장의 리더십은 기관의 운영 방향이나 목표를 설정한다. 연구 결과에 따르면 사회복지사들의 이직을 결정하는 요인 중 하나가 '상사의 리더십 부재'였다(이세형, 2013). 그러므로 리더는 명확한 비전을 제시하고 구성원들이 목적지를 향해 나아가도록 동기를 부여해야 한다. 팀장은 팀의 비전을, 기관장은 조직의 비전을 선포하고 공유해야 한다. 그것이 각자의 자리에서 발휘해야 하는 리더십이다. 또한 현장에서 리더십이라고 칭할 수 있는 다음과 같은 요소들이 잘 시행되고 있는지 점검해 보아야 한다.

첫 번째, **후배 사회복지사들에게 길을 만들어주고 성장시키는 것이다.** 존 맥스웰(John Maxwell)은 '진정한 리더는 자신의 지위를 사용해서 다른 사람들의 지위를 높여주고, 자신의 권력을 통해 다른 사람들에게 힘을 주는 사람'이라는 유명한 말을 남겼다. 간혹, 팀장보다 팀원이 우수한 경우가 있다. 어떤 팀장은 팀원을 키우려고 노력하는 데 비해 어떤 팀장은 팀원의 우수성을 외면하거나 오히려 나서지 못하게 가로막는 경우가 있다. 이런 팀장은 리더십은커녕 직무유기에 가까운 리더다. 다행히 그 틈바구니를 뚫고 스스로 알아서 잘 크는 팀원이라면 괜찮다. 그렇지만 자의든 타의든 팀장 등 뒤에 숨어서 안주하는 팀원의 성장은 아무도 보장할 수 없다.

두 번째, **조직이 가지고 있는 유익한 프로그램을 타 기관들과 공유하는 것이다.** 일을 하다 보면 시설에서 개발한 좋은 서비스나 아이디어를 타 시설과 나누기를 꺼려하거나 아까워하는 사회복지사들이 있다. 힘들게 개발한 프로그램을 다른 시설과 나누는 것이 쉽지 않다는 것은 이해하지만 하나는 알고 둘은 모르는 생각이다. 기관이 보유하고 있는 우수한 프로그램을 퍼주고 나눠야만 새로운 것을 생산할 수 있다. 그러면서 상호 성장하는 것이다. 어느 기관장은 조직이 가지고 있는 정보, 서식, 틀을 모두 공유한다고 한다. 그래야 클라이언트를 위한 더 깊이 있는 것을 추구할 수 있다면서 말이다.

세 번째, **현재의 상태를 더 향상시키는 것**이다. 법인 내 모든 시설의 원장, 국장 회의를 하던 날이었다. 시설들은 모두 매년 우수종사자를 선정해 포상금과 포상휴가를 주고 있었다. 그런데 타 관내 시설 지도점검 중에 포상 휴가가 문제가 되었다며 우리도 없애야 한다는 의견이 나왔다. 주무관청에서 문제시하는 '조치사항'에 대해 현장이 거부할 수 없으므로 어느 정도 납득은 갔다. 그러나 직원들에게 좋은 제도를 대응 한 번 하지 않고 후퇴한다는 것은 이해하기 어려웠다.[5] 아직 생기지도 않은 일을 지레 겁먹고 맞서 유지하려는 시도도 하지 않는 것에 김이 샜다. 진통과 갈등이 없이는 현재를 뛰어넘지 못한다.

같은 맥락에서 볼 때, 사회복지사들은 관이 요구하는 대로 따라가는 경향이 크다. 앞에서 언급한 것처럼 지도점검을 통한 지적사항은 현장의 입장에서 봤을 때 불합리하다고 해도 거부할 수 없다. 확인서 하나는 받아가야 한다느니, 어차피 지자체 감사에서 지적당할 수밖에 없다느니 하면서 현장이 수용할 수밖에 없도록 유도하기 때문이다. 그것을 묵인하고 따랐던 현장의 잘못을 굳이 여기서는 언급하지 않겠다. 다만, 리더십을 갖추기 어려운 환경과 구조의 복지현장이지만 이제는 주장과 요구의 리더십을 발휘해야 한다는 것을 말하고 싶은 것이다.

5) 이후, 직원들의 의견을 수렴해 포상금을 상향조정했다.

클라이언트에 대한 정책이 옳지 않을 때, 클라이언트가 인권 침해 상황에 놓였을 때, 직원에게 맹목적으로 비합리적인 것을 요구할 때 등등 개선을 요구하는 것 또한 리더십이다. 불합리한 조직 운영으로 인해 클라이언트와 동료들이 어려움에 처해 있을 때 '떠남'을 선택하는 것은 남아 있는 구성원들을 더욱 힘들게 할 뿐이다. 목소리를 내야 한다. 시끄럽게 하는 것이 귀찮고, 해결될 리도 없으며, 재취업에 지장을 줄 것 같지만 그 용기가 리더십이 된다. 그리고 당장은 성과가 없어 보여도 조직 내 어디선가 싹트고 있는 해결의 조짐을 믿어야 한다.

넬슨 만델라(Nelson Mandela)는 '리더십의 본질은 책임 있는 행동이다. 사람들은 당신이 말하는 이유를 듣는 것이 아니라, 당신이 하는 일을 보고 배우게 된다'고 했다. 마하트마 간디(Mahatma Gandhi) 또한 '당신이 세상에서 보고 싶은 변화가 되는 것'이 리더의 행동이라고 언급한 바 있다. 마거릿 대처는 '리더십은 예측할 수 없는 것을 다루는 능력에 관한 것'이라고 정의했다. 이 밖에도 현재의 생각과 상황을 바꾸는 리더십을 강조하는 유명 인사들은 수없이 많다.

눈물을 다 쏟았는지 어느새 평정을 찾은 A, 특유의 차분하고 담담한 목소리로 할 이야기들을 쏟아냈다. "어떤 의견을 내도 무시당하지 않은 유연한 조직이 되었으면 좋겠어요. 우리 조직의 MZ세대가 장점을 잘 발휘하도록 해주세요. 각자의 업무는 명확하게 처리하되 인간적으로 공감하고 어려움을 나눌 수 있는 문화가 형성되길 바라요. 외부지원사업이 선정되면 업무를 재분장해 주세요. 프로포절을 작성하고 따오기까지 힘들고 어려운데 그 업무가 기존의 업무에 고스란히 얹히는 것은 너무 힘들어요."등등. 울면서 할 말 다 한다. 의문을 제기하면서 자기를 성찰하고, 직원을 대변하면서 팀원을 옹호하는 등 리더의 면모를 갖춰가고 있는 그에 대한 믿음이 한층 더 깊어진 것은 당연한 결과였다.

건의, 제안, 주장, 들이댐!
같이 만들어 가는 가치

I 국장은 '들이댐의 끝판왕'이었다. 유독 크고 자신감이 넘치는 그녀의 목소리는 다른 직원들의 눈과 귀를 늘 집중시켰다. 우리나라에서 한참 정상화(Normalization) 이론[6]이 복지실천의 최종 이론처럼 오르내리고 있을 때였다. 나는 정상화 이론보다 더 좋은 이론이라도 특정인이나 그룹에 적용시키면 이미 분리이고 더 이상 정상화 이론이기 어렵다고 주장했다. 그 이론에 푹 빠져있던 그녀는 내 주장에 적잖이 놀라는 표정이었다. 그리고 반대 주장을 쏟아냈다. 그날의 갑론을박은 무승부로 끝난 듯 했다. 그런데 다음날 메일을 열어보니 I 국장으로부터 평소보다 긴 메일이 도착해 있었다. 언뜻 보아도 전날의 논쟁 내용임을 알 수 있었다. 나는 두 단어 회신으로 이틀간의 격론을 끝냈다. '밥 먹자.'

6) 1969년 덴마크의 정신지체아협회 회장이었던 니르제(Nirje)는 "사회에서 주로 이루어지는 규범이나 생활 형태와 동일한 환경이나 일상생활을 할 수 있도록 하는 것"으로 정의했다.

'하고 싶은 일에 조금이라도 가능성이 보이면 마지막 순간까지 결코 포기하지 않는다.' 당시, 그녀의 메일 끝에 붙박이로 따라오는 문구였다. 평소 그녀의 삶의 자세를 보는 것 같아 나도 힘이 났었다. 발령으로 인해 함께 일을 하지 않은 지 오래되었지만 나는 여전히 그녀의 '들이댐'을 높이 산다. 뭐라도 할 녀석이었고 뭐라도 될 녀석이었다. 나중에 어떤 직원은 이 토론을 한마디로 정리했다. '아, 기관장에게 대들어도 되는구나.'

'들이대야 한다'라는 말에 다소 놀랐을 사회복지사들이 있을 것 같다. 건의, 제안, 주장, 들이댐은 수순이 다를 수 있으나 모두 동일한 맥락이다. 어떤 일에 대한 의견을 자유롭게 말하다 보면 새로운 '제안'을 하는 것도 편안해진다. 그것들이 능력으로 쌓인 후에는 클라이언트와 조직을 위해 옳다고 생각하는 것을 얻기 위해서 '주장'하게 된다. I 국장처럼 말이다. '주장'을 적극적으로 반복하면 '들이댐'이 된다. 대학원 때 장애인복지론을 가르쳤던 교수님은 수업이 끝날 때마다 '항의나 따짐 있으면 말하라'고 시간을 주셨다. 그 멘트가 수업시간에 개방적인 마인드로 임하게 했다.

중요한 건 이 모든 과정의 급이 남달라야 한다는 것이다. **실천 능력을 겸비해야 '들이댐'까지 도달할 수 있다. '의견'에는 명분이 있어야 하고 '제안'에는 긍정적인 영향과 성장가능성이 있어야 한다. '주장'에는 논리가 있어야 하며, '들이댐'에는 자신감이 있어야 한다.** 모든 내용을 섭렵하고 어떤 반문을 해도 능숙하게 답할 수 있어야 한다. 누가 되었든 상대방을 설득할 수 있어야 하는 건 말할 것도 없다. 알맹이 없이 쏟아내는 것은 자칫 버릇없이 대든다는 인상을 심어줄 수 있기 때문이다. 첫 단계인 의견을 내라고 할 때도 눈을 피하고 고개를 숙이는 사회복지사들이 어떻게 하면 건의나 제안, 주장과 들이댐에 편안해질 수 있을까.

먼저, 문제를 인식해야 한다. 그리고 해결 방법을 구체적으로 주장해야 한다. 주장의 장점이나 클라이언트, 조직에 미칠 긍정적 영향을 피력할 수 있어야 한다. 가령, 프로젝트가 협업이 이루어지지 않아 미뤄지거나 제대로 수행이 되지 않을 때 타 팀에 협조를 구하고 추가 인원 배치를 요구한다. 해결 방안으로 청년인턴 등 다양한 일자리 제도를 첨언한다. 참여자에게는 일자리를 제공하고 프로젝트를 원활하게 수행하는 것이 장점이 될 수 있다. 또한 조직은 유일하게 해당 프로젝트를 수행함으로써 선도적인 역할이 가능하다는 것이 긍정적 영향이라고 강조할 수도 있다.

반대 사례도 있다. J 기관장은 사회복지시설 특성상 정부나 지자체에서 시행하는 외부 인력을 반 의무적으로 수용해야 하는 상황이었다. 그런데 이전에 사회복지 경험과 클라이언트에 대한 이해가 없는 인력을 썼다가 문제가 된 경우가 있었다. 그 때문에 노인 인력을 배치하라고 계속해서 걸려오는 전화를 피하고 있었다. 그런데 시설관리팀에서는 넓은 시설물을 관리하기 위해서는 시설관리 요원 한 명으로는 인력이 턱없이 부족한 상태였다.

시설담당인 P 사회복지사는 J 기관장의 반대에도 불구하고 외부 인력 투입을 요구했다. 혼자서는 깨끗한 환경을 유지하기 힘들고 노후화된 시설물을 관리할 수 없다고 주장했다. 한두 명이라도 손을 보태주면 깨끗하고 안전한 시설을 만들 수 있으며 지자체의 요구에도 응할 수 있으므로 기관의 이미지에도 좋을 것이라는 장점을 강조했다. J 기관장이 걱정하는 일은 일어나지 않도록 하겠다는 말도 덧붙였다. 이틀 후 세 명이 들어왔다. 구청에서는 고맙다는 말을 몇 번이나 전해 왔다. P 사회복지사의 적절한 의견 개진과 주장에 기관 이미지도 좋아지고 J 기관장의 면이 선 건 당연한 결과였다.

위 사례처럼 건의가 받아들여지면 그래도 제안할 맛이 난다. 평직원들이 의견을 제시한다는 것은 대단히 어려운 일이다. 하지만 그 또한 조심스럽게 몇 가지 장치를 해볼 수 있다. 첫 번째, **적절한 시점을 선택하는 것**이다. 기관장이 바쁘지 않은 시간이나 비교적 편안한 분위기에서 대화를 시도하는 것이 효과적이다. 둘째, **자유롭고 편안한 장소 선택**이다. 카페를 이용하거나 함께 산책을 하는 것도 좋은 방법이다. 셋째, **조직 분위기에 대한 긍정적인 언급과 공감 표현**이 기관장의 마음을 움직이는 데 도움이 될 수 있다.

제안할 때는 직접적인 비판을 피해야 한다. 예를 들어, “그런 방법도 좋지만 이런 방안을 고려해 보시는 것은 어떨까요?”라고 하면 다시 생각할 수 있는 여지를 확보하는 것이다. 또한 팀이나 조직에 유익하게 작동할 수 있는 점을 강조한다. 타 기관의 성과를 공유하거나 구체적인 데이터와 사례 제시는 기관장의 이해를 돕는데 중요한 단서가 된다. 그리고 기관장의 의견을 묻고 심중을 파악한 후 의견 차이에 대해 적절히 조정하는 단계를 갖는다. 제안이 받아들여지면 수행하는 과정을 기관장과 공유하며 피드백을 받는다. 당연히 이후의 업무에도 관심을 갖고 귀를 기울일 가능성이 커진다.

간혹 기관장의 생각이 전혀 다른 방향으로 흘러가는 때가 있다. 조직 운영 전체를 염두에 둔 방향일 수도 있지만 운영자 입장을 고수할 때도 있다. 더구나 그 방향이 클라이언트나 직원들에게 실이 되기도 한다. 평직원의 지위에서는 더 이상 진행할 수 있는 동력을 잃어버린다. 포기와 멈춤이 시작되는 시점이다. 당장 드러나지 않지만 조직에 부정적인 영향을 미치기도 한다. 그러므로 사회복지사의 결정이 '포기' 쪽으로 가느냐, 다시 한번 '제안' 쪽으로 가느냐에 따라 분위기도, 조직의 성장 여부도 판가름난다. 사회복지사라는 평직원의 손에 조직의 성패가 달렸다고 해도 과언이 아니다. 직원들의 적극적이고 기발한 의견 개진은 클라이언트와 조직 운영에 상당한 도움이 되기 때문이다.

지금까지 사회복지사 입장에서 제안하고 동의를 이끌어내는데 초점을 두고 서술하였다. 그러나 경험상 사회복지사들의 건의나 제안이 그다지 많지 않은 것이 현실이다. 기관장으로선 답답할 때가 많다. 이 글을 읽으면서 '말해도 소용없다'고 생각하는 사회복지사들도 있을 것이다. 공감한다. 괜한 오해나 받고 흐지부지될 수도 있다. 차라리 아무 말 하지 않는 것이 속 편하고 뒤에서 직원들끼리 이야기하는 것으로 만족한다. 그러나 많은 기관장들은 적극적으로 의견을 개진하는 직원을 선호한다.

클라이언트 서비스에 대한 의견, 한 해 사업계획에 대한 의견, 타 팀 업무에 대한 의견 등 현장에서 할 말이 얼마나 많은가? 분명히 하고 싶은 말이 있을 것이고, 하지 않으면 안 되는 말도 있을 것이다. 그런데 '좋은 게 좋은 것'이란 생각으로 안이하게 편승한다. 좋은 게 좋은 것이 아니라 '좋은 게 안 좋은 것'일 수도 있다. 침묵은 금이 아니라 때로는 독이다. 오죽하면 '고스톱 방향, 포카 방향'으로 돌아가면서 의견을 말하라고 할까. 그만큼 한 명 한 명 직원들의 의견은 조직을 함께 이끌어가는 고급 가치인 것이다.

제안은 뛰어난 아이디어, 조직 운영 개선의 내용일 수도 있지만 불만이나 서운함의 표현도 의견이다. 속에 쌓아 둔 것들이 오히려 진정한 의견이고 훌륭한 개선방식일 수 있다는 것이다. 그것을 통해 기관장도 조직을 이끌어가는 방식을 되돌아볼 수 있다. 궁극적으로 조직원 전체가 클라이언트 중심으로 기관이 운영되도록 동참하는 것이다. 기관장과 중간관리자 등 몇 사람만의 노력과 결정으로 조직은 성장할 수 없다. 들이댐의 시간을 충분히 누린 사회복지사가 많은 조직일수록 후배들의 들이댐을 받아주고 아량도 베풀면서 발전할 수 있다.

밤 열 시가 넘은 시각, Y 과장으로부터 전화가 왔다. 낮에 있었던 업무 조정에 대해 할 말이 있다며 전화기 너머 들려오는 Y 과장의 목소리는 발음이 꼬일 정도로 이미 술에 취해 있었다. 한 번도 없었던 일이라 진지하게 응대하고 싶었으나 자꾸만 웃음이 나왔다. 본인은 하고 싶은 말을 한다고 했겠지만 횡설수설 제대로 된 의견을 제시하지 못했다. '내일 맨정신에 이야기 하자'고 통화를 마쳤지만 내게는 그 또한 하나의 의견으로 와 닿았다. 어떻게 일을 하라는 것인지 답답하고, 뭔가 재조정이 필요하다는 취중진담으로 말이다. 어쩌면 I 국장은 '들이댐의 끝판왕'의 자리를 내줘야 할지도 모르겠다.

부조리에 부딪혔을 때 정정당당 대처법

H 사회복지사는 수습기간 중 인건비를 90%만 받았다. 지자체 정책에 따라 호봉 제한이 있다는 것은 알고 있었다. 그렇지만 수습 기간이라는 이유로 보조받는 인건비를 100% 지급해 주지 않는다는 것은 이해하기 어려웠다. 입사 후 체결한 근로계약을 정확하게 검토하지 않은 탓이라고 자책하기에는 이후에 일어난 일들도 의아한 부분이 많았다. 환영식을 한다고 해서 갔더니 비용을 부담하라고 했다. 직원들 사이에서 왈가왈부 말이 나오자 며칠 후 되돌려 주는 것이었다. 업무처리가 원래 그런 것인지 알 수 없었으나 이미 언짢아진 기분은 되돌릴 수 없었다. 결국 초임 사회복지사 H는 3개월도 채우지 못한 채 그만둘 수밖에 없었다.

계약직으로 근무하다 3개월을 넘기지 못한 사회복지사 S는 부조리를 넘어 모멸감을 견디다 못해 그만둔 케이스다. 기관장은 S가 작성한 일지를 한 줄 한 줄 짚어가면서 '오늘 한 일이 이것뿐이냐, 일지를 왜 이런 식으로 썼느냐'는 말을 거의 매일같이 했다고 한다. 클라이언트 지원을 위해 출근 시간보다 먼저 현장으로 갔는데도 사무실에 들리지 않았다는 이유로 지적을 했다. 아무리 생각해도 지적을 위한 지적이었다. 최선을 다해 업무에 임하는데도 불구하고 사사건건 꾸지람을 하는 바람에 그만둘 수밖에 없었다고.

복지관에서 일하는 Z 사회복지사가 해고를 당했다. 사유는 복지관의 부조리가 바로 잡아질 수 있도록 몇 번 건의를 한 것 때문이었다. 이후 재취업을 위해 이력서를 넣는 곳마다 탈락을 하면서 나중에야 복지관에서 훼방을 놓는다는 걸 알게 되었다. 지인들을 통해 자신도 모르는 자신에 대한 흉흉한 소문도 듣게 되었다. 복지관을 떠났지만 2차 피해 상태에 놓인 것이다. 타 지역이 아닌 이상 당장 일자리를 구하는 것은 불가능해 보였다. 결국 Z는 당분간 쉬기로 결정할 수밖에 없었다.

갓 졸업한 사회복지사들은 여느 사회 초년생들이 그렇듯이 사회복지현장에 대한 호기심, 꿈과 기대를 품고 있다. 그러나 현장에 들어가자마자 겪게 되는 비인간적인 상황들로 인해 사회복지현장을 떠나고 만다. 첫 사례자 H는 사회복지를 하지 않겠다며 다른 분야로 전향했다. 두 번째 사례자 S는 아르바이트를 하며 현장과의 거리를 두고 있다. 세 번째 사례자 Z는 강제적인 쉼을 선택했다. 세 사람 모두 클라이언트 중심으로 일할 각오를 가졌던 사회복지사들이었다.

박사학위 논문으로 '사회복지사의 노동조합 활동 경험'을 연구할 때 노동조합원이자 연구에 참여했던 10여 명의 사회복지사들이 이구동성으로 했던 말이 있다. 노동조합 활동의 원인은 법인의, 운영자의 비민주적인 운영이나 비리, 클라이언트에 대한 인권침해 때문이었다고. 이들은 소속기관에서 노동조합을 결성하고 치열한 활동을 통해 법인을 바꾸거나 비민주적인 운영을 바로잡았다. 클라이언트의 인권을 회복한 것은 물론이었다. 그야말로 **노동조합에 가입되어 있는 사회복지사들이 사회복지 현장을 클라이언트 중심으로 바꾸기 위한 몸 사리지 않은 대처임을** 알 수 있었다.

그러나 복지기관의 노동조합 결성이나 활동은 쉬운 일이 아니다. 그 자체로도 이슈가 되고 회유나 협박의 대상이 되기도 한다. 그러니 노동조합 활동으로 부조리에 맞선다는 것은 그만큼 지난한 일이고 상처를 받을 수밖에 없는 일이다. 현장의 비리를 알고 경험한 일선 사회복지사들이 조용히 퇴직할 수밖에 없는 이유이다. 그렇다면 그만두는 방법밖에는 대안이 없는 것인가? 대처에는 수순이 있다. 바로 인터뷰이로 참여한 사회복지사들이 하나같이 밟았던 과정이었다. 수순 끝에는 별수 없이 노동조합 가입이나 퇴직이 기다리고 있다는 것이 허망하기는 하지만 그 과정을 살펴보면 다음과 같다.

첫 번째로 허용할 수 있는 범위 내에서 **견디고 참는 것**이다. 오랜 시간 현장에 머물렀던 선배이자 기관장으로서 수학공식과 같은 정답을 주지 못하는 것이 안타깝다. 단지 몇몇 유명인의 말을 빌리자면, 레일 라운즈(Leil Lowndes)는 자신의 책 『최강의 일머리』에서 '부당하게 비난을 받았다면 어떻게 해야 할까. 정말 사소하고 별것 아닌 비난이라면 감수하고 넘어가자. 불쾌하지만 묵묵히 넘길 수 있다면 본인이 큰 그림을 그리고 있는 사람이라는 인상을 심어 준다'고 말한 바 있다. 아미엘 신부는 『아미엘의 일기』를 통해 '인간의 부조리에 환멸을 느끼더라도 네 마음 깊숙한 그곳에서 분노가 깨어나더라도 결코 응시하지 말자. 그저 이 짧은 밤을 살아가자'고 다독인다.

이 글을 봤을 때, 도대체 인간의 속이 얼마나 넓어야 이렇게 할 수 있느냐고 실체도 없는 허공에 항의했었다. 말하자니 더 못나게 느껴질 것 같아 차라리 입을 다물 수밖에 없을 때, 그럴수록 가시 같은 부당함이 위, 아래, 양옆에서 찔러대던 때였다. 그렇지만 녹록지 않은 과정을 밟아온 선배 사회복지사로서 감히 조언하자면 **'당장은 아니더라도 부당함은 언젠가 밝혀지게 마련이고 시간이 결코 해결하지 못할 일이 없다'**는 경험적 진리를 전하고 싶다. 어떤 때는 눈을 질끈 감고 귀를 질끈 닫아야 한다. 그러나 '그 상황이 한두 번으로 끝나지 않는다면 어떻게 해야 할까. S의 사례에서처럼 매일 일삼아 하는 지적에 어떻게 대처해야 할까'라는 질문이 뒤따라온다.

스테판 에셀(Stéphane Hessel)은 『분노하라』에서 '분노할 일에 분노하기를 결코 단념하지 않는 사람이라야 자신의 존엄성을 지킬 수 있고 자신이 서 있는 곳을 지킬 수 있으며 자신의 행복을 지킬 수 있다'고 외친다. 최근 베스트셀러에 올랐던 세이노도 자신의 책 『세이노』에서 '아니라고 말하라'고 촉구한다. '아니요' 할 일에 '아니요'라고 당당하게 표현하라고 한다. 그렇다. '아니요' 할 부당한 지시에 '예'를 하기 때문에 부조리가 멈추지 않는다. 그것도 뒤에서 하지 말고 앞에서 해야 한다. **'예'할 것에 '예', '아니요'할 것에 '아니요'**라고.

그런데 짜인 단계처럼 치고 들어오는 부조리들은 '예, 아니요'로 정리할 수 있는 것만은 아니다. 앞에서는 '예' 할 수밖에는 도리가 없는 경우도 많다. 용기도 없다. 그러다 보니 부조리를 생산하는 주체는 어느 순간 그 일이 부조리한 줄도 모르게 된다. 첫 사례로 언급한 H가 곧바로 이의를 제기했다면 바로 잡아졌을지도 모를 일이다. H는 퇴직한 후에야 노동위원회에 진정서를 냈다. S가 기관장의 언행에 대한 불편함을 즉시 토로했다면 어떻게 되었을까? Z에게 동료들이 함께 '아니요'라고 힘을 보탰더라면 어땠을까?

사회복지사의 경력에 따라, 성향에 따라 부조리한 상황에 대한 개인적인 대처는 모두 다르다. 그 개인에게 여과 없이 닥쳐오는 불이익도 감수해야 한다. 사회복지사 한 사람이 감당하기에는 험난한 길이다. 그러므로 **일반적인 부조리의 처리과정에 따르는 것**도 하나의 방법이다. 먼저, 윤리적 판단이 필요하다. 사회복지의 보편적인 원칙과 가치관, 자신만의 실천 기준을 바탕으로 행동해야 한다. 그 후 비판적 사고와 문제해결 방안을 모색한다. 상황을 분석하고 다양한 해결책을 찾는 것. 그다음 부조리한 일을 명확히 전달하고, 설득력 있게 설명할 수 있어야 한다. 내부적으로 해결이 어렵다면 동료들과 공유함과 동시에 공식적인 윤리위원회나 외부 감사 기관에 신고하는 방법을 취한다.

마지막으로 '발목을 잡히는 것'이다. '뭐 이런 게 있어'라는 생각이 들 것이다. 혹, 어느 순간 발목이 잡혔다는 감정을 느낀 적이 있는가. 혹자는 사명감이라고도 하고 혹자는 책임감이라고 하는 그것 말이다. 기분 좋은 불안감이라고도 할 수 있는 그 상태를 감지한 적이 있다면 이제 부조리 같은 건 걱정하지 않아도 된다. 뭐니 뭐니 해도 대처 방법들 중 가장 강력하면서 효과는 반영구적이다. 이것은 밖에서 오는 것이 아니다. 일을 하면서 스스로 조제하는 처방이다. 이 처방은 사회복지사들이 '기관장이나 기관을 위해 일하는 것이 아니라 클라이언트를 위해 일한다'는 효과로 이어진다. 나는 그것을 공적 책임감, 혹은 공적 사명감이라고 부른다.

이 감정이 나에게 왔을 때는 막 국장으로 승진했을 즈음이었다. 오랫동안 상주 봉사자로 지내 온 분이 유독 주인행세를 했다. 참다못해 '이곳의 주인은 장애인들'이라며 그분에게 정확히 말을 한 후 쥐고 있던 서류를 던지듯 내려놓고 자리를 뛰쳐나왔다. 드디어 그만둘 때라고 스스로에게 우겨댔다. 그런데 웬걸, 그 난리를 쳐 놓고 나온 뒤 아직 그 현장에 있을 직원들, 클라이언트의 걱정이 마음에서 떠나지 않았다. '나 아니면 안된다'는 욕심이 아닌 분명히 다른 무엇이었다. 바로 '발목 잡힘'이었다.

아니 그 이상이었다. 이후 그 봉사자의 주인 행세는 내게 아무것도 아니었다. '아니요'와 책임감, 사명감으로 단단해진 복지현장에 대한 흔들리지 않는 공적 마인드가 참게도 하고, 분노하게도 하며, 신고도 하게 하는 것이다.

노동운동이 아닌 사회운동으로 만들어진 복지국가 스웨덴

2000년대 중반까지 사회복지사들끼리 결혼하면 영세민(현, 국민기초생활수급자)이 되었다. 웃지 못 할 사실이었다. 그 무렵 박사 학위 논문 주제를 고민하면서 품고 있던 의문을 끄집어냈다. '사회복지사들은 이처럼 열악한 처우에도 왜 가만히 있을까', '기관 비리에 왜 행동하지 않을까'가 그것이었다. 그렇게 결정된 주제가 '사회복지 종사자의 노동조합 활동 경험 연구'였다. 학위논문을 쓰는 7년 동안 처우는 많이 개선되었고 노동조합의 활동 방향도 많이 바뀌었다. 그러나 여전히 한국 사회복지 노동조합은 제자리걸음을 하거나 후퇴하는 분위기다.

한국 최초의 노동조합은 1898년 5월에 조직된 성진부두 노동조합이다. 그 이전에도 조선 봉건사회의 신분제도가 흔들리고 상품화폐 가치가 상승하면서 품삯 꾼에서 출발한 부두 및 광산 노동자들의 집단행동 흔적은 쉽게 찾아볼 수 있다. 이들은 노동조건 개선, 임금 인하 반대 등과 같은 이유로 파업을 벌였다. 그러나 공식적인 노동조합을 결성한 것은 아니었다.

우리나라의 노동자계급은 1960년대 이후 본격적으로 진행된 자본주의 발전과 함께 형성되기 시작하였다. 사회복지분야는 1960년대 부분별 제도화와 함께 노동자층이 형성되기 시작하면서 전문성을 중요시하고 자격증 소지자 채용을 의무화하였다. 그러나 처우나 근무환경은 더없이 열악했다. 본격적으로 사회복지 노동조합이 결성된 시기는 1987년 노동자 대투쟁 이후부터이다. 1988년 삼육재활원을 시작으로 2000년까지 총 25개 시설에 노동조합[7]이 결성되었다.

바로 앞 '부조리에 대처하는 정정당당 대처법'에서도 언급한 것처럼 우리나라 사회복지 현장 노동조합은 사회복지사들의 권익보다는 클라이언트 인권침해, 법인과 시설운영자의 비리, 직원채용 비리 등의 이유가 대부분이었다. 자신들의 처우 개선에 대한 것은 미미할 뿐이었다. 그럼에도 불구하고 돌아오는 것은 노동조합 탄압, 법인과 관의 유착이 만들어 낸 문제 은폐와 회피[8]였다. 하지만 참여자들이 말하는 노동조합 활동의 결과는 괄목할 만한 것이었다. 클라이언트의 인권을 회복하고 부당한 인사에 대항하며 합당한 권리를 요구하는 등 눈부신 결과를 이뤄냈다.

그렇게 현장의 많은 문제들이 해결되었고 투쟁은 일단락되었

7) 김행란(2016). 12쪽.
8) 같은 책, 12~14쪽.

다. 그래서일까. 최근 사회복지사들의 노동조합 활동은 사뭇 자신들의 권익을 위한 방향으로 흘러가는 것 같다. 가령, 정부에서 제시하는 시간 외 근무시간을 초과하는 근무에 대한 수당이나 휴일 근무수당 등을 요구하는 것이다. '그럼 사회복지사들은 시간 외 근무나 휴일근로를 당연히 해야 하느냐'는 반문을 품을 것이다. 물론 그렇지 않다. 타 영역의 근로자들과 동등하게 노동하고 그에 상응하는 보상을 받아야 하는 것이 당연하다. 다만 법인에서 지급할 수 있는 구조가 아니기 때문에 힘을 합쳐 정부를 향해야 한다.

동일한 지역, 동일 영역의 기관들 중 지자체가 직영하는 기관 직원들의 급여가 타 기관보다 월등히 많은 경우가 있었다. 단체장이 몇 번 바뀌고 공공기관들의 조직 체계가 바뀌면서 지자체는 해당기관 운영주체를 산하 공공기관으로 변경하고자 했다. 그러나 노동조합에 소속된 직원들은 격렬히 반대하고 나섰다. 그들이 내세운 이유는 지자체 직속으로 있어야만 원활하게 운영할 수 있다는 것이었다. 그러나 그들이 취하고 있는 성과금이나 높은 급여가 더 큰 목적이라는 것을 모르는 이는 없었다. 회의 중 누군가가 직원 대표로 참석한 이에게 물었다. '운영 주체를 바꿨을 때 그곳을 이용하는 클라이언트에게 돌아가는 불이익이 무엇'이냐고. 정확하게 답을 하지 못한 이유는 공공연하게 떠돌던 후자 때문이라는 추측을 확인시켜 주고도 남았다.

나 역시 공청회나 회의에 참여할 때마다 표면에 드러나는 반대 사유를 확인하면서 안타까운 마음이 컸다. 해당 기관의 노동조합과 함께 반대 입장을 표명하고 있는 민주노총의 명분이나 논리라는 것도 합리적이지 않았다. 더더구나 클라이언트에게는 아무런 영향도 없었다. 지역사회 전체를 위한 복지가 아닌 차별적인 복지를 더 옹호하는데 노동조합이 작동하고 있는 상황이었다. 같은 일을 하면서 차별받는 기관과 사회복지사들의 처우에는 나 몰라라 하면서 해당기관의 요구와 반대에는 손을 못 쓰는 물렁물렁한 지자체의 대응도 문제였다.

정체성을 말해 주듯 스웨덴은 '복지국가'가 먼저 붙는다. 그러나 스웨덴도 초기 노동조합은 긴 노동 시간과 낮은 임금, 열악한 작업환경이 문제가 되었고 이를 해결하기 위해 노동자들의 활동이 시작되었다. 1880년대부터 노동자들은 노동조합을 결성하기 시작했으며, 1898년에는 스웨덴 노동조합 총연맹(LO, Landsorganisationen i Sverige)을 설립했다. 이는 스웨덴에서 가장 큰 노동조합 연합체로 노동자의 권익을 보호하기 위한 본격적인 활동 주체였다.

1938년 역사적인 살트셰바덴 협약(Saltsjöbaden Agreement)을 체결한다. 이는 LO와 스웨덴 고용주 연합(SAF, Svenska Arbetsgivareföreningen) 간의 협약으로 이후 스웨덴 노사 관계의 기본적 틀이 된다. 이 협약은 노동조합과 고용주 간 자율적인 문제해결을 강조하며, 정부의 개입 없이 노사 간 협의를 통해 임금과 근로 조건을 결정하는 것을 목표로 했다. 이를 통해 상호 신뢰와 협력을 바탕으로 노사 관계가 자리 잡았고, 노동 분쟁을 최소화하는 데 성공한다.

1950년대 이후부터 복지국가 모델을 구축하면서, 노동조합은 **복지 제도 확립과 경제적 평등 실현에 중요한 역할**을 한다. 실업보험, 연금 제도, 건강보험 등과 같은 복지정책을 정부와 협력하여 발전시키는 데 기여하기도 한다. 또한, 노동자들의 권익을 보호하기 위해 경영 참여와 기업 내 민주주의 확대를 주장하고, 이는 노동자들에게 더 많은 발언권을 주는 성과를 낳았다. 1970, 80년대 스웨덴 경제가 어려움을 겪으면서 고용 불안정과 경기 침체가 이어졌을 때 **노동조합은 임금 인상보다 고용 안정에 초점을 맞추었고, 고용주와의 협력 강화를 통해 경제 회복을 도모한다.**

노동조합은 자국의 경제 변화에 대응하기 위해 탄력적 임금 조정과 유연한 근로 조건을 수용하면서도 노동자의 권리를 지키기 위해 노력했다. 1990년대 이후에는 세계화와 유럽 통합, 디지털화 등의 변화가 노동 환경에 영향을 미쳤으며, 노동조합도 새로운 방식으로 대응하기 시작했다. 현재 LO와 같은 주요 노동조합들은 임금 협상, 노동자 교육, 직업 재훈련 프로그램 등을 통해 노동자의 경쟁력을 강화하고 있다. 약 70% 이상의 노동자가 노동조합에 가입되어 있을 정도로 노동조합 가입률은 전 세계적으로 높은 편에 속한다. 고용 안정, 근로 조건 개선, 복지 혜택 등에서 중요한 역할을 했기 때문이다.

또한 정부와 노동조합, 고용주 간의 삼자 협력을 통해 안정적인 노동 환경과 경제적 성장을 동시에 추구하고 있다. 스웨덴의 노동조합은 단순히 임금 인상과 같은 요구를 넘어, 사회적 평등과 복지정책 수립에 적극적으로 참여하면서 국가 발전을 이끌어 왔다. 이러한 모델은 다른 나라에도 큰 영향을 미쳤으며, 협력과 신뢰를 바탕으로 한 노동 환경 구축에 중요한 사례로 평가받고 있다.

스웨덴은 보편적 복지 시스템의 모범 국가로도 잘 알려져 있다. 하지만, 최근 몇 년간 복지 예산 삭감과 민영화로 인해 서비스에 대한 압박이 커지고 있다. **스웨덴의 사회복지사들은 협회를 통해 복지 예산 확대와 보편적 복지 서비스 강화를 요구하는 집회를 벌이는 등 '복지국가 스웨덴'을 유지하고 발전시키기 위해 노력하고 있다.** 이들은 복지가 단순히 소수의 필요를 충족하는 것이 아니라 모든 시민을 위한 안전망이라는 점을 강조하며, 서비스의 질적 유지와 복지 예산 증액을 요구하고 있는 것이다.

스웨덴에 갈 기회가 있었다. 짬을 내어 올로프 팔메(Olof Palme)가 저격당했던 장소에서 홀로 서 보았다. 궁금했다. 좋은 집안에서 부족할 것 없이 자란 그를 무엇이 이리로 이끌었을까?. 그가 쓰러졌던 자리에는 그의 이름이 새겨진 동판이 박혀 있었다. 국가의 부흥과 노동자들의 삶을 위해 끊임없이 고뇌했던 그가 극우주의자들로부터 피격을 당해 사망했을 때 온 국민의 깊은 애도와 안타까움이 전해져 오는 것만 같았다. 노동자들을 대표하는 사회민주당을 이끌었던 올로프 팔메. 노동조합의 방향을 견인하고 그 방향이 노동자의 삶으로부터 출발하게 한 장본인.

스웨덴 노동자들이 스스로의 권익보다는 국민 모두의 복지, 시민들의 행복을 우선시했기 때문에 이룰 수 있었던 복지사회가 지금까지도 이어져 오고 있다. 스웨덴 노동운동의 역사와 결과를 접했을 때 우리의 노동운동도 발전하고 진화해야 한다는 사실을 다시금 깨달았다. 그랬을 때에야 비로소 국민의 동의를 이끌어 낼 수 있으며, 결국 노동자 스스로의 권익도 높아질 수 있다는 것을.

사회복지사만이 만들 수 있는 북유럽형 복지현장

사회복지학과를 갓 졸업한 E가 입사했다. 스물두 살의 어린 사회복지사였다. 일주일에 하루, 외출을 한 후 저녁에는 집인 양 다시 시설로 돌아왔다. 간접 인력을 제외하면 중증장애인을 케어하는 인력은 일곱, 여덟 명에 불과했다. 거주 장애인들은 70여 명에 가까웠고 기록해야 할 서류는 늘 산더미여서 한두 명이 열 명의 장애인을 열두 시간 이상 돌봐야 했다. 스물네 시간 근로 조에 속해 있던 E는 성격도 좋아서 늘 괜찮다는 말을 입에 달고 있었다.

어찌 괜찮을 수 있었겠는가. 두 층에서 생활하는 장애인들을 밤새 케어하며 쪽잠을 잔 그녀의 아침은 이십 대라는 말이 무색할 정도로 초췌했다. 그녀도, 그런 그녀를 보는 것도 지쳐갈 즈음, 저녁 10시가 훌쩍 넘은 시간 맥주 두 캔을 사 들고 숙직실로 향했다. 거주 장애인들의 잠자리를 돌아본 후 막 숙직실에 들어선 그녀와 맥주 한 모금에 우리 마음처럼 깡마른 멸치를 고추장에 찍으며 서로 말이 없었던 기억이 어제처럼 또렷하다.

그런 자잘한 위로나 격려조차 지쳐갈 무렵인 2000년 7월 어느 날 아침이었다. 지금은 고인이 되신 장봉혜림원 임성만 원장님으로부터 전화가 왔다. 기획예산처(현, 기획재정부)에서 열두 시에 보자고. 장애인복지 인생의 선배였고 스승이었던 그분의 전화에 무슨 일인지 묻지도 않고 서울행 고속버스에 몸을 실었다. 부산, 대전 등지에서 몇 명의 사회복지사들이 이미 모여 있었다. 담당 공무원과의 미팅을 앞두고 대기하고 있던 어두운 복도만큼이나 우리의 침묵도 무거웠다. 서늘한 공기가 팔을 에워싸며 돋던 소름은 생전 처음 중앙부처를 방문한 긴장감을 더했다. 온통 파스로 뒤덮여 있던 부산 지역 시설의 사회복지사 팔을 보여주며 현장의 상황을 낱낱이 알렸다. 그때부터였다. 한국의 사회복지 역사상 최초로 노동운동이 시작된 것은! 속된 말로 '데모'의 출발이었다.

25년이 지난 케케묵은 일을 들먹이자니 감회가 새롭다. 우리는 불가능할까? 북유럽과 같은 복지현장이? 불가능하지 않다. 벌써 어떤 영역은 선진국보다 앞서 있다고 생각한다. 그것을 증명하고자 오래된 이야기를 꺼낸 것이다. 기획재정부와 첫 미팅 이후 6개월간의 투쟁이 이어졌다. 그 투쟁의 대미는 전국 장애인거주시설의 기관장을 고발하는 것이었다. 그리고 다음 해 4월, 2배수 직원 증원이 이루어졌고 100억 원이 넘는 예산이 추가로 확보되었다. 선진국형 사회복지현장을 만드는 첫걸음이었다. 급여는 여전히 낮았고 결혼을 하면 기초생활수급자 가정이 된다는 말이 나올 정도로 어처구니없는 처우였다. 하지만 사회복지사들의 첫 싸움은 처우개선이 아닌 클라이언트에 대한 서비스 질을 높이기 위한 직원 증원 운동이었다.

선진국들의 사회복지운동을 들여다보면 거의 대부분 사회복지사들의 처우개선이 먼저였다. 미국의 경우 민간 비영리 단체와 공공기관에서 일하는 사회복지사들이 낮은 임금과 높은 업무 부담에 맞서기 위해 노동조합을 결성했다. 주요 이슈로는 임금 인상, 복지 예산 확충, 근로 환경 개선 등이 포함되어 있었다. 독일의 경우도 근무 시간 단축, 적정 임금, 인력 충원, 복지 서비스 확충이 주요 요구 사항이었다. 호주도 마찬가지였다. 사회복지사들의 낮은 임금과 성평등 문제에 중점을 두었다. 그리고 2010년대 이후 사회복지사의 급여 인상, 근로 조건 개선을 위한 파업과 법적 대응을 통해 임금 인상에 성공한 사례도 있다.

북유럽은 어떨까? 간략하게 살펴보자. 노르웨이는 20세기 초부터 사회복지사들이 노동 환경 개선과 복지 제도 발전을 위해 활발히 활동했다. 1970년대부터 사회복지사들이 더욱 전문적인 교육과 자격을 요구하며 집단적으로 노동조합을 조직했다. 급여와 근로 환경 개선을 위해 목소리를 높였으며, 공공 서비스의 질을 높이기 위한 정책 개혁을 촉구했다. 1990년대에 들어서 복지국가 모델의 재편성 논의가 제기되었다. 사회복지사들은 사회안전망 확대를 위해 정부와 협력하고 인권과 평등을 기반으로

한 복지 모델을 강화하는 방향으로 활동했다. 특히, 클라이언트 중심의 복지 서비스 제공을 촉구하는 운동이 활발했다.

핀란드는 사회복지사의 역할이 매우 중요한 나라로, 복지제도의 발전을 위해 다양한 사회운동이 일어난다. 1970년대부터 1980년대까지 사회복지사들은 전문성을 인정받기 위해 학문적이고 정책적인 활동을 강화했다. 이 시기의 사회복지사들은 국가 복지정책에 더 많은 영향력을 발휘하기 위해 집회와 연대 활동을 펼쳤다. 1990년대 후반에는 정신 건강 서비스에 대한 관심이 높아지기 시작했다. 그와 관련한 복지정책 개선을 요구하는 운동들이 지속적으로 일어나면서 정부의 정책 반영에 성공적인 결과를 가져오기도 했다.

덴마크는 매우 발전된 복지제도를 운영하고 있다. 사회복지사들의 노력으로 이루어진 결과다. 1960년대와 1970년대 초반에는 사회복지사들이 근로 환경을 개선하기 위해 조직적으로 운동을 펼쳤던 시기다. 급여 인상, 직무 스트레스 완화, 전문성 강화를 위한 교육 체계 개선을 요구하며 노동운동을 펼쳤다. 1980년대에 들어서면서 정부의 복지국가 시스템에 대한 개혁 논의가 일어났고 사회복지사들은 기존 복지 모델의 재검토와 강화책을 모색한다. 이 시기에 사회복지사들의 목소리는 복지 제도 확장을 위한 중요한 요소로 작용했다. 2000년대에는 다문화에 대한 관심이 높아지면서 이민자와 난민 지원을 위한 정책을 개선한다. 사회통합과 차별금지, 평등한 복지 혜택을 위한 활동을 펼쳐

나간 것이다.

스웨덴은 20세기 초부터 복지시스템을 확립했고 그 유지와 발전을 위한 사회복지사들의 적극적인 사회운동이 있었다. 1950년대부터 1960년대에 걸쳐 복지국가 모델을 확립하기 위해 많은 노력을 기울였다. 이 시기의 사회복지사들은 사회적 약자를 위한 정책 개발에 참여하면서 직무의 중요성을 널리 알리고 복지제도의 발전을 이끌었다. 1980년대에는 복지 확장과 공공 서비스 질 향상을 목표로 한 운동을 전개한다. 주거, 교육, 건강 서비스와 관련된 복지 정책 강화를 요구하며 정부와 협력하여 복지 시스템 발전에 기여했다. 2000년대 초반에는 노동 조건과 급여 문제 해결, 더 나은 근로 조건과 자원 할당을 촉구했다. 특히 정신건강과 아동 보호 분야의 근로 환경 개선을 요구했다.

이와 같이 북유럽 국가들은 사회복지사의 주체적인 사회운동을 통해 복지제도의 발전을 이끌어 냈다. 정부와 협력하며, 복지시스템의 확대와 전문성 강화를 요구하고 사회적 약자의 권리를 보호하는 데 중요한 역할을 했다. 사회복지사들의 노력은 사회복지 시스템을 더욱 공정하고 효율적이며 포용적인 방향으로 견인했다고 볼 수 있다. 북유럽 국가의 사회복지사들은 자신의 처우개선과 더불어 정부와의 파트너십을 통해 다양한 정책을 수립한 것이 공통점이라고 할 수 있겠다. 현장에서 클라이언트를 대면하는 사회복지사의 지위를 스스로, 사회와 정부가 모두 존중했기 때문에 가능한 일이었다. 사회복지사의 참여 없이 정책수립도 복지국가가 되는 길도 요원하다는 것을 알 수 있다.

우리의 처지는 어떤가. 현장에 대한 것은 현장에서만 운운할 뿐, 정책은 정부에서 주도하면서 일부 교수들이 참여하여 수립한다. 그러다 보니 계획뿐인 정책이고 실적을 내는 것에만 집중되어 있다. 현장을 세세하게 이야기할 사회복지사가 참여할 수 있는 틈새는 거의 없어 보인다. 간혹 정책수립에 참여한다 해도 요구가 반영되지 않는다. 쫓아다니며 강조해도 예산에 직결되는 부분은 한 귀로 듣고 한 귀로 흘린다. 모두 '검토해 보겠다'라는 말로 자리를 피하고 만다.

선진국은 사회복지사들이 복지국가를 만드는 데 참여했다. 개인으로, 집단으로 행동하면서 받아들여지지 않는 부분은 운동으로 이끌어냈다. 그에 반해 한국의 노동운동은 쇠퇴기일 뿐 아니라 사회복지사들은 처우 개선을 위해 법인을 상대로 싸운다. 지역사회와 복지국가를 위한 활동은 거의 찾아보기 어렵다. 주민복지센터나 구청이 설치한 위원회 참여가 그나마 전부다.

사회복지 대상자의 삶의 질을 위해, 모든 국민이 행복할 수 있는 정책과 예산을 확보하려는 사회복지노동조합 활동은 어려운 것인가. 거시적이고 범국가적인 복지방향을 제시하지 못하는 지금의 사회복지사협회와 노동조합의 미흡한 활동이 아쉽다. 노동조합이 결성된 기관도 문제가 해결되면 대부분의 활동을 멈춘다. 그나마 앞서 언급한 2교대 증원 운동만이 선진국 사례보다 발전적인 사회복지 운동이었다. 개인의 권익을 초월한 사회운동을 전개한 것이다. 다시, 지역사회 문제, 정책적 문제를 찾아내 힘을 합쳐 해결해야 할 때다. 사회복지사협회를 중심으로 지역복지부터 단계적인 활동이 필요하다. 이러한 활동이 복지국가로 가는 첫걸음이다.

2교대 증원 운동 당시 해당지역 경찰서 담당 형사가 대표로 활동했던 사회복지사들의 시설로 매일 출근했다. 우리 기관도 예외는 아니었다. 대표로 활동했던 나를 감시했고 혹 못 오는 날에는 전화로 일거수일투족을 묻고 조사했다. 집회를 위해 여의도를 향한 버스에도 동승했다. 고발당한 기관장들과 고발한 사회복지사들은 각 지역 노동청에 출석해 진술했다. 불편했고 불안했던 2000년 하반기였다. 그리고 이십 대 초반, 그 열악한 현장을 견딘 E는 법인 내 기관의 장이 되었다. 여전히 명랑하다. 우리는 가끔 그때를 회상하곤 한다. 그 시간이 없었다면 지금의 너도, 나도 없었을 것이라고.

자리가 사람을 만든다는 천만의 말씀

국장이었던 내가 법인 내 다른 기관의 장으로 자리를 옮기면서 국장 자리가 공석이 되었다. 시설 내에서 물색해도 마땅한 사람이 없었다. 공개채용을 하자니 기관의 특성을 파악하는 데 시간이 걸릴 것이었다. 이미 경력이 높은 직원들과의 관계 형성도 걱정이었다. 법인에서는 이전에도 국장 승진이 되지 않은 H 부장을 국장으로 올리자고 했다. H의 성향을 잘 알고 있는 나는 내심 불안했다. 직원들을 잘 이끌 수 있을 것인가, 기관장과 손발이 잘 맞을 것인가, 타 기관들과의 공적인 네트워크를 형성하는 데 문제가 없을 것인가. 꼬리에 꼬리를 무는 걱정 때문에 흔쾌히 동의하지 못하는 나에게 법인 상임이사는 한마디 던졌다.
"괜찮을 거예요. 자리가 사람 만든다잖아요."

맞다. 자리가 사람을 만들 수 있다. 반대로 사람이 자리를 만들 수도 있다. 좋게도 만들 수 있고 나쁘게도 만들 수 있다. '메기효과'라는 말이 있다. 북유럽쪽 바다에서 많이 잡히는 청어는 항구까지 가는 동안 대다수가 죽는다. 그런데 메기 한 마리를 청어 떼에 넣으면 꽤 많은 청어가 항구까지 살아있다고 한다. 그래서 '한 조직에 생동감을 불어넣은 효과'를 '메기효과'라고 한다. 우리는 생각해 봐야 한다. 내 자리가 메기의 자리인지, 청어의 자리인지. **내가 자리를 만들고 있는지, 자리가 나를 만들고 있는지.**

미국의 유명한 배우 클린트 이스트우드(Clint Eastwood)는 '솜씨 좋은 바텐더가 만든 칵테일은 예술에 가까워서 그 바텐더를 찾지 않을 수 없다'고 했다. 일을 잘한다는 것은 '그 사람이 아니면 안 된다, 다른 사람으로는 대체할 수 없다, 이 사람이 있으니 문제없다'고 안심할 수 있는 상태를 말한다. 특정 직원이 휴가를 가거나 출장으로 자리를 비웠을 때는 불안한데 그 직원이 자리에 있을 때는 안심되고 든든하다면, 그 직원은 자신의 위치를 기대 이상으로 만들어 가고 있다고 할 수 있다.

그러므로 **'자리를 만든다'**는 **'일을 잘한다'**와 **직결되어 있다.** 그렇다면 '일을 잘하는 것'의 필수 요건은 무엇일까. 야마구치 슈와 구스노키 겐의 말을 빌리자면 **'이미 갖고 있는 기술이 아닌 자신만의 감각을 연마하는 것'**이라고 말한다. 두 사람이 공동 집필한 『일을 잘한다는 것』에서 '감각을 익히는 특별한 방법은 없다'며 감각이 높은 사람을 살펴보라고 권고한다. '메모하는 방법, 질문하는 방식, 회의를 이끌거나 참여하는 방식, 책상배치나 식사습관, 심지어 가방 속에 무엇이 들어 있는지… 모든 생활에 감각이 나타난다'고 피력하고 있다.

이때 곁들여 다루는 부분이 '인사이드 아웃'과 '아웃사이드 인'이다 '인사이드 아웃'은 자신의 논리에서 답을 찾고 자신이 세운 목표를 따르며, 우선 실행하고 계획 수정을 하는 순서로 자리를 굳혀가는 사람이라고 말한다. 불완전해도 나름대로의 논리와 스토리를 가지고 일을 처리해 나간다는 것. 그런 사람들은 각자가 속해 있는 영역의 패러다임을 읽고 어떤 준비를 어떻게 해야 할지 안다. 또한 향후 어떻게 변화해 나갈지 감각적으로 예견하고 있다. 그에 따라 법과 지침의 변화를 요구하며 때론 정부 정책보다 더 앞서 나간다.

반면, '아웃사이드 인'에 해당하는 사람들은 외부 정보에서 답을 찾고 상사나 동료가 주는 업무 지시를 따른다. 계획이 완성되지 않으면 실행을 어려워하고 지침에서 요구하는 대로 일한다. 이런 사람은 새로운 것을 시도하기보다는 이미 해 왔던 일을 반복해서 할 가능성이 높다. 안전하게 일하는 스타일이며, 잘못되었을 경우 정부지침이나 기관규정 등 환경과 상황 탓으로 책임을 돌리기도 한다. 변화 없이 늘 하던 방식대로 일을 해 나가는 사람들이 속해 있다.

1990년대 접어들면서 장애인에 대한 인식이 재활모델에서 사회모델로 넘어갔다. 재활모델은 장애가 당사자의 문제여서 가족 안에서 해결해야 하는 일이라 인식했다. 재활모델과 유사한 모델은 의료모델로서 장애를 치료 개념으로 생각했다. 의료모델, 재활모델 모두 장애 원인은 당사자에게 있으며 스스로 치료하고 스스로 살길을 찾아야 하는, 사회와 국가의 책임과 지원은 멀찍한 곳에 있었다. 최소한의 지원이 있을 뿐이었다. 반면 사회모델에서의 장애는 사회와 국가의 문제이고 책임이므로 사회와 환경이 바뀌어야 한다는 전환적 개념이었다.

사회모델이 복지계로 스며든 90년대 초, 그 무렵이었다. 빨간 내복이 수면 위로 떠 오른 것은. (모든 시설을 가 보지 않았지만) 대부분의 복지시설에서 살고 있는 장애인들은 같은 옷을 입고 있었다. 정부의 지원금이 미미한 수준이었기 때문이다. 같은 옷을 동대문이나 남대문 시장에서 수십 벌, 수백 벌 구입함으로써 비용을 최소화했다. 두 번째 이유는 몇 명의 직원이 수십 명 되는 장애인들의 의복을 개인적으로 사 입히는 것이 물리적으로 불가능했기 때문이다. 가장 중요한 세 번째는 장애인들을 한 사람 한 사람 개별화하지 못한 인식에서였다. 장애인들의 개성을 존중해야 한다는 개념조차 없던 때였다고 해야 맞겠다.

빨간 내복과 함께 따라 나온 것은 머리모양이었다. 수십, 수백 명의 장애인 모두 짧은 커트머리를 할 수밖에 없었던 이유는 빨간 내복을 지급하는 이유와 같았다. 미용실을 갈 수 있는 비용도 부족했고 한, 두 사람씩 지역에 있는 미용실에 가는 건 불가능한 일이었다. 같은 옷과 같은 머리모양은 모든 일상에서 '같아짐에 당함' 상태를 연출했다. 또한 대부분의 시설들이 하루 일과표를 붙여 놓았는데 보편적으로 여섯 시 기상, 저녁 여덟 시 취침이었다. 이 모든 것이 슬픈 일관성이었고 통일성이었다. 시설에서 살기 위해서는 '일관성, 통일성'의 규율에 철저히 적응해야 했다.

청어 떼만 승선한 채 항구에서 막 출발하는 배 안에서 시설장이, 사무국장이, 팀장 등 사회복지사들이 한 마리의 메기가 되어 복지시스템을 살아 움직이게 하고 진화하게 하는 것, 그것이 자리를 만드는 행위다. 똑같이 입는 빨간 내복들을 알록달록 개성대로 입게끔 클라이언트의 삶을 개별적으로 디자인하는 것이다. 지금의 인권, 존엄의 기준은 영원하지 않다. 클라이언트에 대한 인권이나 존엄의 기준은 진화하는 것이다. 그 움직임을 견인하는 사람이 사회복지사다. 그러므로 어떤 자리에 간다고 저절로 책임감이나 변화가 생기는 것이 아니다. 스스로 익히고 작동시켜야 한다. 그랬을 때 비로소 사람이 자리를 만든다고 말할 수 있다.

하버드대 행동심리학 연구소의 데이비드 맥클리랜드(David C. McClelland) 교수는 성공한 외교관들을 연구한 적이 있는데 성공요인은 감수성, 신뢰관계, 안목이 뛰어난 사람들이었다고 한다. 이것을 '역량'이라 정의하였다. 즉 학벌, 퍼스낼리티, 업무기술이 필요조건일 수 있으나 필수조건은 아니라는 것이다. 그 예로 미국국무부가 최초로 인재 선발 기준으로 적용했던 기술, 지식, 어학능력, 행정지식, 협상 능력이 성과로 이어지지 않은 이유가 그 때문이었다는 결과를 밝히기도 했다. 야마구치 슈와 구스토키 겐의 감각을 연마해야 한다는 것과 일맥상통한다.

마더 테레사와 같이 소외되고 가난한 이들을 돌보는 일을 통해 '자선가'나 '수녀'라는 직함에 대한 인식을 변화시킨 것은 위

연구에 버금가는 사례라고 할 수 있다. 마더 테레사는 자기 자신을 헌신하며 빈민가에서 봉사하는 삶을 선택했고, 그 공동체에 속한 이들의 삶에 큰 영향을 미쳤다. 그 결과, 자선 활동과 봉사의 의미가 이전보다 훨씬 깊어졌고, 수많은 사람들이 그 가치를 따르게 하였다. **좋은 사회복지사가 좋은 시설을 만들고 행복한 사회복지사가 클라이언트를 행복하게 하는 것처럼,** 사람이 자리를 만든다는 말이 와닿는 이유다.

한국의 장애인복지가 재활모델이라고 누군가 이의를 제기하지 않았다면, 누군가 클라이언트를 동일하게 인식하는 현장을 문제 삼지 않았다면 사회모델을 현장에 적용하는데 더 많은 시간이 걸렸을지도 모른다. 1990년대 이전, 복지대상자들의 열악한 지위를 문제 삼았기 때문에 클라이언트의 인권, 개별성, 복지 등이 향상된 것이다. 그러므로 어느 자리에 있든지 주저하지 말고 역량을 펼쳐야 한다. 모든 자리에서 '청어복지'가 아닌 '메기복지'를 실천해야 한다. 일을 잘하기 위해서 감각을 연마하고 있는지 스스로를 들여다봐야 한다. 사회모델에 기반한 현장이라고는 하나 여전히 재활모델에 기반한 부분이 없는지, 사회모델 이상의 모델을 탐색하려는 마음을 가져야 한다.

5부

유쾌하게 살아가기 위해 힘써야 할 사소하지만 중요한 것들

사소한 것에 방점이 있는 복지현장

출근 시간, C 사회복지사의 밝은 인사 소리가 우렁차다. 고요한 사무실의 정적이 흩어지고 먼저 와 업무에 빠져있던 직원들도 하나 둘 고개를 들어 조금씩 환해진다. 분리되어 있는 내 사무실에 그녀의 웃음이 먼저 들어와 미소를 짓게 한다. 매사 활기찬 C는 직원들에게도 클라이언트들에게도 인기 만점이다. 그녀의 웃음소리는 그야말로 '은쟁반을 구르는 구슬 같다'는 말이 연상될 정도다. 문득문득 C가 없었으면 어쨌을까 싶을 때가 있다. C 역시 어려운 일, 힘든 일이 있을 것이다. 그러나 매사 명랑하다. 조직의 피로 회복제 비타민 C 그녀. 그저 고마울 따름이다.

'인사는 만사다'라는 말은 '인재를 적재적소에 배치하는 것이 중요'하다는 의미를 갖고 있다. 여기서의 인사는 '인사하다'의 '인사(人事)'와 같은 한자를 쓰고 있다. 그래서 혼용해 쓰기도 한다. 이 지면에서는 그 흔한 인사와 직장생활에 있어 사소한 몇 가지를 이야기해 보려고 한다. C 사회복지사와 같이 인사를 잘하는

직원은 흔치 않다. 쾌활하기까지 해 상대방 기분까지 화사하게 만드는 경우는 더욱 드물다. 어떤 직원들의 인사는 우울하고 낮은 목소리가 나오다 만다. 여러분들은 누구에게 더 호감이 가는가. 당연히 C와 같은 사람일 것이다.

오래 준비해 온 1박2일의 법인 전체 직원연수가 끝났다. 짧다면 짧은 시간이지만 백 명 가까이 되는 직원들이 편안하게 교육을 받고 쉴 수 있도록 만반의 준비를 해야 했다. 숙소를 잡는 것에서부터 식사, 교육실, 주변 환경까지 고려했다. 주제와 걸맞는 강사 섭외와 응대, 행사장 준비, 간식, 진행까지… 신경 써야 할 것이 한두 가지가 아니었다. 다행히 계획한 대로 잘 진행하고 복귀하는 길, 수십 개의 카톡이 들어왔다. 직원들이 보내준 '고생했다. 감사하다'는 메시지였다. 준비하는 동안 쌓인 피로가 한순간에 날아가는 것 같았다. 되레 고마운 마음을 전체 톡에 올렸다. 고생 끝의 낙이었다.

H 사회복지사가 '오늘 출장 갑니다. 내일 뵙겠습니다'라는 메시지를 직원 단체톡방에 올렸다. 메시지를 확인한 직원 수대로 숫자가 줄어들더니 '유익한 시간 되세요'라는 K사회복지사의 답 메시지가 가장 먼저 올라왔다. 이후 모든 직원들이 한마디씩 보탠다. 작은 행위에서도 따듯한 조직 문화가 느껴진다. 밴드나 단체톡방에 메시지를 올렸는데 한참 동안 조용할 때 느껴지는 왠지 모를 불안감을 경험한 적이 있을 것이다. 더군다나 회신을 요청한 메시지에 답이 없을 때는 더 그렇다. 그때 누군가 답을 해

주면 편안해진다. 봤다면 뜸 들이지 말고 얼른 회신하는 센스를 갖자. 혹 회신이 필요하지 않는 메시지라도 이모티콘 하나라도 달아주자. 거기에 다른 동료의 메시지를 '복붙'한다는 느낌이 들지 않도록 눈곱만큼만 영혼을 담자.

출장이나 휴가를 갈 때도 동료들 톡방에 H 사회복지사처럼 메시지를 올리자. 결재를 이미 받았겠지만 당일 근무 상황을 동료들에게도 알려주는 것이다. 공유하고 응원도 받고, 왠지 더 힘이 솟아나지 않겠는가? 클라이언트가 찾아도 동향을 알려줄 수 있고 업무 관련 전화가 와도 바로 대답이 가능하니 일석이조다. 출장이 끝난 후에는 사무실이나 직속 상사에게 전화를 해 중요한 내용은 미리 나누는 것도 직장인으로서 좋은 면모다. 자신이 맡은 일에 혹 별일이 없었는지도 확인할 겸 말이다. 상사도 그런 팀원에게 믿음이 가고 고마운 마음이 드는 건 당연한 일이다.

T 사회복지사에게서 연말 메시지가 왔다. 지난 한 해 감사하다는 표현을 담은 정성이 느껴지는 글이었다. 개인적이면서도 특별히 나에게만 보내는 것 같은 T의 마음이 충분히 느껴졌다. 여느 사람들에게서 받은 예쁜 카드보다 훨씬 풍성하게 다가왔다. 동일한 내용의 단체 메시지들 속에서 단연 빛나는 메시지였다. 나도 얼른 답 메시지를 보냈다. 연말연시나 명절 때 인사 메시지를 받은 적이 있을 것이다. 그저 한번 보고 말 뿐이다. 다 거기서 거기고 비슷비슷한 문장들이다. 그러므로 한 문장을 보내도 상대방을 생각하며 통통 튀는 개별성을 담자.

사회복지사 P가 한 공간에서 일하는 다른 두 동료 때문에 상당히 언짢다고 토로했다. 둘이서 사내 메신저를 주고받으며 키득거릴 때가 종종 있다는 것이다. 없는 말을 할 사람은 아니어서 해당 직원에게 조심스레 물었다. 업무에 대한 일이었다며 별일 아닌 듯 상황을 설명했다. 그러나 P의 언짢은 기분을 풀어 주기엔 역부족이었다. 일이라도 둘이서 메신저를 주고받는다면 거기에 끼지 못한 직원은 오해할 수 있다. 차라리 말로 하는 것이 낫다. 공유해야 할 정보나 자료를 보낸 거라면 그 또한 말로 언급해 주면 될 일이다. 직장 내 괴롭힘이나 갑질로 비춰질 수 있는 공공연한 오해의 소지를 만들 필요는 없지 않겠는가?

부서장인 S 사회복지사는 Y 사회복지사에 대한 불만이 쌓여갔다. 회의 시간에 휴대폰을 보는 것이 이유였다. 급한 일이 아니면 휴대폰을 두고 오라고 말을 해도 소용이 없다는 것이다. Y를 불러 자초지종을 물었다. 몇 번 급하게 기다리는 업무가 있었다며 그 외에는 휴대폰을 보지 않는다는 답이 돌아왔다. 그렇지만 Y의 말이 사실인지 아닌지가 중요하지 않을 정도로 이미 상황이 악화되어 있었다. 내 경험에 의하면 한 시간 이내로 끝나는 회의 시간에까지 받아야 할 급하거나 중요한 업무는 그리 많지 않다. 설령 있다고 해도 사전에 연락해 시간을 조율해 두거나 연락이 되지 않을 때는 사무실로 하라고 하면 된다. 회의도 중요한 업무이기 때문이다. 회의 때나 간단한 사내 미팅일 때는 휴대폰을 두고 오자.

흔히 시설병이라고 하는 배꼽시계는 얼마나 정확한지 배고프다 싶어 시계를 보면 거의 12시에 가깝다. 하던 일을 멈출라치면 어느새 목소리 고운 J 사회복지사가 '식사하시죠~' 모두가 듣게끔 밝게 외친다. 엎어지면 코 닿을 정도에 있는 식당으로 가는 길에서부터 벌써 맛있어지는 기분이다. 회의실로 이동할 때, 조회할 때 등 일에 빠져 있는 동료들에게 크게 외쳐보자. '회의 시간입니다'라고. 생기가 도는 것을 느낄 것이다. '뭐, 이런 것까지'라고 생각할지도 모르겠다. 하긴, 하지 않는다고 해서 무슨 일이 일어나는 건 아니다. 하지만 그렇게 했을 때는 많은 일들이 일어난다. 사소하기 그지없지만 '함께'라는 공동체 의식부터 돋아난다. 작은 씨앗이 큰 나무가 되고 열매를 맺는 법이다.

퇴근 시간이다. I 사회복지사가 동료들 책상을 돌며 빈 컵들을 수거한다. 열 개가 넘는 컵들이 개수대에 담기지만 마음만큼은 뿌듯하다. 이게 뭐라고 하루를 기분 좋게 마무리하는 소소한 베풂이다. 덕분에 오늘 하루 컵을 안 씻어도 되는 동료들은 일도 마음도 가벼워진다. I로 인해 사무실 분위기가 밝아진다. 탕비실로 향하면서 '설거지해 드릴게요'라고 해보자. 기다렸다는 듯, 한두 개의 컵을 들고 모두 몰려온다. 설거지를 하는 사람도, 미안한 눈빛으로 슬쩍 놓고 가는 동료들도 종일 뭉친 뒷목이 살짝 풀리는 듯한 기분이 들 것이다.

2층 프로그램실로 향하던 E 사회복지사가 갑자기 계단을 훔치기 시작한다. 먼지들이 계단에 흩어져 있었던 것. 그리고 허리를 펴더니 벽의 액자를 반듯하게 맞춘다. 눈여겨보기도 어렵고, 봐도 지나치기 쉬운 일들이다. 그런데 어떤 직원들은 그런 것들을 유난히 잘 본다. 그냥 지나치지도 못한다. 비뚤어지지 않은 액자도 다시 보고 반듯하게 매만지는 직원들도 있다. 바로 E다. E 같은 사회복지사들을 편한 말로 '강박증이 심하다'고 치부해 버릴 때도 있지만 나는 섬세한 직원이라고 평가하고 싶다. 그런 직원이야말로 클라이언트의 한마디에도 귀를 기울일 줄 알 것이기 때문이다.

사소하지만 직장생활 중 방점을 찍을 수 있는 행위는 많다. 화분에 물주는 것, 우편물이나 탕비실을 정리하는 것, 정신없는 동료에게 차 한 잔 타 주는 것 등등. 요즘 우리가 **놓치고 있는 귀한 일들이다. 쉬운 일이지만 끈끈한 조직애이고 배려의 마음이 없으면 하기 어려운 일들이다. 이러한 행위들은 연쇄반응을 일으켜 보이지 않는 조직을 단단하게 하는 고리가 된다.**

소확힘,
소소하지만 확실한 힘, '약속'

장거리 출장이 있는 날이었다. 직원 몇 명이 함께 움직이는 상황이라 장소와 시간을 정해 집결하기로 했다. 그런데 Y 사회복지사가 10분이 지나도 나타나지 않았다. 몇 번 전화해도 받지 않았다. 할 수 없이 Y를 빼고 출발할 수밖에 없었다. 한참 후 전화를 걸어 온 Y는 '몸이 좋지 않아서 약 먹고 자는 바람에 시간을 놓쳤다'고 나오지 못한 이유를 말했다. 몸이 아프다는데 더 할 말은 없었지만 책임감 없이 느껴지는 건 어쩔 수 없었다. 전날 자기 전에 메시지라도 남겼더라면 하는 아쉬움은 가시지 않았다. 동료들의 기분도 언짢아져 버린 출장길이었다.

또 하나의 사례를 들어보자. 갓 입사한 사회복지사가 3개월 수습 기간에만 다섯 번을 지각했다. 심지어 두 번은 전화를 받지 않아 자취방까지 데리러 간 적도 있다. 결국 수습 기간을 마치고 그만두게 할 수밖에 없었다. 직장과의 약속, 클라이언트와의 약속, 갓 직장인이 된 자신과의 약속을 지키지 못하는 사람이 무슨 일을 하겠는가. 능력 있는 사회복지사였지만 직장이라는 공동체 생활을 하기에는 기본적인 준비가 되지 않았던 터였다. 매일 2분, 3분 정도 늦는 것을 아무렇지 않게 생각하면 안 된다. 피치 못할 일이 아니라면 주기적이고 습관적으로 늦는 것은 문제가 있다.

업무를 수행하면서 어떤 마음가짐으로 임하느냐에 대한 문제이다. 신뢰는 물론 일의 성과나 방향까지도 좌우할 수 있는 일이다. 아무리 복잡한 세상이고 교통 체증이 극성을 부린다 해도 합리화될 수 없는 이유이다. 제시간에 도착한 직원들도 동일한 이유가 있지만 출근 시간을 지킨다. 지각을 가벼이 여긴다면 업무는 물론 자신의 발전을 저해하는 결과로 반드시 되돌아온다. 만약 중요한 브리핑이 있다고 생각해 보라. 그 브리핑의 결과에 따라 기관의 자원 확보가 결정된다면 시간을 놓칠 수 있겠는가? 매사 긴장해야 하는 이유다.

타 기관이나 공공기관, 거래처 등과의 미팅 약속도 마찬가지다. 언제 몇 시까지 가겠다고 한 약속은 꼭 지켜야 한다. 상대 기관에서는 도착 시간에 맞춰 응대를 준비하고 있기 때문이다. 늦으면 상대 기관의 업무에도 지장을 준다. 시간 약속을 지키는 것은 쉬운 듯하면서도 자칫 어긋나는 경우가 많다. 요즘같이 혼잡한 도로 사정을 감안하면 더욱 그렇다. 예상치 못한 일이 일어날 수 있음을 참고해 미리 준비하고 출발해야 한다. '조금 빨리 도착해 기다리는 것이 차라리 낫다'는 말을 기억해야 한다.

나 역시 항상 예정된 시간보다 빨리, 상대방보다 먼저 도착하는 것을 원칙처럼 고수한다. 그것이 속이 편하다. 그런 습관 탓에 충분히 시간 안에 도착할 수 있어도 도로 위에서 20분 전, 10분 전 약속 시간이 다가오면 불안해진다. 그런데 나보다 더 빨리 나와서 기다리는 분이 있다. K 원장님이다. 비슷한 시기에 같은 장애인 영역에서 근무하는 데다 동일 지역이다 보니 출장 동선이 비슷했다. 한곳에서 만나 출발하는데 내게는 선배이고 어른인 그분이 늘 먼저 나와 있다 보니 나는 더 먼저 움직여야 했다. **약속은 연쇄반응을 일으킨다. 항상 늦은 사람과 자주 만나면 자신도 늦는다. 일찍 나오는 사람과의 만남은 자신도 역시 일찍 준비하게 된다.**

어쨌거나 약속은 조금만 신경을 쓰고 의식한다면 지킬 수 있다. 그러나 자신과의 약속은 묵과하기가 쉽다. 매년 다이어리에 근사하게 세워놓은 계획 같은 것들이다. 사회복지사 1급 준비, 영어 공부 매일 30분, 주 3회 운동, 한 달에 한 권 독서 등등. 잘 지키고 있는 사람 손 들어 보시라. 과연 몇 명이나 될까. 직원들의 성장과 발전을 중요하게 생각하는 S 기관의 장은 매년 초 자기계발 계획을 세워 발표하게 하고 분기별로 한 번씩 함께 점검하는 시간을 갖는다고 한다.

반드시 이런 장치가 아니라도 자신과 한 약속을 어떻게 해야 잘 지킬 수 있을까. 많은 전문가들이 피력한 몇 가지 방법을 제시해 본다.

첫 번째, 구체적인 목표를 세우라고 한다. 예를 들어, '매일 30분 운동하기' 대신 '매일 저녁 7시에 공원에서 30분 조깅하기'와 같이 말이다.

두 번째, 큰 목표를 여러 개의 작은 단계로 나눈다. 책을 읽을 때 '한 달에 한 권'이 아닌 '하루 10페이지 읽기'와 같이 쪼개서 실행한다.

세 번째, 일정 계획 세우기이다. 자신의 목표를 달성하기 위해 미리 계획하고, 달력이나 앱에 기록해 놓는 방법이다. 이렇게 하면 수시로 숙지할 수 있다. 아침에 휴대폰을 열어 오늘 계획과 일정을 확인하면서 놓칠 뻔한 일을 상기하듯이 말이다.

네 번째, 진행 상황을 기록하는 것이다. 다이어리에 진행 상황을 한 줄 한 줄 작성하다 보면 차곡차곡 쌓이는 성과와 자신의 노력이 한눈에 들어온다. 성취감과 동시에 초심을 유지할 수 있다.

다섯 번째, 자기 보상 시스템 만들기다. 목표를 달성할 경우 자신에게 작은 보상을 주는 방법으로 동기를 부여할 수 있다. 예를 들어, 한 달 동안 목표를 달성했다면 좋아하는 영화를 보거나 맛있는 음식을 먹는 것이다.

여섯 번째, 지원 시스템 구축이다. 주변 사람들에게 목표를 알리고 지원을 요청하는 것. 친구나 가족, 동료들에게 자신의 계획과 진행 상황을 공유하면 관심을 유도할 수 있다.

일곱 번째, 긍정적인 마인드 유지하기다. 실패나 어려움이 생길 경우 긍정적인 태도를 유지해야 한다. 한 달째 다이어리가 텅 비어 있어도 자책하지 않는 자세다. 비어 있는 면을 보면서 다시 시작하려는 각오가 배가 된다면 실패도 배우는 과정의 일부가 될 수 있다.

여덟 번째, 점검 시간을 가져야 한다. 주기적으로 자신의 목표와 진행 상황을 점검하고 필요시 계획을 수정한다.

앞에서 언급한 S 기관의 한 직원은 연간 얼마를 저축할 것인가 재테크 계획을 포함하여 발표한다고 한다. 많지 않은 월급을 계획적으로 사용하기 위해 조금 껄끄럽고 쑥스럽지만 오픈한다고 하는데 의외로 동료들의 관심이 폭발적이란다. 자기 성장과 건전한 삶을 살기 위한 작은 몸부림이다. 말하지 않으면 알지 못하고 그다지 중요한 것 같지 않은 소소하고 미미한 약속들이다. 하지 않아도 삶에 아무런 지장이 있을 것 같지 않다. 그러나 작은 일을 해내면 조금 더 큰 일을 해낼 수 있고 스스로의 역량이 점점 커진다. 티도 안 나고 보이지 않은 일을 해 내는 것이 더 어려운 일일 수 있기 때문이다. '작심삼일'과 멀어지자. 계획만 짜는 것이 반복되더라도 아예 잊어버리지는 말자.

오래전부터 현장의 이야기를 책으로 엮어내는 것이 꿈이었다. 사십 세가 되면 책을 한 권 쓰겠다고 스스로에게, 주변 사람들에게 입버릇처럼 선언했었다. 그 나이가 훌쩍 지났을 때 그 말을 기억한 동료가 '책은 언제 나와요?' 한마디 던졌다. 큰 충격이었다. 그러고도 많은 시간이 흐른 다음에야 이 책을 쓰기 시작했다. 10년 이상 늦어진 나를 자책할 시간이 없었다. 지금이라도 그 약속을 지킨 나를 칭찬할 뿐이다. 오랜 약속을 일깨워 준 그 동료에게 가장 먼저 따끈따끈한 책을 전해 주고 싶다.

천하무적도 이길 수 있는 긍정마인드

클라이언트 H 씨는 언어구사가 전혀 되지 않는다. 간헐적으로 간질도 발생한다. 가시처럼 마른 몸은 5kg 이상 물건을 드는 것도 힘겨워 보인다. H 씨가 수년간 직업훈련을 받고 있는데도 일할 수 있다는 가능성을 찾는 것이 쉽지 않았다. 6년 정도 흘렀을 때 H 씨의 일 능력에 대한 집중 사례회의를 진행했다. 순전히 오랜 시간을 훈련생으로 존재하게 한 것에 따른 미안함과 의무감 때문이었다. 그렇게 절반의 의심으로 보호고용[9]이 시작되었다. 그런데 H 씨는 누구 못지않게 맡은 일을 잘 해냈다. 그동안 왜 그의 능력을 발견하지 못했을까? 보여지는 것으로 판단했기 때문이다.

위 글에서 '언어구사가 전혀 되지 않는다', '간질도 발생한다', '5kg 이상 물건을 드는 것도 힘겨워 보인다' 등 부정적인 인식으로 H 씨의 일 능

9) 장애인복지법 58조에서 명시한 장애인직업재활시설에 고용되어 있는 형태

력을 규정한다는 것이 느껴지는가? 어떤 일에 대해 미리 결정을 해버리면 결국 그대로 결과가 나타난다. 누군가 나에게 한심하기 짝이 없는 기관장이라고 해도 할 말이 없다. 장애인 직업재활 전문가라 자칭하는 나조차도 잘못된 판단을 하는데 타 영역 사회복지사들은 어떨까. 내가 직업재활시설로 발령 나기 전 그랬던 것처럼 장애인들의 일 능력 같은 건 아예 염두에 두고 있지 않을 수도 있다.

사회복지사의 마인드는 생각하는 것보다 훨씬 더 중요하다. 세계적인 강연가 사이먼 사이넥(Simon Sinek)은 긍정적인 생각과 부정적인 생각에 대해 이렇게 말한다. '사람의 뇌는 부정적인 개념을 이해하지 못한다. 뇌한테는 뭘 하지 말라고 할 수 없다. 하지 말라고 하면 오히려 강조하는 효과가 나타난다. 그래서 긍정형으로 바꾸는 것이 정말 중요하다. 가령, 아이들에게 '소파에서 먹지 마'라고 말하는 대신에 '식탁에서 먹어'라고 말해야 한다. 사람에게 하길 바라는 바를 말해야지 하지 말라고 하면 안 된다고 설파한다. 사회복지사의 생각, 한마디 말이 얼마나 중요한 지 알 수 있는 대목이다.

보건복지인재원에서 복지시설 직원을 대상으로 하는 서비스 최저 기준을 강의할 때였다. 서비스 기준과 더불어 클라이언트에 대해 어떤 마인드를 갖느냐에 따라 그들의 변화와 성장이 좌우된다는 것에 초점을 맞췄다. 클라이언트의 강점을 강화하면 굳이 지원하지 않아도 약점은 자연적으로 소거된다는 것을 경험으로 알 수 있었기 때문이다. 서비스 계획을 수립할 때도 어떤 서식을 사용하는지, 어떤 틀을 쓰는지보다 사회복지사의 인식이 더 중요하다. 클라이언트의 강점을 강화하는 데 사회복지사의 사고가 문제라면 오히려 그것을 바꿔야 한다.

오래전 거주시설에서 근무하면서 여느 시설처럼 일과에 따라 프로그램을 수행하였다. 일상생활훈련, 지역사회훈련, 금전관리 훈련, 가정생활훈련 등등. '지원', '돌봄'이라는 이름으로 일, 주, 월별로 계획표를 짜서 진행했다. 생각해 보면 마치 클라이언트 삶의 주인이라도 되는 것처럼 그들의 시공간을 좌지우지하였다. 장애인직업재활시설로 자리를 옮긴 후 클라이언트에 대한 직업훈련, 고용이라는 주기능을 담당하였다. 강점, 약점이 아닌 오로지 일 능력에 초점을 맞췄다. 그런데 신기한 일이 일어났다. 계획까지 짜서 일삼아 훈련했던 일상생활들이 자동으로 습득이 되는 것이었다.

많은 시설에서 양치하기, 장보기, 설거지하기, 청소하기, 은행 이용하기, 영화보기, 산책하기, 노래방 이용하기 등을 프로그램화하여 수행한다. 그러나 연령에 걸맞는 삶을 살 수 있도록 하면 굳이 이런 프로그램을 계획하여 훈련하지 않아도 습득이 된다. 훈련하는 것보다 더 다양한 것을 배울 수 있다. 그런데 복지현장에서는 아이들에게도 하지 않는 일을 '훈련'이라 이름하여 성인 장애인들에게 반복적으로 실시하고 있다. 이유는 간단하다. 할 수 없다는 생각, 그러니 가르쳐야 한다는 의무감에 사로잡혀 있기 때문이다.

시간과 돈을 들여 일부러 뭔가를 하지 않아도 보통 사람이 사는 삶의 사이클을 돌렸을 때 부수적인 일들, 즉 우리가 말하는 일상생활, 가정생활 같은 것은 자동으로 할 수 있게 되는 것이다. 그러므로 사회복지사들은 그들이 스스로의 삶을 주체적으로 살아갈 수 있을지 숙고해야 한다. 지금의 서비스들이 그들을 수동적으로 살게 할지, 능동적으로 살게 할지 분석해야 한다. 반사적으로 도와줘야 한다는 의무감이 불쑥 올라오더라도 스스로 인내하고 다스려야 한다.

비장애인의 하루 일과는 어떤가? 일과표가 없이도 학교에 가고 직장에 출근한다. 자동적이고 반사적으로 움직인다. 출근하기 위해 씻고 식사하고 옷을 챙겨 입는다. 퇴근하면 저녁을 먹기 위해 아침에 못한 설거지를 하고 식사 준비를 한다. 시설에서도 클라이언트 연령에 방점을 두고 서비스를 계획하여 실천하면 된다. 일을 해야 할 나이인데 일 능력이 없다면 일 능력을 키우는 훈련을 하면 되는 것이다. 물론 정책과 지침의 문제이기도 하지만 장애인들의 연령에 맞춘 서비스를 계획하고 결정하는 것은 클라이언트의 선택을 지원하는 현장의 몫이다.

우선 말부터 긍정적으로 바꿔보자. 가령, 식사 시간이다. 시간에 늦거나 행동이 느린 클라이언트에게 대부분 '식사 안 하실 거예요?'라고 묻는다. 출근하거나, 프로그램에 참여하거나, 학교에 가거나, 지역 활동을 하러 가는 클라이언트에게도 '출근 안 할 거예요?', '프로그램 안 갈 거예요?', '학교 늦어요', '안 가면 안 돼요' 등의 말로 추궁한다. 그러지 말라고 사이먼은 조언하는 것이다. '식사할 시간이에요', '시간 됐어요. 출발합시다', '다녀오세요' 등의 긍정적인 말로 얼마든지 클라이언트를 독려할 수 있다.

그럼에도 늦거나 굼뜬 클라이언트에게는 어떻게 해야 할까? 되도록 긍정적으로 표현하되 지각을 하면 어떤 일이 일어날지 차분한 설명이 필요하다. 강조해야 할 상황에 맞닥뜨리면 조금 기다려 주면 어떨까? 출근 시간에 늦는 것도, 식당에 늦게 도착하는 것도, 프로그램 시간에 굼뜬 것도 스스로 인지했을 때 고칠 수 있다. 추궁하는 투의 말로 당장은 그 상황을 해결할 수 있을지 몰라도 또다시 같은 일이 일어난다는 것을 잘 알고 있지 않은가? 그러므로 **전문가적인 언어가 아닌 부정적인 언어로 같은 말을 반복적으로 하는 것은 지양해야 한다.**

그런 경험이 한 번쯤 있을 것이다. 프로포절 등 서류를 윗사람에게 올렸을 때 잘된 점을 이야기하고 보완해야 할 점을 살짝 터치해 줄 때와 그 반대의 경우가 다르게 느껴졌던 경험. 어디에, 무엇에 방점을 두고 말하느냐에 따라 다르다는 것이다. 이마저도 때때로 마음이 상할 때가 있다. 클라이언트에게 하는 말들을 자신이 듣는다면 어떤 기분이 들지 조금만 생각해 보면 답이 보인다. 서두에 밝힌 대로 H 씨의 일 능력을 찾는다는 이유로 지체했던 시간은 그의 약점에 초점을 맞춘 탓이었다. 그러므로 애써 약점에 시선이나 의식을 두지 말아야 한다.

클라이언트의 약점에 집중하면 강점이 많음에도 불구하고 약점만 보인다. 우리는 대부분 안 되는 점을 찾아 해결해 주려고 노력한다. 우리가 만나고 있는 클라이언트는 시설을 이용한다는 자체만으로도 이미 취약한 상황에 노출되어 있다. 충분히 위축되어 있다. 사회복지사들까지 그들의 약점을 건드릴 필요는 없다. 강점을 다루기에도 시간이 부족하지 않은가. 약점이 두드러지는 클라이언트라 하더라도 강점이 더 많다. 특히 개개인에게 나타나는 강점들은 놀랍기까지 하다. 자, 오늘부터 시작이다. '불편한 곳은 없으세요?'가 아닌 '기분은 어떠세요?'라고.

자기돌봄이 곧 타인돌봄

설 명절이 다가오면서 배달 업무가 증폭하고 있었다. 입사한 지 얼마 되지 않은 G 사회복지사는 관내 직접 배송에 여념이 없었다. 그런데 어느 복지기관에 배송을 다녀온 직후 그곳으로부터 전화가 왔다. G와 함께 동행했던 클라이언트에게 한 G의 발언이 문제가 된 것이다. 함께 물건을 옮기고 내리는 과정에서 억압적이고 권위적으로 말을 했다는 것이었다. 확인해 보니 급작스럽게 많아진 업무로 신경이 곤두서 있던 탓이었다.

종합사회복지관에서 근무를 시작했던 J 사회복지사는 1년도 안 돼 세 번 이직했다. 장애인 영역에서 일을 하다가 다시 아동 영역으로 이직했다. 표면적 이유는 "적성에 맞지 않아서"였지만, 실상은 자기 소진을 방치한 결과였다. 야근을 자주 하면서 일의 완벽을 추구했던 J는 자신의 실수도, 동료의 실수도 인정하지 못했다. 노력만큼 나타나지 않은 성과에 대해서도 고민이 많았던 J는 이직을 통해 자신의 능력을 확인하고 싶었던 것이다. 결국 자존감 저하는 물론 클라이언트와의 관계가 어긋나고 동료와의 갈등이 발생하는 결과를 초래했다.

사회복지사라고 해서 늘 긍정적이고 수용적이며 따듯한 감정으로만 일할 수는 없다. 노인, 장애인의 고령화로 빈번히 발생하는 장례, 한순간도 눈을 뗄 수 없는 도전 행동들, 각종 질환 등은 특히 어린 사회복지사들을 소진되게 하고 심하게는 슬럼프에 빠지게도 한다. 아무리 완벽을 추구해도 과도한 업무는 일의 성과를 저해한다. 거기에 탑다운식으로 하달되는 정책이나 소통 없는 조직은 더욱 지치게 한다. 그러므로 사회복지사들은 컨디션이나 감정관리에 주의를 기울여야 한다. **특히 직접서비스 분야에서 일하고 있는 사회복지사의 자기(감정) 돌봄은 필수적이다.**

사회복지사가 자신을 돌보지 않으면 심각한 문제들이 발생할 수 있다. 감정소진으로 지속적인 스트레스, 감정 노동으로 인한 정신적·육체적 탈진 상태가 올 수 있다. **바로 소진이다.** 자칫, 일에 대한 흥미를 잃거나 무기력감, 짜증, 우울감이 나타날 수도 있다. 특히 가사 일과 육아를 병행하고 있는 사회복지사들의 아침은 가정에서 휴식을 취하고 출근하는 것이 아니라 마치 노동을 마치고 직장으로 퇴근하는 것처럼 몸과 마음이 무거울 때가 있다. 그러다 보니 클라이언트의 아침 인사가 상쾌하지 않고 때때로 귀찮기까지 하다. 다정한 말로 응대하는 것도 힘들다. 이런 상태가 반복되면 어떻게 될까.

두 번째로는 공감피로(Compassion fatigue)가 생길 수 있는데 클라이언

트의 고통에 지속적으로 노출되면 어느 순간 공감 능력이 무뎌지거나 무감각해질 수 있다. 반복적으로 나타나는 클라이언트의 특정 행동이 사회복지사에게는 어제와 별반 다를 게 없는 일상적인 행동으로 인식되는 경우다. 처음 직면했을 때는 신경을 곤두세워 집중하다가도 몇 번씩 동일한 상황에 맞닥뜨리면 서비스는 크게 달라지지 않는다. 가령, 매일 소리 지르는 클라이언트가 있다고 해보자. 첫 대처는 전문적인 접근을 시도하지만 두 번, 세 번 거듭되면 그러려니 하는 마음이 된다. 이런 일이 지속되면 클라이언트와의 관계가 소원해지고 결국엔 친밀감도 저하된다.

세 번째로는 서비스 질이 저하된다. 집중력이나 의사결정 능력이 감소하고 그로 인해 전문성이 떨어지는 건 정해진 순서다. **서비스를 받는 클라이언트의 문제는 시시각각 변하고 욕구도 달라진다. 따라서 서비스도 생물처럼 살아 움직여야 한다. 살아 있는 서비스를 실천하기 위해서는 사회복지사의 창의성이 필요할 때마다 통통 튀어야 한다. 창의력도 마음의 여유가 있을 때 생겨나는 것.** 매년 동일한 서비스를 하고 있으면서도 변화의 필요성을 느끼지 못한다면 소진이나 만성 피로를 의심해 봐야 한다.

사회복지사가 소진이나 피로감에 빠지지 않기 위해서는 그것을 예방하는 무언가를 의도적이면서도 지속적으로 실천해야 한다. 마치 매일 같이 비타민을 챙겨 먹듯 돌봐야 한다. 단순히 휴식을 취하는 것을 넘어서 신체적·정서적·사회적·정신적 영역 등 모든 면에서 균형감을 유지해야 한다. **가장 먼저는 신체적인 돌봄이다.** 규칙적인 수면,

식사, 운동습관이 뒤따라줘야 하는데 교대근무나 야근, 조기 출근 등의 근무 형태는 규칙적인 생활로부터 멀어지게 한다. 그러므로 틈날 때마다 스트레칭이나 복식 호흡, 되도록 영양이 풍부한 음식을 섭취하는 등 시간이 많이 소요되지 않은 방법으로 스스로를 다스려야 한다.

또 하나는 **정서적인 돌봄이다.** 감정을 억누르지 않고 표현하면서 필요할 때는 주저 없이 상담을 받아야 한다. 사회복지사 J는 별로 말이 없는 사람이었다. 함께 하는 티타임 시간에도 조용히 앉아 있다가 누군가 질문을 해야만 입을 열곤 했다. 다행히 클라이언트에 대한 서비스는 수행했지만 동료들과의 교감은 이루어지지 않았다. 그렇게 몇 달을 보낸 J는 클라이언트와의 대화에서도 그다지 흥미를 갖지 못하는 듯하더니 '이 일이 맞지 않은 것 같다'라며 사직을 청했다. 결국 J는 복지가 아닌 다른 직군으로 전향했다.

사회복지사들은 때때로 클라이언트의 문제에 감정 이입하는 경우가 있다. 클라이언트의 도전 행동이나 서비스 불만족, 신뢰하지 않는 데서 오는 감정 소모나 부딪힘은 사회복지사 또한 감정적으로 대응하게 된다. 스스로를, 지금 처한 상황을 부정적으로 바라보게 되는 결과를 초래한다. 이런 상태에서는 매일같이 클라이언트를 만나고 서비스를 해야 하는 상황으로부터 분리가 필요하다. 그러지 않을 경우 사회복지사는 클라이언트의 문제를 자신의 문제로 인식하면서 이중고에 처하게 된다. 업무와 사생활의 뚜렷한 경계 설정이 요구되는 이유이다.

다음으로 사회적 자기돌봄을 들 수 있다. 믿을 수 있는 사람들과 지지적 관계를 유지하면서 공감과 위로로 감정을 나누는 것이다. 즉, 선배나 멘토, 상사와의 나눔이다. 이때 자신의 성향에 맞는 사람, 자신의 이야기를 경청해 주며 공감해 주는 사람을 선택해야 한다. 나아가 문제를 해결할 수 있도록 경험을 공유할 수 있는 사람이어야 한다. 풍부한 사례를 들어 해결 방안을 모색할 수 있도록 유도하고, 따듯하고 긍정적인 말로 지지해 주는 사람을 선택해야 한다. 주변에 이런 사람이 한 명만 있어도 돌봄을 받을 수 있다.

이외에도 정신적·영적인 방법으로 명상, 요가, 기도, 독서 등이 있다. 무엇보다 '나는 지금 어떤 상태지?'라고 스스로에게 물으며 자기 인식(Self-awareness) 상태를 점검해야 한다. 사회복지사들이 자신을 돌보는 일에는 소홀하고 전념하지 못한다. 결국, 자기돌봄은 사회복지사 본인뿐 아니라 클라이언트, 나아가 사회 전체에 영향을 끼치는 중요한 요소라고 할 수 있다. 그러므로 개별적으로 감당할 것이 아니라 조직 차원의 시스템도 추가되어야 한다. 슈퍼비전과 정기 상담으로 감정 정화 및 피드백 받을 기회 제공, 휴식 보장, 연차 사용 장려, 업무 분장이나 조정으로 과중한 업무 방지 등이 그것이다. 노동자 보호 매뉴얼이나 위기 상황 대응 매뉴얼로 감정보호 체계를 마련할 수도 있다. 수평적 소통, 칭찬과 격려가 있는 문화를 강화하는 것도 좋은 시스템이 될 수 있다.

의사가 건강해야 환자를 돌볼 수 있는 것처럼, 정신건강이 단단한 의사가 건강한 상담을 할 수 있는 것처럼, 자기를 잘 돌봐야만 타인을 잘 돌볼 수 있다. 지금 당신의 컨디션은 어떤가?

선배 사회복지사들은 스트레스를 어떻게 관리할까

커리어 수다

정기적인 슈퍼비전이라고도 할 수 있겠다. 동병상련의 길에서 있는 사회복지사끼리 수다 떨기다. 스트레스 상황을 공유하며 티끌하나 남기지 말고 털어내 보자. 저쪽 자리에서 동일한 일을 경험한 동료가 빙긋이 웃고 있을 것이다.

자원봉사 활동

하천 청소, 수해현장 돕기 등 지역사회의 환경정화 활동을 한 적이 있다. 그리고 법인 소속 시설 직원들이 매달 소액씩 갹출해 연말이면 연탄 기부나 공동모금회에 기탁한다. 봉사와 후원을 받기만 하는 입장이 봉사자와 후원자의 입장이 되어 보는 것이다. 신선한 자극이 된다.

프로페셔널 개발 기회 활용

워크숍이나 세미나에 참여하여 새로운 정보를 습득한다. 직무 외의 분야에 심취해 보자. 장담하건대 얼마 안 가 푹 빠질 것이다. Y 사회복지사는 두 달에 한 번, 기업 경영자 그룹에 참석해 복지 이외의 분야를 섭렵한다. 복지와 무관한 책을 읽고 토론하며 새로운 그룹과의 네트워킹을 형성하고 있다. 오가며 만날 때마다 그녀의 넘치는 에너지가 나에게도 전해 온다. 대단하지 않은가?

주기적인 팀 회의

팀 단위로 정기적인 회의를 통해 문제를 공유하고 해결 방안을 모색한다. 그것이 식상하다면 약간 변형해 보라. 막내 직원이 회의를 주관한다든가, 근교 카페로 나간다든가, 영화나 책, 하다못해 인기 있는 드라마에 대해 토론 해보는 것. 거위 털과 같이 가볍고 포근한 충전제가 될 것이다.

멘토와의 상담

국장 시절 직원과 갈등이 있었을 때 원장님께 말씀드리니 '왜 그 직원이 네 옆에 있는지 생각해 보라'고 하셨다. 그 원장님과 갈등이 있었을 때는 아버지 같은 멘토에게 하소연했다. 묵묵히 귀 기울이시던 멘토 왈 '너니까 그런 거지.' 두 분 모두 한마디로 평정하셨다. 그러니 멘토는 이미 내 속에 들어앉아 있는 것이다.

운동

등록해 놓은 필라테스나 휘트니스 센터에 얼마나 가기 싫은가. 사라져 가는 등록비, 축 처진 몸보다 가기 싫은 마음이 더 무겁다. 벌떡 일어나 당장 튀어가라. 하기 싫은 것을 해 냈을 때 리프레쉬의 정도는 더 크다. 1년에 한 번 하프 코스 마라톤을 뛰는 사회복지사 S는 풀코스에 나가는 꿈을 꾸고 있다. 그 꿈을 이루기 위해 평소에 운동을 게을리할 수 없는 것은 당연한 일이다.

뜻밖의 이벤트

업무에 빠져 있는 직원들을 모두 집합시킨다. 그리고 직원 수만큼 준비한 돌돌 말린 종이 막대를 하나씩 뽑으라고 한다. 무슨 일일까 의아한 표정으로 하나씩 뽑아들고 거의 동시에 펴보더니 “우와!” 함성이 터진다. 거기에는 ‘당장 퇴근+3만 원’, ‘오후 3시 퇴근+2만 원’, ‘내일 오후 출근+커피쿠폰’ 등 약간의 업무 조정으로 즉시 수행할 수 있는 활동들이 쓰여 있다. 강제적 선물이라고나 할까? 갑자기 주어진 시간과 뭔가를 해야만 하는 상황이 당황스럽고도 신선하다.

자연 속에서 시간 보내기

더 설명할 것도 없다. 숲이나 바다, 어디든 좋다. 일단 집을 나서자. 기관이라면 조퇴한다. 가족들이 출근했다고 알고 있을 때 혼자서 낯선 곳에 가는 것만큼 마음이 꽉 차오르는 일도 드물다. 그렇게 한 반나절 자연에서 서성이다 퇴근한 것처럼 집으로 가면 된다. 혼자 간직한 비밀 하나 스트레스 차단제로 손색이 없다.

예술 활동

C 사회복지사는 퇴근 후 색소폰 학원으로 간다. 멋지지 않은가? 아직 초보단계지만 한 음 한 음 익혀 가는 재미가 쏠쏠하다고 자랑한다. 재미도 재미지만 낮에 쌓인 업무 찌꺼기를 색소폰에 불어대는 것은 아닐런지. P 사회복지사는 피아노를 멋들어지게 친다. 그 두 사회복지사의 행복한 모습에서 나의 안일함을 봤다. 바로 바이올린을 샀다. 훗날 협연을 상상하며 오늘도 나는 바이올린 학원으로 간다. 스트레스를 잘 요리하는 사람 옆에 있으면 내 스트레스도 삭는다.

정기적인 휴식 시간

시간을 정해 무슨 일이 있어도 그 시간만큼은 자신에게 쓴다는 원칙을 세운다. 점심시간 10분, 20분이라도 좋다. 혼자서 천천히 산책해 보자. 세상만사 잊고 읽다 만 책에 푹 빠져보자. 스트레스는 가까운 데 있지만 해소 방법도 의외로 지근거리에 있다. 눈길을 멀리 보내자. 이때 주의할 점! 핸드폰은 잠시 주머니 속에 두자.

지지망 활용

학교 동기들 모임에 나가보면 타 분야에서 일하거나 전업 주부로 사는 친구들이 있다. 그 무리에 앉아 이야기를 듣다 보면 모두들 힘든 일 한 가지씩은 가지고 있다는 걸 알게 된다. 듣기만 했는데도 내 일이 별것 아니게 느껴진다. 오히려 내가 더 낫다는 생각이 들기도 한다. 힘들 때 더 힘들었던 때를 떠올려 보면 그 시간을 견디기가 조금 수월해지는 것과 같다. 타의 반, 자의 반 다시 힘이 난다.

가족과의 대화

가족끼리는 못할 이야기가 없다. 흉이라도 좋다. 실컷 보자. 말이 새어나갈 걱정도 들어올 걱정도 없다. 가장 편하게 하소연할 수 있다. 늘 집중해 들어주던 남편의 한마디로 묵직했던 화가 사라지던 경험은 아직도 생생하다. '냇가에 돌이 고여있는데 그 돌을 돌아 흐를 것인지 넘쳐흐를 것인지 생각해 보라'는 말이었다. 당연하지. 넘쳐흐르면 그만이었던 것을 그토록 지지고 볶아댔다니. 스트레스 덩어리가 훅 빠져나갔다.

다이어리 작성

일주일에 몇 번이라도 다이어리를 쓰자. 좋지 않은 감정을 적다 보면 무슨 일이 있었냐는 듯 살며시 열어진다. 예전에 써 놓은 것을 읽어 보면 피식 웃음이 난다. 지나고 보면 아무것도 아니라는 것도 알게 된다. 쓸 것이 없을 때도 한 마디, 두 마디 쓰다 보면 쓸 것이 생긴다. 시끄러운 속이 한 줄 한 줄 가지런하게 정리된다. 덤으로 글 쓰는 실력도 올라간다.

정리와 청소

모두가 퇴근한 사무실을 둘러볼 때가 있다. 어떤 직원의 테이블은 잠깐 자리를 비운 것처럼 어질러져 있다. 나 역시 바쁘다는 핑계로 펼쳐진 서류들을 그냥 둔 채 퇴근하는 날이 많다. 봐야 할 서류들, 자료들은 층층이 쌓여 있고 여기저기서 보내온 소식지들, 회의자료, 논문들이 책상 한편에 즐비하다. 비좁은 테이블이 더 비좁게 보인다. 다음날 정리되지 않은 테이블을 보면 출근이 아니라 외근 나갔다 돌아온 것 마냥 피곤이 몰려온다. 그런 날의 반복이 스트레스를 초래한다. 일단 정리 정돈부터 하자. 달라진 기분을 느낄 것이다.

상황과 거리두기

스트레스로 불안할 때는 거기에 골똘하지 말자. 심리적, 물리적으로 거리를 두자. 다른 일을 하다 보면 어느 샌가 그 일은 떠나온 거리만큼 저만치 있다. 화나고 억울할 때도 잠시 그 일로부터 떠난다. 생각을 전환해야 한다. 휴일 아침 눈곱만 뗀 후 맨얼굴에 야구모자를 눌러쓰고 조조영화 보기, 퇴근시간에 노을 따라 서쪽으로 차 몰기, 타 지역에 있는 친구에게 가기 등등 마음 당기는 대로 해보는 것이다.

정면 돌파하기

가끔은 스트레스를 정면으로 바라보자. 클라이언트가, 혹은 동료가 스트레스를 줬다면 그 대상에게 말하는 것이다. '그렇게 말하거나 행동할 때 상처를 받으니 주의해 달라'고. 국장 11년 차에 접어들었을 무렵 법인 내 시설이 추가로 설치되었다. 평직원으로 일하던 수도자를 해당 시설의 원장으로 발령을 내기로 결정한 후 마음에 걸렸던지 기관장은 넌지시 내 의견을 묻는 듯 통보했다. 엉겁결에 '법인에서 결정할 문제지요'라고 답했지만 내 마음은 불합리한 인사에 불편함이 생기기 시작했다. 면담을 청해 기관장과 마주 앉았다. '그럼 저는 어떻게 쓰실 건데요?' 그 한마디가 오늘의 나를 있게 했다.

스트레스라는 주제를 정해놓고 보니 참 어리석다는 생각이 들었다. 스트레스 없는 삶이 있겠는가. 나름의 방법을 만들어 해소하며 살아갈 텐데 김빠지는 모양새가 되지나 않을까 우려스러웠다. 그래도 회피하거나 무시하거나 숨지 말길 바라는 마음으로 몇 가지 쉽게 써먹을 수 있는 방법을 제시해 보았다. 무시하고 회피하면 비슷한 상황이 왔을 때 그 위에 또 한 층의 스트레스가 쌓인다. 되도록 그때그때 해결하는 것이 건강에 좋다. '클라이언트가 행복해야 사회복지사가 행복하다'는 말이 있다. 나는 그 반대로 생각한다. **사회복지사가 행복해야 클라이언트도 행복하다.**

취미로 다져진 삶의 근육

본업인 것처럼 글쓰기를 한 적이 있다. 뛰어난 필력도 없고 주장르인 시로 먹고 사는 것은 애초에 가망이 없었다. 그렇게 본업은 사회복지사로, 글쓰기는 취미로 여기고 살았다. 매년 신춘 시기는 우울했다. 응모해 놓고 2, 3주 희망에 젖기도 했다. 2000년 12월 어느 날, 지방지에 응모한 시가 당선됐다는 전화가 왔다. 전업은 못했지만 시를 끌어안고 산 대가였다. 다섯 살, 여섯 살 연년생을 남편에게 맡기고 일요일 반나절 겨우 뺀 시간에 끄적거린 보상이었다. 한 줌 자랑거리도 안 되는 과거사를 끄집어낸 이유가 따로 있다. 시가 바로 취미이자 삶의 산소통이었다는 이야기를 하고 싶어서다. 사회복지사들은 취미 하나쯤 있어야 한다는 것을 강조하고 싶어서다.

'취미가 무엇'이냐고 물으면 선뜻 답을 못하는 사람들이 많다. 이것인 것도 저것인 것도 같고, 또 이것도 저것도 아닌 것 같기도 하다. 채용 면접을 할 때 취미가 무엇인지 물으면 '독서'라고 하면서도 최근 무슨 책을 읽었느냐는 질문에 선뜻 답을 하지 못하는 지원자도 많다. 취미의 사전적 의미는 '전문적으로 하는 것이 아니라 즐기기 위해 하는 것'이라고 정의한다. 좀 더 다른 의미를 부여하자면 '본업을 가지고 있으면서도 늘 하고 싶은 것, 즐거움을 주는 것, 언젠가는 직업으로 삼을 수도 있는 것'이라고 할 수 있다.

취미를 알지 못하겠다면 어렸을 때의 꿈을 좇아보자. 되짚어 가다보면 어디쯤에선가 놓치고 온 꿈을 다시 만날 수 있다. 찾지 못해도 괜찮다. 다시 발견하면 된다. 갈고 닦다 보면 어느새 취미가 되어 있고 꿈으로 품고 있다. 하다가 팽개쳐도 하등 문제가 되지 않는다. 중간에 그만둔 것이 어디 한둘인가. 운동한답시고 날린 등록비나 악기 배운다고 끊어놓은 레슨비, 사놓고 읽지 않은 책 등등. 이런 것과 달리 취미는 습득 정도와 상관없이 지속적으로 지치지 않고 하는 것이다.

누군가 내게 취미가 뭐냐고 물으면 찔끔찔끔 하고 있거나 하고 싶은 것들이 떠올랐다. 취미라고 말하기에는 옹삭스러울 뿐이었다. 독서인 줄 알았는데 편독이 심했다. 취미삼아 배우려던 기타는 먼지를 뒤집어쓰고 있다가 아들이 가져가 버렸다. 이런 저런 하다만 것들이 줄줄이 줄을 선다. 그런데 지칠 줄 모르고 지속하는 일이 있었다. 스페인 카미노를 걸을 때 다섯, 여섯 시간, 많게는 열 시간이 넘게 걸어 목적지에 도착했을 때 밥은 안 먹어도 그날을 기록하는 일이었다. 끙끙 앓으면서도 힘든 줄 모르고 썼던 그 행위가 내 취미였다.

사회복지사 A는 매 주말이면 그림을 그린다. 아침부터 그리기 시작한 그림에 빠져 있다 시계를 보면 점심때를 훌쩍 넘긴 적도 많았다. A는 원래 미대를 가고 싶었단다. 여러 가지 이유로 사회복지사를 하게 되었지만 그 꿈을 취미삼아 하고 있다. 학원에서 스킬을 전문적으로 배울 수 있었지만 자신만의 개성을 살리고 창작의 힘을 키우고자 오로지 홀로 터득했다. 그렇게 하나하나 완성한 작품을 지인들의 결혼이나 퇴직 때에 선물하기도 한다. 비록 아마추어이긴 하지만 어느 작품 못지않은 명화요 명작이라 하지 않을 수 없다. 근사하지 않은가.

함께 일했던 사회복지사 S는 매주 토요일 새벽 등산을 한다. 비가 오나 눈이 오나 1천 미터가 넘는 산에 오른다. 누구나 하고자 하는 일이지만 막상 행동에 옮기기엔 쉽지 않은 일이다. S는 새벽 등산에서 얻은 에너지로 다양한 영역에 도전하는 것을 멈추지 않는다. 환경운동 실천, 육아에 대한 전문교육, 아쟁 배우기 등등. 그런 덕분인지 그녀가 하는 일에서 단단한 힘이 느껴진다. 자신감이다. 다음엔 어떤 일에 빠져들지 기대된다.

사회복지사 R은 매일 아침 6시에 일어나 블로그에 글을 쓴다. 정신요양원에서 일하고 있는 그녀는 정신 장애인들의 삶, 그 삶을 보며 얻은 것, 정신건강을 지키기 위해 주의할 점 같은 것을 기록한다. 생생하게 살아있는 날 것 그대로의 글이어서 몰입감도 크다. R은 이전에 자신의 삶을 회고한 책을 엮어내기도 했다.

앞으로 정신 장애와 관련한 글을 쓰려는 꿈을 품고 있다. 멈추지 않고 쓰기 위해 몇몇 사람과 함께 지지하고 피드백을 주고받는 구조를 만들어 항상 그 안에 머물러 있다.

몇몇 유명인의 취미를 잠깐 살펴보자면, 오프라 윈프리(Oprah Winfrey)는 독서를 통해 세상에 대한 시야를 넓혀 미디어 경력에 큰 기초가 되었다. 그녀가 독서라는 취미를 통해 정신적으로 성장하고 자신의 꿈을 이뤘다는 일화는 유명하다. 독서는 그녀의 꿈을 이루는 데 필요한 자신감을 주었다. 배우이자 감독인 조지 클루니(George Clooney)는 취미로 시작한 와인 제조가 그에게 성공적인 사업의 기회를 제공했고 “카사미고스”라는 브랜드의 테킬라를 만들어 새로운 분야에 진출한 이야기는 우리가 이미 잘 아는 이야기다.

세계적인 베스트셀러 작가인 스티븐 킹(Stephen King)은 젊은 시절, 알코올과 약물 중독으로 어려움을 겪었다. 그의 취미였던 글쓰기는 이러한 문제를 극복하도록 했다. 자신의 감정을 정리하고 치유하였으며 많은 사람들에게 사랑받는 작품을 남겼다. 누군가에게는 영감이 되었고 누군가의 삶에는 응원이 되었다. 취미는 잠재력이나 장점을 극대화하기도 하지만 힘든 삶을 이겨내는 기폭제가 되기도 하고 때로는 한 사람의 삶을 통째로 바꾸기도 한다.

취미가 꼭 필요할까? 없어도 되지만 있으면 좋다. 특히, **사회복지사의 취미는 꼭 필요하다.** 바로 앞에서 스트레스 해소 방법을 별도로 다룰 만큼 클라이언트와의 동행이 만만치 않기 때문이다. 그만큼 취미는 정서적인 휴식을 주고 번아웃을 예방하는 특효라고 할 수 있다. 개인의 삶을 균형 있게 하고, 다양한 활동을 통해 자신을 더 깊이 파악함으로써 성장하게 한다. 취미로 다질 수 있는 몇 가지 유익한 점을 추가하면 다음과 같다.

첫 번째, 정신적 웰빙으로 스트레스를 해소하고 안정감을 취할 수 있다. 바쁜 일상에서 벗어나 취미 활동을 통해 자신을 돌아보고 내적으로 충전할 수 있다.

두 번째, 창의력 증진이다. 새로운 기술을 배우거나 아이디어를 생산하는 과정에서 창의력이 개발되고, 직장과 일상생활에 긍정적인 영향으로 작용한다.

세 번째, 사회적 연결이다. 공통의 취미를 가진 사람들과 교류하면서 상호 지지를 받을 수 있는 사회적 기회, 네트워크를 만든다.

네 번째, 자기개발로 새로운 기술이나 지식을 얻는다. 그와 동시에 지속적인 학습과 도전으로 미뤄왔던 목표나 꿈을 이루게도 한다.

다섯 번째, 취미 활동은 삶의 질을 높이고, 전반적인 만족도를 증가시켜 더욱 행복한 삶을 살 수 있도록 한다.

결론적으로, 취미는 삶의 필수 요건으로 의도적으로 가져야 하는 산소통과 같은 것이라고 할 수 있다. 복잡하고 숨 막히는 복지 현장에서 살아남기 위해서는 더더욱 필요한 것이다. 여전히 무엇을 할지 모르겠는가? 취미가 뭐냐고 묻는다면 당황스러운가? 늦지 않았다. 곰곰이 생각해 보라. 당장 그 취미를 살리지 못한다 해도 동행하면 된다. 동행하는 동안은 그것이 당신을 쉬게 하고 성취감을 느끼게 하며 만족스럽게 할 것이다. 어느 날엔가는 드디어 빛나는 삶에 도달할 수도 있다. **취미는 시간과 마음의 여유가 있을 때 누리는 것이라 생각할 수 있지만 진정 진가를 발휘할 때는 삶이 메마르고 건조할 때다.**

일주일에 하루는 우아하고 섹시하게

직업 훈련생인 S 씨, 법인 내 거주시설에서 생활하고 있다. 출근 시간인 오후 1시를 훌쩍 넘기고 나타난 S 씨의 옷은 생활복 그대로다. 세수는 했는지 안 했는지 칙칙하고 건조하다. 머리는 손질을 하다 만 채 헝클어져 있다. 씻었는지 묻자 고개를 숙인다. 물론 그녀가 생활하고 있는 시설에서 기본적인 서비스는 했을 것이다. 그런데 아무리 봐도 취업을 준비하는 훈련생으로서, 미래의 직장인으로서의 외모라고 하기에는 부족하다.

'섹시하게'까지는 아니어도 되지 않을까 했다가 굳이 '섹시하게'라고 해야겠다고 생각한 이유다. 왠지 낯설고 민망한 단어. 무슨 일이 있어도 절대 섹시할 수 없는 사회복지사들의 옷차림에 대한 이야기, 그러니까 사회복지사들의 옷차림에 대한 느낌은 어둡고 화려하지도 세련되지도 않은 이미지가 먼저 떠오른다. 아무리 차려입어도 거기서 거기다. 오히려 더 이상한 모양새가 되고 만다. 클라이언트와 함께 걸으려면 발이 편해야 하니 늘

운동화다. 클라이언트를 부축해야 하거나 위험 상황에 처할 때 움직임이 자유로워야 하니 늘 청바지에 티셔츠 차림이다.

나 역시 살면서 멋지다는 말을 거의 들어보지 못했다. 나름대로 꾸민다고 해도 어색하기 짝이 없다. 어쩌다 패션 감각이 뛰어난 친구의 옷차림이 부럽기도 하지만 보기만 해도 불편하다. 어쩌다 이렇게 되었을까 생각해 보면 그 시작은 동대문 시장이다. 클라이언트에게 동일한 디자인의 '몸빼'바지를 색이나 사이즈만 다르게 입혔던 시절, 직원들도 그들과 일상생활을 함께 하다시피 하면서 헐렁한 옷을 걸치곤 했다. 그 편안함을 핑계 삼아 그 옷을 입은 채 출퇴근도 하고. 아무도 뭐라고 하지 않는, 그저 그런 스타일로 굳은 것이다.

시간이 흘러 이제는 클라이언트가 직접 맘에 드는 옷을 골라 입는다고 하지만 여전히 그 시절 패션에 머물러 있다. 그 옷이 그 옷이다. 꽃무늬에 헐렁한 티, 스판 소재의 고무줄 바지. 더구나 거주시설의 클라이언트는 시설이 생활 근거지다 보니 시설에서 입는 옷과 외출하는 옷의 구분이 거의 없다. 직장에 다니는 클라이언트의 옷이라고 특별히 다르지 않다. 심지어 운동복을 입고 출근한다. 오죽하면 거리에서 만나도 시설을 이용하는 클라이언트라는 걸 금방 알아차릴 수 있을까. 직원들 역시 청바지, 티셔츠로 바뀌었을 뿐 단체복이나 마찬가지다. 패션의 대물림이라고나 할까?

안되겠다 싶어서 결심했다. 일주일에 하루 '정장 입는 날'을 정했다. 처음 몇 번은 서로서로 '멋있다, 예쁘다' 칭찬도 해주면서 잘 지키더니 어느 쯤엔가 원래대로 돌아가고 말았다. 다시 횟수를 대폭 줄여 일 년에 하루 송년회 하는 날 제대로 정장을 갖춰 입도록 했다. 부모님들께도 미리 준비할 수 있도록 도움을 요청했다. 베스트드레서 상도 시상하면서 말이다. 그런데 일 년에 한 번으로는 행사용에 불과하다는 생각이 늘 따라다녔다.

외모가 전부가 아니라는 것을 잘 알지만 사회복지사들의 옷차림과 외모를 중요하게 여기는 몇 가지 이유가 있다.

첫 번째로 일종의 비언어적인 커뮤니케이션이라고 할 수 있기 때문이다. 클라이언트 스스로 옷차림을 결정하고 선택하는 과정은 알게 모르게 사회복지사가 모델로서 그 역할을 한다. 또한 클라이언트를 존중한다는 무언의 표현이며 첫인상을 결정하는 중요한 매개체이기도 하다. 긍정적이고 깔끔한 인상이 소통이나 심리적인 개방을 좌우하기 때문에 더욱 신경 써야 한다. 패션 감각이 있는 사회복지사를 만났을 때 클라이언트 표정은 환하게 변한다. 벌써 감정이입이 시작된 것이다.

두 번째로 사회복지사 자기관리로써 자신감과 직업적 태도를 결정한다. 근사하게 입으면 어쩐지 자신의 가치가 전문적이고 특별하게 인식된다. 예절 교육을 하는 강사들의 옷차림에서 각이 선 전문성과 예의가 묻어나는 것과 같다. 이처럼 프로패셔널한 복장은 자기애를 향상시킨다. 일 능력 또한 뛰어나야 한다는 무언의 다짐이 옷차림에서 시작되기도 한다. 복장은 이처럼 흔히 생각하는 것보다 더 중요한 기능을 한다. 외형으로 나타나는 자기만의 브랜드 이미지를 형성함과 동시에 더 진지하고 품위 있게 클라이언트를 대하게 되는 것이다.

세 번째는 사회적 책임을 가진 사회복지사의 복장은 주변의 인식까지 달리하는 요인이기 때문이다. 사회복지사의 옷차림이 클라이언트에 대한 인식에도 영향을 미친다는 것을 아는가? 가령 잘 차려입은 사회복지사와 클라이언트가 함께 외출했을 때 사람들의 시선이 달라진다. 설령 클라이언트가 부자연스러운 행동이나 말을 했을 때 정중한 옷차림의 사회복지사를 보고 생각을 달리한다. 생각해 보라. 클라이언트나 사회복지사나 누가 누군지 모를 정도로 비슷하게 입었다면 사람들의 시선이 어떨지. 그래서 클라이언트를 지원하는 자원봉사자들의 옷차림에도 주의를 주는 것이다.

클라이언트 M 씨는 언제나 곱게 화장을 한다. 진한 립스틱에 눈화장도 수준급이다. 아침에 일어나 제일 먼저 하는 것이 씻고 꾸미는 일이다. 가끔은 제멋대로인 것처럼 보이지만 나름대로 멋있게 코디도 한다. 아름답다고 칭찬하면 '선생님이 예쁘게 입어서 나도 한번 입어 봤어요'라고 답한다. 이제 M 씨는 직원들을 능가하는 패셔니스트가 되었다. 항상 웃는 얼굴에 자신감도 넘친다. 말도 싹싹하기 그지없다. 주변 사람들에게도 인기 만점이다. 동일한 스타일의 머리, 비슷한 옷을 입는 사람들 속에서 유독 눈에 띄어서 방문자들의 시선을 한 몸에 받기도 한다.

평소 '꾸안꾸' 패션으로 부러움을 사는 사회복지사가 있다. 화려하지 않은 데 묘하게 세련된 느낌을 풍긴다. 클라이언트도, 동료들도 그녀의 패션 스타일을 모방하려 하지만 거의 비슷한 옷을 입어도 그 느낌이 나지 않는다. 그녀만의 뭔지 모를 다른 분위기가 따로 있다. 가끔 '같은 옷 다른 느낌'이란 제목으로 인터넷에 뜨는 연예인들처럼 말이다. 그런데 '꾸안꾸' 패션과 반대의 개념으로 쓰이고 있는 '꾸꾸꾸' 패션을 권하고 싶다. 화려하고 트렌디하며 패션 아이템을 센스있게 활용하기도 하고 컬러도 어울리게 매치하는 스타일 말이다. 물론 사회복지사 자신에게 가장 어울리는 스타일로. '꾸꾸꾸' 패션으로 치장을 하다보면 자연스럽게 '꾸안꾸' 패션을 구사할 것이다.

클라이언트 케어를 위해 어쩔 수 없다고 해도 일주일 한 번 정도는 색다르게 꾸며보자. 스물네 시간 사회복지사들과 생활하는 클라이언트가 가장 쉽게 따라 할 수 있는 사람은 바로 사회복지사이기 때문이다. 사회복지사가 조금만 평소와 다른 복장을 해도 클라이언트의 시선이 달라진다. '예쁘다, 멋지다', '나도 그렇게 입고 싶다'는 말을 몇 번씩 한다. 클라이언트의 부러움을 사라. 그들도 그렇게 하고 싶은 욕구를 만들어 주어라. 그 욕구가 커지면 단장하고 꾸미는 것도 자연스럽게 하게 될 것이다.

공장 같은 현장에서 성장하는 '혼자만의 시간'

처음, 홍콩으로 연수를 갔을 때였다. 이틀째 되는 날 밤 제비뽑기를 했다. 직원 수대로 미리 만들어 놓은 쪽지를 한 개씩 뽑아 다음날은 거기에 적힌 장소에 혼자 다녀오게 하는 프로그램이었다. 홍콩공원과 같이 시내에 있는 곳도 있었지만 지하철이나 버스를 두 번씩 갈아타고 가야 하는 곳도 있었다. 섹오비치, 드래곤 트래킹, 옹핑 365 같은 곳이었다. 그렇게 혼자 여행을 끝낸 후에 메시지를 보내 정해진 시간, 정해진 장소로 집결하게 했다. 그리고 시간이 다가오면 다시 다른 장소로 이동했다. 그렇게 두세 번을 반복한 후에야 비로소 만날 수 있었다.

요즘에야 데이터를 자유롭게 쓸 수 있지만 그때는 요금 때문에 로밍도 하지 않는 시절이었다. 소감을 나누는 시간에 눈물 바람을 하기도 하고 다시는 해외연수를 하지 않을 것처럼 원성이 자자한 연수였다. 하지만 지금까지도 회자되는 연수다. 그 이후로 제주에서도, 경주에서도 함께 갔지만 혼자만의 시간을 보낼 수 있도록 프로그램을 설계했다. 혼자라는 두려움, 그 시간을 통해 얻은 것들은 다수가 함께하는 어떤 연수에서도 얻을 수 없는 값진 것들이었다.

'혼밥, 혼술'이 유행이다. 하지만 여기서 말하고 싶은 것은 타인과 어울리는 것을 도외시하는 '혼자만의 시간'이 아니다. 다분히 **자신과 어울리면서 자신을 성장시키는 시간으로 의도적으로 고독하고 외로워지는 시간을 일컫는다.** 황동규 시인은 '자발적 홀로 있음, 홀로움'은 '세상과의 단절이나 어울리지 못함, 또는 고립이 아닌 고독'이라고 설명한다. 최재천 교수도 자신의 책 『공부』에서 '홀로 있는 시간은 온전히 나와 함께 하면서 내 안에 스며든 세상의 요소를 바라보도록 안내'한다고 피력했다.

사이토 다카시는 『혼자있는 시간의 힘』에서 '무리지어 다니면서 성공한 사람은 없다, 함께 있다고 다 좋은 영향을 주고받는 것은 아니'라고 강조한 바 있다. 또한 '사람들과 함께 있을 때는 온전한 내가 될 수 없다. 왜냐하면 다른 사람을 의식하게 되어 자신의 개성과 성격을 전부 드러내지 못하고 자연스럽게 상대방에 맞추기 때문'이라고 언급한다. 200% 공감한다. 절친한 친구마저도 일정 시간 이상 함께 있으면 피곤이 몰려온다. 특히 2박3일, 3박4일 여행이 끝날 무렵이면 몸보다도 마음이 더 지쳐 있다는 것을 느끼곤 한다.

그런데 혼자 있는 시간이 많다고 해서 온전히 혼자만의 시간이라고 하기 어려운 경우가 있다. SNS를 하거나 유튜브, TV, 넷

플릭스 시청, 쇼핑 등을 할 때이다. 이런 것들로 주말이나 쉬는 날을 보내고 나면 힘이 쭉 빠져나간 공허함을 느낄 것이다. 그렇다면 혼자 있는 시간의 형태는 어떤 것일까. 먼저, 여행이다. 1박이나 2박쯤 혼자서 여행을 떠나보라. 혼자서 제주올레길을 걸어 보고 독립서점에서 두세 시간쯤 독서 삼매경에 빠져있다 보면 혼자 있는 시간의 매력에 매료될 것이다.

성향상 절대적으로 혼자만의 시간을 보내지 못하겠다면 외부로 교육을 갈 때만이라도 혼자 가자. 피할 수 없는 혼자만의 시간으로 들어가는 것이다. 교육 장소에 오가는 시간을, 아직은 어색한 교육실에 우두커니 앉아 있는 시간을, 교육생들의 소란스러운 대화 속에서 홀로 고독해지는 시간을, 홀로 주변을 둘러보는 시간을 강제적으로 만끽하는 것이다. 두 명 이상 참여해서, 그것도 평소 친한 동료끼리 같이 가 교육 듣고, 밥 먹고, 차 마시고, 하물며 화장실도 함께 가는 그런 익숙한 상황을 만들지 말자. 그 익숙함은 교육 이상의 그 무엇도 주지 못한다. 혼자 우두커니 보낸 '의도적 낯섦'의 시간만이 뿌듯한 뭔가를 느끼게 하기 때문이다.

그럼으로 사적으로야 얼마든지 친한 동료끼리라도 업무적으로는 사사롭게 스며들지 말아야 한다. 그런데 그러기 쉽지 않다. K 사회복지사는 자신이 속해 있는 기관에서 사무보조를 해줄 아르바이트 직원을 뽑을 때, 친구와 함께 일하면 더 즐겁겠다는 생각으로 친구를 추천했다. 그 친구가 일을 시작한 지 얼마 되지 않아 문제가 발생하기 시작했다. 결국 사무실을 분리하면서 서로 서먹서먹한 관계가 되고 말았다. 일 밖에서의 친구가 일 안에서의 친구가 될 수 없고, 일 속에서의 관계가 일 밖에까지 이어지긴 어렵다는 것을 말해주는 사례다.

그야말로 기대에 어긋나지 않은 사회복지사 A가 있었다. A는 클라이언트를 바라보는 시선도 수평적이고 그만큼 프로그램도 클라이언트 중심으로 계획했다. 무엇보다 A의 미래지향적인 현장 분석은 높이 살만했다. 그런데 어느 날부턴지 실수도 잦아지고 생각도 뒤처지기 시작했다. 보아하니 동료인 U와 밀접한 관계를 형성하면서부터였다. 물론 백 프로 U의 영향이라고 보기는 어려울 것이다. 그러나 발언할 때마다 U를 의식하는 A의 눈빛은 이미 자유로운 사고를 잃었다고 추측할 수밖에 없었다.

빈틈없이 구글 다이어리를 메우고 있는 모임 일정들도 스스로에게 집중하는 것을 허락하지 않는다. 매사에 열심인 L 사회복지사는 놀랄만한 저명 인사들과 골프, 운동 모임, 등산 등을 함께하고 있었다. L은 책을 쓰기 위해 같은 꿈을 꾸고 있는 사람들과의 모임을 하면서 블로그도 운영하고 있었다. 그런데 어느 날부턴가 글을 쓰지 못했다. 이유는 많은 모임들이 L의 역량이나 열정을 유지하기보다는 에너지를 빼앗아 갔던 것이다. 긍정 심리학자 칙센트미하이(Csikszent mihalyi)의 말처럼 '창의력은 혼자서 몰입한 시간이 만들어 낸다'는 말이 이해되는 대목이다.

새들이 전깃줄에 앉아 있는 모습을 보면 어느 정도의 간격을 두고 있는데 그 간격은 날아오를 때 날개를 펼 수 있을 만큼의 거리라고 한다. 혼자만의 시간을 갖는다는 것은 발전의 기회, 성장의 기회를 갖는다는 것과 같은 말이다. 스스로의 날개를 만들고 날아오를 수 있는 간격을 정비하는 시간이라고나 할까. 좋은 사회복지사는 자신뿐 아니라 동료도 성장시킨다. 비판하고 조언할 수 있는 만큼의 거리를 유지하는 것, 성장할 수 있는 거리를 확보하는 것이다. 바로 '전깃줄에 앉은 새의 날갯짓만큼의 거리'다. 혹 자신이 다른 사람의 혼자만의 시간을 방해하고 있지는 않은지 생각해 보라.

30년을 넘게 복지현장에서 일한 E 사회복지사가 한 번도 슬럼프를 겪지 않은 이유는 혼자만의 시간이 있었기 때문이라고 한다. 한 치 앞도 내다볼 수 없을 만큼 힘들 때는 혼자 고요히 앉아 '견딜 힘이 눈곱만큼도 없을 만큼 진짜 힘드냐'고 스스로에게 물었단다. 그때마다 또 다른 자신은 대답했다. '아니라고, 그 정도는 아니야'라고. 그렇다. 혼자 있는 시간은 현재 상황을 찬찬히 톺아보게 하고 숨 쉴 공간을 만들어 준다. 숨 쉴 공간을 스스로 만들 수 있는 사람은 혼자만의 시간을 너끈히 견뎌 온 사람이다.

내면의 힘이 아무리 단단해도 지속적으로 다지지 않으면 바로 물렁물렁해진다. 작은 부딪힘에도 깊게 상처가 생긴다. 회복하는 시간도 그만큼 오래 걸린다. 단단함을 유지하기 위한 내면 다지기로 '혼자만의 시간'만큼 좋은 것을 나는 아직 찾지 못했다. 혼자만의 시간을 통해 건강한 내면을 다지자. 사람들이 휘몰고

오는 비바람도 너끈히 견딜 수 있는 내공을 쌓자. 지금 당장 몇 가지 '홀로 패키지'를 만들어라. 드라이브하기, 걷기, 글쓰기, 도서관 가기, 산책하기!!

6부

51 대 49의 법칙

착하지 않은 사회복지사가 될 때 일어나는 일

오랜만에 동창회에 나갔다. 모처럼 보는 친구들의 왁자한 인사가 끝나고 자연스럽게 어디에 살고 있는지, 무슨 일 하는지 등등 궁금한 것을 묻는 시간이 되었다. 몇 년 만에 만난 나에게도 예외는 아니어서 질문 세례가 쏟아졌다. "응, 사회복지사로 일하고 있어." 대답이 떨어지기가 무섭게 여기저기서 '좋은 일 한다', '복 받겠다', '착한 일 한다' 등 사회복지사에게 할 수 있는 찬사를 늘어놓는다. 나는 한두 번 듣는 말이 아니라 그저 '그래' 할 뿐이다.

나는 착한가? 아니다. 경력이 높은 직원들의 실수에는 너그럽지 못하고 뒤끝도 작렬이다. 성질은 까칠하고 아닌 것에는 절대 '예'를 못해서 한마디로 성질이 '지랄맞다'는 말도 듣는다. 한참 실무자로 일할 때는 구청에 '쌈닭'이라는 소문이 파다했다. 불합리한 요구를 끝까지 따지고 들어서 철회하게 만든 일이 많았기 때문이다. 주무관청은 그런 나를 다른 기관의 실무자와 비교하면서 말을 잘 듣는 기관(다른 기관), 말을 잘 안 듣는 기관(나)으로 분류하기도 했다.

'착함'은 무엇일까? 말을 잘 듣는 것인가? '착하게 말을 잘 듣는 것'이 사회복지사의 직업인가? 사회복지 일인가? 물론 사회적 취약계층을 돕는 일을 주 업무로 하고 있기 때문에 그렇게 말한다는 것을 모르는 바 아니다. 또한 좋은 의미를 담고 있다는 것도 잘 안다. 나 역시 현장에 들어오고 한동안은 '좋은 일 한다'는 말에 취해서 진짜 좋은 사람이 되어야만 할 것 같은 착각에 빠진 적도 있다. 하지만 어느 순간부턴가 긍정적으로만 느껴지지 않았다. 나의 노력과 전문성이 '좋은 일'에 묻혀버리고 제대로 평가받지 못한다고 느껴졌기 때문이다.

사회가 사회복지사에게 입힌 '착함' 프레임은 클라이언트를 옹호하고 중개하며 대변하는데 그다지 동력이 되지 않는다. '좋은 일 한다'는 말로 사회복지사의 일을 퉁쳐 버리면 클라이언트의 어려운 문제를 해결하기 위해 적극적으로 나서는 데에도 장애물이 된다. 적극적인 행동은 사회적으로 소란스러운 상태를 만들 수도 있기 때문이다. 뿐만 아니라 '착한 사회복지사'는 급여 인상이나 처우개선을 요구하는 데도 걸림돌이다. 보건복지부에서 만든 지침에 따라 지원해 주는 범위 안에서 '군소리 없이 하라는 일이나 하는' 수동적인 직장인이 되고 만다. '착함' 프레임은 사람들이 하는 말과 그 말에 담은 의미와는 다르게 엉뚱한 곳에서 엉뚱하게 작동하고 있는 것이다.

'착한 사회복지사', '좋은 일 하는 사회복지사'가 어떤 이미지로 인식되는지 좀 더 자세하게 살펴보자. 첫 번째로 희생을 당연하게 여기는 분위기가 형성된다. '좋은 일'이라는 표현이 사회복지사의 전문 지식을 희생으로 둔갑시킬 수 있다는 말이다. 자기희생이나 헌신의 대명사인 자원봉사자처럼 인식하게도 한다. 낮은 급여나 과중한 업무에 처하더라도 '보람 있는 일이니까 참아야 한다'며 스스로 침묵을 선택하기도 한다. 사회복지사들끼리 결혼하면 영세한 삶을 살면서도 개선을 요구하지 못했던 때처럼 말이다.

두 번째로는 전문성보다는 선의(善意)를 강조한다. 가령, 처우개선을 요구하면 관은 타 영역의 예산을 가져올 수밖에 없다는 말로 방어한다. 아동 영역 예산을 증액하면 노인 영역 예산이 줄어든다는 것이다. 한마디로 '같은 복지 영역인데 남의 벽돌 빼 오면 마음이 편하냐?'고 묻는 것이다. 당연히 사회복지사들은 다른 영역의 '벽돌'을 빼달라고 하지 못한다. 그 '벽돌' 하나를 가져옴으로써 그 영역의 처지도 곤궁해질 것을 알기 때문이다. 영리한 공무원들도 알고 있다. 어떤 말로 예산 요구나 처우개선을 비켜 갈 수 있을지. 사회복지사들의 복지적 마인드를 끊임없이 악용하는 것이다.

세 번째로는 감정노동과 번아웃을 가중시킨다. 사회복지사는 힘든 상황에 처한 사람들을 지원하는 것이 당연한 직무다. 그러므로 '좋은 일 한다'는 시선은 '힘든 티 내면 안 된다'는 자기결정을 하게 한다. 그런 자기결정들이 쌓여 결국 소진을 초래하고 건강을 해치기까지 한다. 근무시간 외나 주말에도 '좋은 일'하느라 제대로 쉬지 못할 때가 많다. 허리, 관절, 목디스크 등 질병 없는 사람이 없을 정도다. 결과적으로 몸과 마음이 바닥으로 가라앉을 때까지 손을 쓰지 못하게 되는 것이다.

그러므로 기꺼이 착하지 않은 사회복지사가 되자. 누가 뭐래도 사회복지사는 평범한 직장인들이고 전문가 집단이다. 프로패셔널한 역할과 그 범위 안에서 지위를 구축해야 한다. 의사나 변호사가 전문가이지만 감정적 소진이 덜한 것처럼, 사회복지사도 전문 영역을 스스로 구축하는 것이 필요하다. 사회복지사의 전문성이 우선적으로 인정받게 되면 희생보다는 클라이언트 삶의 문제를 해결하기 위한 기술을 먼저 요구하게 될 것이다. 자연스럽게 직업 만족도가 올라갈 수도 있고 복지의 질, 나아가 사회가 질적으로 순환될 것임이 분명하다.

또한 업무를 적절하게 조절하고 감정노동에서 벗어날 수 있는 인원을 확보하는 등의 처우개선도 뒤따라올 수밖에 없다. 대학 4년을 졸업하고 현장에 막 진입한 사회복지사들의 초봉이 겨우 최저임금이나 웃도는 현실도 개선될 것이다. 이 말은 전문적인 스킬로 무장해야 한다는 말과 다름없다. 그런 의미에서 임금이나 근무시간 개선과 함께 '좋은 일'하는 집단이 아닌 '전문적인 일'을 하는 집단으로 인정받는 것이 중요하다.

우리는 한때 의대생 정원 증원 정책으로 다수의 전공의가 사직하는 상황을 지켜봤다. 생명을 다투는 환자들이 응급실을 돌다가 사망했다는 기사도 심심치 않게 볼 수 있었다. 그때마다 어쩔 수 없이 사회복지사로서의 내 마음은 '어떻게 사람 생명을 담보로 저럴 수 있나' 싶었다. 그 끝에 '자신들의 권익만을 우선시하는 이기적인 집단'이라는 꼬리표를 붙이기도 했다. 한편으로는 어떤 상황에서도 답답하리만치 묵묵한 사회복지사 집단이 대비되어 생각을 어지럽혔다. **마음 저 깊은 곳에서는 '저 정도는 해야지, 그래야 뭐가 되도 되지' 하는 공감이 솟기도 했다.**

권익이라는 말이 여전히 익숙하지 않다. 특히 사회복지사 스스로를 위한 권익은 더더욱 생경하다. (물론 최근에는 많이 달라졌다. 고무적이라 생각한다.) 그다지 독하지 못하기 때문이다. 매일 사회복지사의 손을 빌려야만 하는 클라이언트들의 사정이 얼마나 딱한가? 아무리 어려운 사정이라 해도 '우리가 반드시 해결해야 해'라는 의무적 압박보다는 국가의 책임은 국가에게 돌리자. **사회문제를 현장에서 당연히 해결해야 한다는 식의 으름장 앞에 꿈틀이라도 해보자.**

꿈틀해야 하는 이유가 더 있다. 바로 클라이언트의 삶을 위해 사회복지사는 일하고 있기 때문이다. 사회복지사의 처우개선 요구로 인력이 보강되면 서비스가 더 좋아질 것은 뻔한 이치다. 깊게 파인 구덩이 위에 판자 하나 슬쩍 올려놓으면 만사 해결될 것처럼 만들어진 복지제도 또한 개선될 것이다. **비뚤어진 정책에 대해 사회복지사들은 쉼 없이 쓴소리를 해야 하는 이유다.** 클라이언트에게 필요한 정책이 무엇이고 어떻게 수행해야 하는 것쯤은 누워서 떡 먹기보다 더 잘 알지 않는가. **아는 것을 아는 대로 꿈틀하는 것. 그것이 '착하지 않은 전문가'의 행동이다.**

사회복지 전담직으로 공직생활을 시작해 구청 국장으로 정년 퇴임한 C 사회복지사는 '쌈닭'이었던 나를 사회복지 동지로서 응원해 주었다. 응원의 끝에는 '그래야 공직사회도 현장을 알게 되고 바뀐다'며 스스로를, 공직사회를 성찰했다. 그분의 응원에 힘입어 수직적인 관청과 민의 관계의 각도를 수평으로 맞추기 위해 무던히 갈등을 일으켰다. **복지는 국가가 민간에게 위탁한 일이다. 당연히 국가의 책임이고 민간을 대등한 관계에서 협력자로 인정해야만 뭐가 되도 되는 것이다. 착하지 않는 사회복지사, 쌈닭이 되어야 하는 이유다.**

가령, 땡 출근, 땡 퇴근 같은 일들이 불편한 이유

직원들이 그렇듯이 기관장들끼리도 만나면 직원들 이야기를 한다. 특히 일을 잘하는 직원은 소환되는 1순위다. 자연스럽게 2순위는 힘들게 하는 직원이다. (기관장이 어느 직원 때문에 힘들다는 것은 그 직원도 기관장 때문에 힘들다는 것을 밝혀 둔다.) 이 주제를 다뤄야 할지, 다루지 말아야 할지 많이 망설였다. 직원들의 권리가 우선시되고 있는 이때 이 주제는 적절하지 않다는 생각에서였다. 그럼에도 불구하고 지면을 할애한 이유는 기관장들에게 가장 자주 오르내리는 주제이기 때문이다. 꼰대 같은 이야기들이나 하는 꼰대 같은 기관장들이라고 해도 어쩔 수 없다. 나 역시 다루고 싶었으니 나도 한 명의 꼰대라고 미리 고백한다.

어느 기관장은 2분, 3분 전부터 직원들이 퇴근 카드를 찍기 위해 줄을 서 있다며 씁쓸하게 웃었다. 출근 때도 마치 9시가 되길 기다렸던 사람처럼 정각에 카드를 찍는다면서…. 당연히 9시, 6시를 지키는데 보는 사람도, 찍는 사람도 왜 불편한 것일까?

'땡 출근 땡 퇴근'의 조건에는 일의 효율, 성과, 책임감이 포함되어 있기 때문이다. 그러므로 평소 일 잘하는 직원의 '땡 출근 땡 퇴근'은 말할 거리가 못 된다. 다만 이 조건이 충족되지 않을 때 불편한 감정이 올라온다. 필시, 성과는 없이 '시간만 때운다'고 느끼는 것.

정해진 시간만큼 일하고 정해진 급여를 받는 것에 동의하지 않을 사람은 없을 것이다. 당연한 권리이자 원칙이기 때문이다. 그러나 정해진 시간에 일을 다 처리하지 못했을 때는 이야기가 다르다. 당일 해결해야 할 일이 있는데 퇴근 시간에 주저 없이 사무실을 나서는 직원에게 '수고했다'는 말을 건네기가 결코 흔쾌하지 않다. 유연성 부족을 넘어 책임감 부재로까지 보이기 때문이다. 조직은 긴밀한 유기체이다. 팀 내에 그런 동료 한 사람만 있어도 연쇄반응이 일어나는 것은 물론, 남아 있는 동료들까지 힘들어진다.

기관장 역시 이유 없이 야근하라거나 일을 다 처리했는데도 남아 있으라고는 하지 않는다. 오히려 시간 안에 업무를 처리하고 퇴근하는 것을 더 선호한다. 기관장이라 해도 야근하는 직원들을 두고 퇴근하는 것이 편치 않기 때문이다. 그렇다면 어떻게 해야 할까. 이 글은 사회복지사들이 지켜줬으면 하는 '마지노선' 정도를 제시한다. 물론 동의하지 않을 수도 있다. 그러나 긴 시간 현장을 살아온 선배 사회복지사가 최근의 분위기, MZ세대의 보편적인 성향을 감안한 지극히 개인적인 제안이라고 생각해 주면 고맙겠다. 최소한 출근 시간 전, 퇴근 시간 후 10분 정도를 준비, 마무리 시간으로 세팅하라고 권하고 싶다. 나는 이 10분을 '헌신의 10분'이라 생각한다.

중앙협회 일을 할 때 매주 한 번 이상 기차를 타고 서울에 있는 협회 사무실로 출근했다. 당시 내가 이용한 기차는 아침 6시 53분 열차였는데 서울을 오가는 3년 동안 한 번도 딜레이된 적이 없었다. 오히려 내가 늦어 가쁜 숨을 몰아쉬며 뛰어가곤 했다. 미끄러지듯 서서히 속력이 올라가는 기차 안에서 가끔 그런 생각을 했다. 1분도 지체하지 않고 정확하게 바퀴가 돌아가기 위해서는 기관사를 비롯한 승무원들은 몇 시부터 준비할까? 여름이면 냉방을, 겨울이면 난방을 미리 가동해야 하고 기계장치도 점검해야 하고, 청소도 해야 하고. 최소한 30분 전에는 출근해야 하지 않을까?

그 덕분에 KTX의 정시출발과 도착율은 94%로 세계에서 세 번째로 높다고 한다. 운행일지를 쓴다든지, 차내 정리를 하기 위해서는 종착역에 도착 후에도 어느 정도의 시간은 할애해야 한다. 승무원이라고 해서 승무 업무만 하지 않는다는 이야기다. **우리 일이 복지 열차라고 생각해 보면 간단하다.** 한때, 탄력적으로 근무시간을 운영하는 기업들이 부러웠다. 직원들의 특성에 따라 일찍 출근하는 직원은 그 시간만큼 일찍 퇴근하게 하면 어떨까 하는 깊은 고민도 했다. 그러나 복지 현장은 불가능하다. **클라이언트를 싣고 정해진 시간에 출발하는 열차와 같기 때문이다.**

그러므로 10분의 여유를 시작 전, 끝난 후에 가져보자. 원활한 하루를 위해 업무를 점검하고 퇴근 후에는 오늘 일과를 정리한다. 동시에 내일 할 일을 미리 체크해 놓는다면 다음날의 업무도 순조롭게 시작될 것이다. 업무 시스템을 만들어 의도적으로 10분을 앞뒤로 배치해 놓는다면 깔끔한 업무처리는 물론 신뢰도도 올라간다. 더군다나 입사한 지 얼마 되지 않은 직원이라면 열심히 배우려는 자세로 인식될 것이어서 꿩 먹고 알 먹는 셈이다.

10분 중 3, 4분은 간단한 마무리 미팅이나 단체 대화방을 활용해 오늘 업무를 공유한다면 MZ 사회복지사로서 금상첨화, 인기만점, 그야말로 보기 드문 인재가 들어왔다고 생각하지 않을까? 오늘 해야 할 업무를 완료하였는지 확인하고 보완이나 후속 조치가 필요한 것은 없는지 체크해 볼 겸 말이다. 부서장이나 팀원들도 서로의 업무 진행 과정을 파악하는 데 도움이 될 것임에 틀림없다. 알다시피 같은 사무실에서 마주보며 일해도 업무 중에는 소통할 수 있는 시간이 그다지 많지 않다. 그러므로 마무리 미팅은 팀원 간의 소통뿐 아니라 팀워크도 좋게 한다. 그런 후라면 퇴근하는 직원의 마음도, 남아 있는 직원의 마음도 기분 좋게 하루를 마감할 수 있다.

그럼에도 불구하고 출근, 퇴근 시간을 고수하고 싶다면 그 '고수'에 맞먹을 만한 성과나 근무태도를 수반해야 한다. 기관에서 신입 사회복지사가 거의 매일 땡 출근 땡 퇴근을 했을 때 뭐라 말할 수 없는 내 마음도 매일 불편했다. 어느 날 소속 부서장에게 물었다. 그 사회복지사가 업무는 어떻게 처리하는지, 혹 퇴근하려고 업무를 미루는 것은 아닌지. '제 일은 제 때에 밀리지 않고 잘 처리한다'는 답이 돌아왔다. 덧붙여 주말 근무라든지, 갑자기 손을 보태야 할 때에 적극적으로 동참한다고 했다. 더 이상 말이 필요 없었다.

그렇다. 시간 안에 해야 할 업무를 빈틈없이 처리하면 된다. 굳이 사무실에 남아 아직 할 일이 있는 동료들의 눈치를 보며 뭉그적거릴 필요는 없다. 이런 직원들은 또 필요할 때는 10분 아니라 몇 시간을 써서라도 업무를 처리한다는 것을 상사들도 모르지 않는다. 선호할 수밖에 없는 직원이다. 물론 이렇게 직원을 키우는 것은 조직의 역할도 크다. 또한 직원이 자율적으로 일할 수 있는 문화를 형성하는 것도 운영자의 능력에 달려 있다. 운영방침 또한 직원의 성과를 좌우한다. 이 외의 다양한 요건들이 단단하게 뒷받침되어야만 '직원의 10분'을 요구할 수 있다.

사회복지사 S가 나에게 물었다. '그럼 반대로 땡 출근, 땡 퇴근을 아예 하지 못한 채 몇 시간을 더 일해도 성과를 내지 못하는 직원은 헌신적인가요?' 당연히 아니다. 그 상황은 헌신이라는 이름으로 대체할 수 없다. 일 수행 방법이나 업무량, 업무능력에 문제가 있는 것이다. 가장 일찍 출근하고, 가장 늦게까지 남아 있는 직원이 일 잘하는 직원인가? 그럴 수 있겠지만 그렇지 않을 가능성이 더 크다. 업무능력이 없으므로 시간으로 해결하려는 마음은 가상하나 어느 순간부터는 오히려 조직에 해가 될 수도 있다.

말 잘하는 챗GPT에게 물었다. '기관장은 어떤 직원을 선호할까?' 다음과 같은 의견을 줬다. 화는 내지 마시라. 그저 참고용이니.

① 성과를 내는 사람 → 조직에 직접적인 이익을 줌.

② 책임감이 강한 사람 → 신뢰할 수 있음.

③ 주인의식이 있는 사람 → 조직 성장에 기여.

④ 협력할 줄 아는 사람 → 조직 운영에 필수적.

⑤ 성실하고 꾸준한 사람 → 조직의 안정성을 높임.

정답은 없다. 조직에 따라 다르고 이미 형성된 문화에 따라 상이하다. 정리하자면 조직의 문화를 존중하면서 제시간에 제 업무를 처리하는 것이 베스트다. 더해 부서 간, 조직 간 공유하고 정리하는 10분의 시간을 보태자는 것이 이 장의 요지다. 하나만 더 권장하자면, 조금이라도 여유가 있는 날은 아직 바쁜 동료들의 업무를 살짝이 덜어주자. 다른 업무를 익힐 수 있는 기회가 될 수도 있으니 말이다. 그 순간에는 힘들어도 반드시 자신의 능력으로 되돌아온다. 꼭 그래보면 좋겠다. 에구, 마지막까지 작렬인 이 노파심을 어쩌랴.

소속기관 문화 향유하기

비누를 만드는 재료 중 가성소다는 흔히 말하는 양잿물이다. 좋지 않은 재료이지만 오일과 오일, 오일과 여타의 재료들의 '면, 경계'를 묽게 한다. 각 재료의 특성을 완화하여 완전히 혼합하도록 하는 계면활성제이다. 비누가 만들어지는 데 없어서는 안 될 재료라고 할 수 있다. 이렇게 완성된 비누는 넉넉하게 한 달, 720시간 이상을 견뎌야만 가성소다의 성분을 남김없이 희석시킨다. 다른 재료의 독특한 성분을 약화시키고 스스로의 독성도 없애는 것이다.

조직에 스며들기 위해서도 마찬가지다. **다른 사람과 부딪칠 수 있는 각자의 뾰족한 부분, 경계를 잘 다스려야 한다. 경계라 할 수 있는 것은 부정적인 마음, 불수용, 근거 없는 주장, 어울리지 않음, 비협조 등등이다.** 이런 것들의 면이 희석되어 서로 섞이고 경계가 묽어져야만 조화로운 조직이 될 수 있다. 각자의 특성이 완전히 섞여야만 좋은 비누가 될 수 있는 것처럼 말이다. 일할 때 나타나는 개성이나 스타일은 또 다른 부분이다. 그러므로 생각해 보자. 다듬어지지 않은 스스로의 까칠한 부분을.

직장을 구하고자 할 때 구인 정보를 검색하고 한 기관을 선택해 이력서 등 제출해야 할 서류를 준비한다. 그 서류들 중에는 자기소개서도 포함되어 있다. 자기소개서를 쓸 때 어떤 마음으로 쓰는가? 해당 기관의 홈페이지, 인터넷에서 자료를 검색해 활용하지 않은가? 자신이 그 기관에 특별한 관심이 있고 또 잘 알고 있음을 보여주려고 최대한 어필하면서 말이다. 그리고 1차 서류전형 합격 소식을 초조한 마음으로 기다린다. 서류전형을 통과하고 면접을 앞두고서는 기관의 정보를 더욱 정확하게 파악한다. 홈페이지의 내용을 거의 외우다시피 한 지원자도 있다.

드디어 면접시간, 심사위원 입장에서는 지원자의 업무능력도 살펴보지만 더 중점을 두는 부분이 있다. **'조화롭게 적응하고 잘 협력할 것인가?'이다. 바로 인성이다.** 인성이란 무엇인가? 그 사람의 성품이고 성품은 성질과 됨됨이를 말한다. 지원자의 인성, 즉 됨됨이를 먼저 살핀다. 클라이언트를 대하는 태도나 직원들과의 관계형성, 조직문화 수용능력이나 적응력 같은 것 말이다. 로잔 토머스(Rosanne J. Thomas)도 '채용 담당자들이 지원자들 중에서 합격자를 가르는 첫 번째 기준이 태도와 인성'이라고 자신의 책 『태도의 품격』에서 밝힌 바 있다. 능력을 우선적으로 보는 일반 기업과는 달리 사회복지기관에서 더 중요하게 여겨지는 사안들을 질문하고 탐색하는 것이다.

질문 중에는 간혹 그 기관만이 수행하고 있는 특정한 업무에 초점을 두는 것이 있다. 가령 매주 하루 1시간 일찍 출근하여 학습모임을 한다고 했을 때 '참석 가능하겠느냐'는 것이다. 지원자들은 이구동성으로 '당연히 참석하겠다'고 답변한다. 좋은 지원자를 변별하기엔 이미 답이 정해진 질문이지만 확인하는 차원에서 묻는 것이다. 그런데 문제는 최종 합격을 한 후에 일어난다. 참여는 하지만 의미 없이 앉아 있거나 토론에도 소극적이다. 적극적으로 참여하고 있는 선임들의 마음까지 어지럽힌다. 별것 아닌 것 같아도 오랫동안 진행해 온 기관의 전통이 흔들릴 수 있는 행위다.

모 기관에서는 머리를 식히는 차원에서 가끔 사다리 타기나 가위바위보를 해서 커피 타기 등을 한다고 한다. 그 기관의 기관장은 사다리 타기는 건조한 직장에서 잠깐의 시간 투자로 끈끈한 조직을 만드는 전통문화와도 같은 게임인데 한두 명의 직원들이 참여하지 않아 그것마저 편하게 할 수 없다는 탄식 아닌 탄식을 했다. 물론 각자의 사정이 있을 수 있겠지만 기관 입장에서도, 해당 직원 입장에서도 불편하기는 마찬가지다. 혹자는 '뭐 탄식까지?' 하겠지만 생각해 보라. 모두 사다리타기를 하겠다고 삼삼오오 모인 자리에서 하지 않겠다며 혼자서 어둡게 앉아 있는 직원을. 모처럼 흥이 난 직원들까지 싸해지고 만다. 운운할 것도 없는 작은 일이 큰 문제를 가져올 수도 있다.

현장은 관련 기관들과의 관계에서 혹은 업무를 진행하는 과정에서 스트레스를 피하기 어렵다. 하지만 그런 스트레스는 이미 각오하고 있는 것들이고 각오는 때로 스트레스를 약하게 하는 촉진제 역할을 하기도 한다. 그런데 직원으로부터 오는 스트레스는 몇 배의 위력으로 몸과 마음을 괴롭힌다. 그러므로 힘을 합쳐도 힘든 현장에서 굳이 힘을 뺄 이유가 없다. **규정 등 꼭 지켜야 할 사항도 있지만 소소한 일에 있어서는 조금만 마음을 보탠다면 활기찬 분위기를 조성할 수 있지 않겠는가?** 종잇장도 맞들면 낫다. 세대 차이, 경력 차이에 상관없이 작은 일로도 자연스럽게 조직문화를 만들어 갈 수 있다.

로잔 토마스는 같은 책에서 다음과 같은 말로 문화충격의 완화를 요구한다. '서로 다른 사회적, 정치적, 시대적 배경에서 살아온 세대가 한 직장에서 일하는 시대가 도래했다. (중략) 다른 세대를 이해하기 위해서 시간과 노력을 들인다면 그들이 가진 경험과 관점을 포용할 수 있게 된다. 젊은 세대가 이해해야 할 사실은 그들 또한 윗세대의 한 사람이 된다는 사실'이라고. 이어령 선생도 말하지 않았던가. '젊은이들의 가장 큰 실수는 자기는 안 늙는다고 생각하는 것이다. 젊은이도 죽고 늙은이도 죽는다'고 말이다.

젊은 직원들도, 혹은 신입 직원들도 나이가 들 것이며, 언젠가는 중간관리자로, 최고관리자로 일하는 날이 도래할 것은 틀림없는 사실이다. 언제까지나 젊은 직원일 수만 없고 신입 직원일 수만은 없다. 중간관리자가 되었을 때, 팀원 중 그런 직원이 있다면 '나도 옛날에 그랬었지' 하는 마음으로 너그럽게 이해하게 될까. 그럴 수도 있겠지만 개구리 올챙이 시절 모른다는 말처럼 더 조직 중심적인 사람이 되어 어린 직원들 때문에 '세대 차이'를 운운할지도 모른다. **세대 간의 격차가 벌어지는 만큼 직원들은 조직 문화를 거부하고 은둔적 조직생활을 하려는 경향이 짙어지고 있다. 그렇게 됐을 때 모든 피해는 결국 클라이언트에게 돌아간다는 것을 간과해서는 안 된다.**

사회복지사 A 과장은 퇴근 후 부서원들끼리 밥 한번 먹자고 말하는 것이 어렵다고 토로했다. 부서원들이 따라오기는 하는데 원하는 것인지, 싫어하는데 억지로 따라오는 것인지 알 수 없다는 것이었다. 괜히 부서원들의 퇴근 후 시간을 뺏는 것만 같다고. 특히 B 사회복지사의 표정으로는 그 속내를 알 수 없어 눈치까지 보인단다. 중간관리자인 A의 이야기를 들었을 때 오래전 일이 떠올랐다. 기관의 유능한 일꾼이었던 사회복지사 J의 말이었다. '술 권하는 복지'의 한복판에 있을 때였다. 회식도 많았고 술도 많이 마셨던 때였다. 어느 날 점심식사 자리에서 J가 말했다. "이제까지 국장님 땜에 술을 마셨어요!"

한 번도 안 마신다는 말이 없었고 전혀 눈치를 챌 수 없었던 J의 음주였었다. J가 말한 국장이었던 나는 기관장이 수도자였던 탓에 모든 술자리를 책임(?)지고 있기도 했다. 그야말로 폭탄 발언이었다. 교회에 다니는 것은 알고 있었지만 그냥 신자가 아닌 독실한 신자였다. (훗날 목사님 댁 며느리가 되었다.) 그런데 왜 말을 안했느냐고 뒤늦게 미안해했지만 그동안 아무 내색도 하지 않은 J가 고맙기도 했다. 시대가 많이 변했다. 내가 중간관리자였던 그때가 오히려 좋았던 시절이 아니었을까 생각이 들 정도다. 그만큼 요즘 중간관리자들도 힘들다는 뜻이다. 조직은 다양한 문화와 색채를 띠고 있다. **직원들 또한 각자의 신념과 성향이 있다. 기관장과 중간관리자, 중간관리자와 팀원, 팀원과 팀원 등이 조화롭게 문화를 향유할 수 있는 지혜를 모아야 한다.**

직원들에게는 각자의 신념이 있을 수 있다. 종교적 이유가 됐던, 건강상 이유가 됐던 직원들이 꼭 지키고자 하는 신념은 당연히 배려해야 한다. 예를 들면, 음주일 수 있다. 대신 사전에 충분히 소통하자. 반면, 다 함께 즐기는 자리에서는 음치, 몸치인 직원도 동화될 수 있다. 가무일 것이다. 그런 의미에서 오늘 먼저 나서서 사다리 타기를 제안해 보라.

책임과 권한의 균형
51 대 49

'정치인은 사적 마인드 보다 공적 마인드를 3% 더 가져야 한다.' 이해찬 전 민주당 대표가 한 말이다. 선출직인 정치인들이 국민을 위해 일해야 한다는 강력한 주장이다. 당연히 공적 마인드를 가지고 국민을 위해 일해야 하지만 그렇지 못한 정치인들에 대한 우려의 마음이 느껴진다. 최소 53%의 공적 책임감을 가지라는 채찍질일 것이다. 그렇다면 사회복지사는 어느 정도의 공적 마인드를 지녀야 할까? 그보다 공적 마인드는 무엇일까?

공적 마인드는 말 그대로 **공적인(공공의) 일에 대해 책임감과 주인의식으로 생각하고 행동하는 마음가짐을 말한다. 즉 사적인 이익보다 조직 전체의 이익과 정의를 중요하게 여기는 태도다.** 공적 마인드는 특히 사회복지, 행정, 정치, 공공기관 등의 공동체 이익을 다루는 분야에서 요구된다. 공공의 이익을 우선시하는 가치관으로써 공적 마인드의 핵심 요소는 책임감, 투명성, 공정성, 봉사정신, 시민의식 등을 들 수 있다. 공적 마인드가 결여되면 부패나 불공정한 행정, 각종 서비스에서 무책임한 결과가 나타난다.

그렇다면 사회복지사의 공적 마인드는 어느 정도 되어야 할까? 더도 말고 덜도 말고 1%만 더 보태라고 주문하고 싶다. 사회복지사라는 직업을 선택했다면 의무적으로 가져야 할 비율 51 대 49. 이는 공적 책임과 사적 권리의 비율로도 볼 수 있다. 공적 마인드와 책임감은 비례한다. 마찬가지로 사적 마인드와 사적 권리도 비례한다. 공적 마인드가 더 높은 사회복지사들도 많겠지만 문제가 되는 경우를 살펴보면 사적 마인드와 사적 권리의 비율이 50% 이상으로 커져 있는 때다. 당신의 공적 마인드는 얼마 만큼인가? 51 대 49를 정확하게 측정하기란 어렵겠지만 생각해 보면 어느 정도 예측할 수 있을 것이다.

소소하게는 비가 올 때 기관의 부실한 담장이 걱정된다면, 눈이 많이 온 날 미끄러운 입구가 걱정돼 조금 일찍 출근해 눈을 쓴다면, 장마 후 기관 마당에 잔뜩 솟아 있는 풀을 오며 가며 뽑는다면 공적 마인드가 있다고 볼 수 있다. 이 작은 일도 아무나 할 수 있는 일이 아니기 때문이다. 즉, 책임감이 있다는 것이다. 대의적으로는 담당하고 있는 일뿐만 아니라 그 영역 정책에 대한 문제점을 찾고 지속적으로 이의를 제기한다면 공적 책임감이 크다 할 것이다. 문제 있는 정책으로 인하여 소속기관 클라이언트뿐 아니라 다른 기관, 우리나라의 모든 클라이언트에게 악영향을 끼치는 것이 안타깝다면 그 역시 공적 마인드를 장착하고 있다고 판단할 수 있다.

모 장애인복지기관에서 수행하는 우수한 프로그램을 우리 기관 클라이언트에게도 적용하고 싶어 내용을 전수 해달라고 부탁한 적이 있었다. 그런데 복지관 담당자는 힘들게 개발하고 비용이 많이 든 프로그램이라는 이유로 보급이 어렵다고 답변해 왔다. 씁쓸했다. 개발하느라 비용이 들고 직원들이 애쓴 결과로 좀 더 많은 클라이언트가 혜택을 본다면 더 좋은 일 아닌가? **해당 복지관을 이용하는 클라이언트만 변화하고 발전해야 한다는 의식에서 묻어나오는 사적 마인드였다.** 가지고 있는 것을 퍼주고 빈 공간이 있을 때만이 다시 새로운 것으로 채울 수 있으며 더불어 자신도 성장한다는 것을 그 사회복지사는 알지 못했던 건 아닐까.

기관장들과 이야기하면서 깜짝깜짝 놀랄 때가 있다. 가령, 당장 해결해야 할 일이 있어도 법적으로 정해진 시간 외에는 야근을 못하게 한다는 것. 일이 밀려도 어쩔 수 없다며, 1% 아니라 0.1%의 공적 마인드만 요구해도 직원들이 문제 제기를 하기 때문이었다. 양가감정이 들었다. 사회복지사의 입장에서는 당연한 조치일 수 있겠으나 **문제는 직원들의 근무시간에 맞춰 클라이언트에 대한 서비스 양이나 방법 또한 세팅해야 한다.** 이 같은 상황들은 곧바로 드러나지는 않아도 알게 모르게 조직에 금이 간다. 그런 기관은 사무실에 들어서는 순간 느껴진다. 직원들의 표정이나 분위기만으로 금방 알아챌 수 있다.

공적 마인드가 높은 사회복지사에게는 어떤 보상이 따라올까? 첫 번째로 신뢰를 얻을 수 있다. 조직에서는 리더로 인정받을 가능성도 높아진다. 두 번째는 성장 기회를 얻을 수 있다. 공적인 책임감을 가진 사람은 업무 성실도, 리더십, 협업 능력이 뛰어나기 때문이다. 세 번째는 사회에 긍정적인 영향력을 발휘한다. 특히 사회 전체의 이익을 우선시하는 태도는 사회적 신뢰 자본(social capital) 지수를 높이고 공동체를 더 건강하게 만든다. 네 번째는 공적 마인드로 활동하는 사회복지사는 개인적인 자존감과 성취감이 높아진다. 마지막으로 공정성과 객관성을 바탕으로 행동하기 때문에 불필요한 갈등을 줄이는 매개체 역할을 하기도 한다.

그렇다면 공적 마인드를 확장하는 방법은 무엇일까. **첫 번째, 공공의 이익이란 무엇인지 고민하고 복지, 환경, 인권 등 사회적 이슈에 관심을 가져야 한다.** 공적 마인드가 뛰어난 모델을 찾아 그의 삶을 관찰해본다. 최근 문형배 판사의 스승에 대한 발언이 화재가 되었다. 김장하 선생이었다. 더불어 지역 언론인에 의해 제작된 다큐멘터리의 역주행으로 유명세를 타기도 했다. 정치인도, 공무원도, 사회복지사도 아니었던 그분의 삶은 큰 감명을 주고도 남았다. 그분과 같은 삶을 살 순 없어도 많은 이들이 마음만이라도 본받기 위해 노력한다면 공적 마인드를 자연스럽게 쌓을 수 있을 것이다.

두 번째로 공정성과 책임감 확장을 훈련한다. 사적인 감정보다 기관 규정, 공공질서를 우선시하는 것이다. 예를 들어, 업무를 수행할 때 정해진 절차에 따라 공정하게 행동하고 결과에 책임진다. 실수했을 때 변명하기보다 솔직하게 인정하고 해결책을 찾는 것도 해당된다. 소소하게는 출근 시간, 문서 처리 절차, 보고 체계 등을 지키는 것이 될 수 있다. 모 기관장은 팀장으로 있는 E 사회복지사의 업무능력을 높이 샀다. 무슨 일이든 운만 띄워 놓으면 착착 알아서 하는 것은 물론, 차후에 발생할 수 있는 문제들도 미리미리 방지책을 마련해 뛰어나게 업무를 수행한다는 것이었다. 기관에 어려운 문제가 발생해도 E의 아이디어로 더욱 발전적으로 해결한다는 것. 이것이 바로 책임감이다.

세 번째로 **시민의식과 참여의식을 키우는 것이다.** 환경 정화 활동, 주민 회의, 자원봉사, 공공문제 해결 등 지역사회 활동에 참여해 보자. 정책에 관심을 갖고 의견을 개진하는 등 시민으로서의 권리와 의무를 실천하면서 말이다. 한때 사회복지사들이 자원봉사나 후원 활동 참여율이 가장 낮다는 말이 있을 정도로 지역사회 기여가 드물었다. 외부 자원을 개발하는 것이나 자원봉사자를 받고 활용하는 것에는 익숙했지만 직접 참여하고 후원하는 일에는 소극적이었다. 만약 기업처럼 근무성적에 반영되는 등 의무적으로 봉사활동을 하도록 했다면 어땠을까? 자발적 활동이 더없이 좋겠지만 공적 마인드를 키우는 의도적 장치도 필요하다.

이외에도 **사회복지사로서 윤리적 민감성을 높이는 방법도 있다.** 클라이언트에 대한 스스로의 인식을 탐색하는 것, 부당한 일이나 부조리를 보았을 때 문제 제기를 하는 것, 노인, 장애인, 저소득층 등 사회적 약자의 시각에서 세상을 바라보는 것이 필요하다. 그런 측면에서 사회복지사로서 공적 마인드와 책임감은 말할 것도 없이 당연히 가지고 있어야 하는 요건이라고 할 수 있다. 더구나 그것은 머릿속에서 머무는 게 아닌 가슴에서 숙성되어 취약계층을 마주하는 **'따뜻한 공적 마인드'**로 진화해야 한다.

황인태 작가는 『리더에게 인정받는 직원의 40가지 비밀』에서 '주인의식을 가지고 일하는 사람과 그렇지 않은 사람은 처음 출발은 비슷한 듯해도 시간이 지날수록 주인의식을 가지고 일하는 사람이 앞서나가기 마련이다. (중략) 마음이 행복하려면 주인처럼 생각하고 행동하라. 자기 주도로 즐겁게 일하면 성공은 자연스럽게 따라온다'고 공적 마인드의 핵심인 주인의식에 대해 어필한다. 당연히 사회복지사의 1% 공적 마인드는 이 사회를 지탱함과 동시에 상하지 않게 하는 소금 같은 역할을 한다. 소금 함유량이 3%인 바닷물이 썩지 않는 이유처럼 말이다.

사회복지사가 일으킨 문제는 유난히 부각된다. 그 이유는 사회가 사회복지사에게는 이미 공적 마인드가 있을 것이며, 있어야 한다는 무언의 의무를 부여했기 때문이다. 사회복지사 선서문에는 **'나는 언제나 소외되고 고통받는 사람들의 편에 서서, 저들의 인권과 권익을 지키며, 사회의 불의와 부정을 거부하고, 개인이익보다 공공이익을 앞세운다'**는 내용이 있고 사회복지사들은 가슴에 손을 얹어 다짐을 한다. 그러므로 다시 한번 새기자. **'개인이익보다 공공이익을 앞세운다'**고.

이왕이면 열정

거리로 나선 사회복지사 A. 그는 서울의 한 쪽방촌 지원센터에서 일하고 있다. 센터에 찾아오는 클라이언트에게 맞춤 서비스를 하는 것이 A의 주 업무다. 그런데 A는 주 업무 외에도 매일 쪽방촌 골목을 돌며 클라이언트의 안부를 묻고 겨울엔 따뜻한 음료를, 여름엔 얼음물을 들고 다니며 건강 상태, 심리 상태를 체크한다. A의 부지런한 활동 덕분에 위기에 처한 클라이언트가 발굴된 것은 물론 다른 기관과의 연계를 통해 그들의 삶을 변화시켰다.

그룹홈 출신인 사회복지사 B. 자신이 살아온 경험을 바탕으로 청소년들이 자립하는 데 필요한 요소를 고민했다. 단순히 주거와 식사제공을 넘어 금융교육, 자립생활 훈련, 심리상담, 진로 멘토링을 기획해 수행했다. 공휴일이나 주말 등 휴일에도 상담하고, 시간을 가리지 않고 자립한 청소년들과 함께하며 멘토로, 형으로 존재했다. 그 결과 많은 청소년들의 자립을 도운 것뿐만 아니라 위기 상황으로부터 보호할 수 있었다.

C 사회복지사는 지방의 주민복지센터에서 일한다. C는 '우리 지역 사람들끼리 서로 돌보는 구조를 만들자'는 생각으로 주민들 대상으로 설명회를 열고 참여를 유도했다. 마을 어르신들과 함께 '마실복지사 프로그램'을 운영하여 지역 구석구석 전수조사를 실시하기도 했다. 그 결과 복지 사각지대에 있는 클라이언트를 발굴하여 지역 소상공인, 학교, 교회 등과 협약을 맺어 지원하기 시작했다. '돌봄 공동체 네트워크'를 결성한 것이다. 이 과정에서 C는 매일 야근에 주말 근무를 했지만 사람들이 서로에게 관심을 갖게 된 것에 보람을 느꼈다고.

그야말로 사회복지사들이 자기 시간을 투자해 열정적으로 일한 사례다. 각 사례의 중요한 포인트는 클라이언트를 '문제'가 아닌 '존중받아야 할 존재'로 인식했다는 것이다. 쪽방촌의 소외된 사람들을, 시설을 갓 벗어난 청소년의 삶을, 지역사회 전체의 변화를 바라보는 따듯하고 미래지향적인 시각으로 말이다. **세 사회복지사의 공통점은 일을 그냥 '직무'로 보지 않고, '사람과 삶을 연결하는 일'로 여겼다는 것이다. 열정이 있는 사회복지사는 업무를 '처리하는 과제'로 보는 게 아니라, '사람을 중심'으로 실천한다.** 클라이언트의 삶 전체를 이해함과 동시에 포기하지 않고 해결책을 모색한다.

복지현장은 감정으로 노동하는 공간이다. 녹록지 않은 복지환경은 가끔 '왜 이 일을 시작했는지' 후회를 쏟기도 한다. 하지만 후회는 오기와 끈기를 낳고 오기와 끈기는 열정의 원동력으로 작동하기도 한다. 열정이 있는 사람에게는 어떤 환경도 걸림돌이 되지 않는다. 단순히 좋아하는 마음을 넘어 그 일에 몰입한다. 어려움이 생기면 오히려 해결하고 싶은 욕구가 치솟기도 한다. 의미 있다고 느끼는 일을 하기 위해 기꺼이 에너지와 시간, 노력을 쏟는 내면의 힘이라고나 할까. **실패해도 다시 도전하게 만들고 외부의 강요가 아닌 자기 안에서 나오는 자발성이 핵심이다. 의무가 아닌 열정에서 싹튼 선택으로 하는 것이다.**

복지현장에서의 열정은 사람과 사회를 더 나아지게 하려는 신념의 다른 말이다. '누구나 존엄하다'는 사회복지의 핵심 가치를 내면화하고 단순한 서비스 제공을 넘어 클라이언트 삶을 공감하고 통찰하는 것이다. 한계에 부딪혀도 더 나은 방법을 찾고 실천하려는 태도 또한 확고하다. **'전문성과 창의력을 보여주는 확실한 증표는 열정이다. 이런 사람들은 알아서 제 역할을 다한다.** (중략) 열정이 있는 사람은 종종 자신이 추구하는 것에 대해서 한가롭게 산책하듯이 오랫동안 말할 때가 있다. 그가 추구하는 일은 전문성이 높을 가능성이 있다.' 『구글은 어떻게 일하는가』에서 에릭 슈미트(Eric Schmidt)가 한 말이다.

공감하지 않을 수 없다. 현장에서 성과를 내고 미래지향적으로 일하는 열정적인 사회복지사들과 만나보면 조용하지만 힘 있는 목소리로 자신의 영역에 대한 문제나, 변화해야 할 점, 방법 등에 대해 '산책하듯' 말한다. 두세 시간을 들어도 명료하게 내용이 정리정돈 된다. 뿐만 아니라 얼른 내 현장으로 돌아가 들은 대로 실천하고 싶어진다. 한때 사회복지사들이 모이면 늘 하는 이야기는 복지였다. 다른 이야기를 하다가도 어느 순간 복지 이야기로 돌아가 있었다. 복지 현장은 내가 일하는 '공장'이었다. 쉼 없이 이야기하다 정신을 차려 '공장얘기 금지령'을 내려도 소용이 없었다. 어떤 노동자가 자기 회사를 그토록 이야기할 수 있을까? 열정이었다.

복지란 밥줄임과 동시에 끝까지 책임을 져야 하는 애증 관계 같은 것이었다. 밤새워 '내 공장, 네 공장, 전국의 공장'을 논할 때면 금세 시간이 흘러가곤 했다. 복지에 대한 애정이었으며, 걱정이었다. 요즘은 어떤가. 가끔 직원들과 동승해서 출장을 갈 때 차 안에서 주로 나누는 이야기는 연예인, 아이들, 주식 같은 것이다. 그럴 때면 먼 산이나 바라보며 옛날이 그리워진다. 열정이라는 말이 이제는 지는 해처럼 사그라들어 현장에서 들을 수 없는 단어가 되었다. 열정적으로 일하는 사람도 줄고 있다. 복지 열정이 고프고 외로울 때가 있다. 구글처럼은 아니라도 함께 복지를 논하고 고민하며 열띠게 미래를 이야기하는 현장이 그립다.

열정적으로 복지현장을 달구고 싶지 않은가? 먼저, 왜 이 일을 하고 있는지, 어떤 의미가 있는지 스스로에게 물어보라. 의도적으로 주제 하나를 테이블에 올려놓고 난상토론을 할 때, 서로의 견해가 엇갈리고 의견충돌이 있을 때 열정이 충만해진다. 열정은 거창한 결과에서 오기도 하지만 아주 작은 것에서도 솟아난다. 가령 클라이언트가 '고마워요'라고 말했을 때 가슴 한편이 찡했다면 거기가 열정이 싹트는 지점일 수 있다. 다른 사람들이 생각하지 못한 창의적 발언으로 클라이언트에 대한 인식이 전환됐을 때, 클라이언트에 대한 예민하고 긍정적인 자신의 내면을 발견했을 때도 열정이 치솟는다. 좋아하는 일이 잘하는 일이 되었을 때도 열정이 차오른다.

'나는 내가 하는 어떤 일이 내적인 성취감보다는 보상을 위한 것이 될 때 그 일을 할 동기를 잃게 되는 편이다. 강연이든, 내 브랜드든, 콘텐츠 제작이든, 그 어떤 일도 거기서 얻는 내적인 즐거움 때문이 아니라 돈 때문에 하는 일이 되어 버리면 놀랍게도 그 일은 더 이상 하기 어려운 일이 된다.'고 스티븐 바틀렛(Steven Bartlett)은 자신의 책 『우선순위의 법칙』에서 밝혔다. 바로 '약화 효과(undermining effect)'이다. 약화효과는 1970년대 심리학자들이 자기 주도적인(또는 내적인) 동기와 외부의 영향력(외적동기) 사이의 관계를 연구한 결과에서 밝힌 심리학 용어이다.

약화효과와 열정은 밀접하게 연결되어 있지만 서로 밀어내는 경향이 있다. 즉, 열정을 약하게 만드는 기제들이 약화효과에 포함된다. 반복되는 업무, 변화 없는 환경, 감정 소진 등 열정을 점점 닳게 하는 부정적 결과를 뜻한다. 반대로 열정이 약화효과를 이겨냈을 때는 더 강한 열정으로 변화할 수 있다. 소진이 와도 '왜 이 일을 하는지'에 대한 자기 확신으로 다시 일어서는 회복탄력성으로 작동하기도 한다. **열정은 그 어떤 것으로도 대체할 수 없는 순도 100%의 '복지 세포'이다.** 관계에서의 성장, 일에서의 보람과 만족감, 의미 있는 일을 함으로써 주어지는 삶의 높은 가치 등의 보상이 뒤따르기 때문이다. 또한 단순한 '스킬'을 넘어선 전문성도 자연스럽게 향상된다. 계속 배우고 시도하기 때문이다. 열정은 사회복지사에게 있어 지속가능한 힘이라고 할 수 있다.

그러나 열정은 보상과 함께 존중받아야 할 가치다. 한때 열정페이란 말이 유행한 것처럼 사회복지사의 열정이 열정페이로 변질되면 안 된다는 뜻이다. 스스로 원해서 몰입하고 노력하는 선택에 정당한 보상이 뒤따랐을 때, 힘들어도 계속하고 싶은 것이 열정이다. 셰릴 샌드버그(Sheryl Sandberg)는 '열정과 공로를 결합하는 것은 궁극적으로 큰 기쁨이다. 이것은 행복에 이르는 확실한 길이기도 하다 … 열정과 공로를 결합하는 것은 사치품 같다고 한 말도 옳다. 그 말은 값비싸다는 것이 아니라 보기 드물기 때문'이라고 했다. 그만큼 열정과 공로의 균형을 맞추기란 어려운 일이다. 자동차가 움직이려면 연료가 필요하고 사람이 움직이는 데는 열량이 필요하듯 **사회복지사에게 필요한 기본적인 연료는 열정이다.**

사명감! '꼰대'의 전유물일까요?

"오히려 내부에서 좀 얄밉지 않던가요? 너무 자기 이익 잘 챙기고 그런 데에 철저하죠. 그 어떻게 보면 계산이 더 빠른 거예요. 노동조합 가입하면 내가 손해 볼 거 얼마, 이익 볼 거 얼마… 손익계산 다 나와서 안 하는 게 더 낫겠군…. 뭐 이런 거죠."

사회복지사들의 노동조합 활동 경험에 대한 논문을 쓰기 위해 인터뷰했던 노동조합 지부장이었던 K 사회복지사가 한 말이다. 철저하게 조합원의 권익을 위해 노동조합이나 위원장이 존재한다고 생각했던 나는 혼란스러웠다. 그럼에도 불구하고 K의 비판이 시원하게 느껴졌던 이유는 나 또한 가려운 면이 있었기 때문이다.

얼마 전 모 기관장과 차 한 잔 나누면서 들었던 얘기가 떠오른다. 직원들에게 업무 지시를 두세 번만 강조해도 갑질이라고 신고를 당하거나 꼰대가 되기 십상이란다. 3년짜리 임기직, 월급

기관장이라는 이유로 전혀 말이 먹히지 않으니 무슨 말을 하기가 무섭다고. 3년 동안 자리만 지키다가 내려와야 한다며 허수아비처럼 세워두고 월급은 왜 주는지 모르겠다며 한숨을 내쉬었다. 그 기관장의 업무 스타일을 자세히 알 수는 없었으나 '3년짜리'가 제대로 일을 하기란 어려운 구조라는 것, 몸을 사리지 않고 직원들을 독려하기란 어렵겠다는 것은 충분히 공감할 수 있었다.

팀워크, 공동체성이 중요하게 여겨지던 조직문화에서 개별성이 강조되는 자율적 조직문화로 전환되는 과정에 생겨난 말 중 하나는 '꼰대'다. 상호 좋은 것을 선택하고 취하여 각각의 시대를 촘촘한 고리로 연결하지 못한 원인이 만들어 낸 단어이기도 하다. '꼰대는 본래 아버지나 교사 등 나이 많은 사람들을 가리켜 학생이나 청소년들이 쓰던 은어였다. 근래에는 구태의연한 사고방식을 타인에게 강요하는 이른바 나이 많은 직장상사를 가리키는 말로 변형된 속어'라고 위키백과는 정의하고 있다. 어쨌든 나이 많은 사람이 꼰대라는 뜻이다.

위키백과의 정의대로라면 나이가 적지 않은 나는 조금 억울하다. 내가 생각하는 꼰대의 정의는 다르기 때문이다. 꼰대의 특징도 직종에 따라 정의되고 분류되어야 하지 않을까? 예컨대, 복지영역에서 일하는 사람들이 갖춰야 하는 것 중 '헌신'은 필수 소양이다. 그런데 그 헌신을 요구했을 때 '꼰대'라는 말을 듣기 딱 좋은 인간유형이 되고 만다. 그렇지만 어쩔 수 없이 필요한 것을 필요하다고 말할 수밖에 없는 곳이 복지 현장이기도 하다. 비 복지영역의 자로 잰 듯한 원칙과 조건을 그대로 복지영역에 적용한다는 것은 다소 문제가 있다. 공무원에게 바라는 것, 비 공무원에게 바라는 것이 각기 다름과 같다. (물론 기업도 헌신이 불필요한 것은 아니다.)

꼰대라고 볼 수 있는 사람들의 행동을 살펴보자.

- 주변 사람은 안중에도 없고 자신만을 생각하는 사람 → 복지대상자보다는 자신의 권익을 우선시한다.
- 특정세대를 강조하면서 자신들만 옳다고 생각하는 사람 → '다름'을 '틀림'으로 규정한다.
- 법적인 조건을 따지면서 비 법적인 것을 요구하는 사람 → 자신의 것은 원칙적이고 법적으로 요구하면서 조직에는 원칙을 넘어서는 것을 요구한다.
- 주인의식은 특정인의 의식이라 생각하는 사람 → 사명감이나 소명의식은 없어도 된다고 생각한다.
- 일을 돈벌이로만 생각하는 사람 → 이곳이 아니라도 먹고 살 수 있다고 생각한다.
- 내가 해봐서 아는데…. → 과거 경험을 기준으로 현재를 판단한다.
- 요즘 애들은(혹은 나이 든 사람들은) 말이야. → 세대를 분리하고 일반화한다.
- 질문보다 정답을 말하고 강요한다. → 상대방의 입장이나 이유를 묻지 않는다.

나이가 많든 적든 여기에 해당된다면 꼰대다.

과도기와 같은 요즘, 꼰대 취급을 받는 '나이 많은 세대'들도 희생, 헌신, 주인의식만을 바라지 않는다. 바라면 큰일 날 줄도 안다. 그것이 더 큰 손실로 돌아온다는 것도. 그러므로 자기계발, 투자라 생각할 수 있는 손해 정도는 감수할 수 있어야 한다. 그 정도의 사명감, 소명감만 있어도 성공한다. 이런 생각조차도 꼰대가 하는 것이라면 어쩔 수 없이 꼰대가 되는 수밖에. 그런데 사회복지사라면 하나 알아야 할 것이 있다. 삶이 돌고 도는 것처럼 **자신이 심은 사명감은 언젠가 자신에게 열매로 돌아온다는 것이다.**

아무리 사명감과 헌신의 필요성을 설명해도 그 설명 자체로도 쉰세대, 꼰대가 되는 것은 안타까운 일이다. **단언컨대 주인의식과 사명감은 복지현장을 기름지게 하는 자양분이다.** '승자의 강점은 타고난 재능이나 높은 IQ에 있는 것이 아니다. 그것은 전적으로 태도에 달려 있다. 태도는 성공의 기준'이라고 데니스 웨이틀리(Dennis Waitley)는 『승자의 심리학』에서 강조했다. 성공하는 사람들은 모두 '태도'를 우선순위로 꼽는 것을 알 수 있다. 스스로의 근무 태도, 소명의식을 먼저 살펴봐야 할 이유다. 앞서 노동조합 위원장의 말처럼 눈에 띄게 이기적인 행동을 하는 동료가 좋게 보이지 않는 것도 다 그런 이유 때문 아니겠는가.

상사에게 꼰대기질이 있다면 그 상사 또한 꼰대와 일했을 가능성이 높다. 그래서 지금의 상사들은 괴롭다. 배운 대로 할 뿐인데 급격하게 변한 문화는 그들이 배운 대로 일할 수 있는 현장이 아니다. 과도기의 맨 앞줄에 서 있는 상사들은 위에서 눌렸고 아래서 치받고 있는 샌드위치 세대로 살아간다. 말 한번 속 시원하게 하지 못하고 혹여 꼰대라는 말을 들을까봐 전전긍긍한다. 한마디 말을 해 놓고도 꼰대 같은 말은 아니었는지 곱씹기도 한다. 하지만 그 '꼰대'들이 지금의 현장을 만들었다고 해도 과언이 아니다. 그런데 점점 소심해지는 '꼰대'들이라니… 현장도 소심해지는 이유다.

요즘 취업을 위해 스펙을 높이, 다양하게 쌓는다. 사회복지사들도 예외는 아니어서 재학 중에 딸 수 있는 자격증은 모두 취득한다. 사회복지사 자격증 외에도 레크리에이션 지도사, 보육사, 요양보호사, 한글, 엑셀 같은 자격증들이 이력서에 가득하다. 진짜 필요한 것은 사명감이나 태도를 나타낼 수 있는 자격증이다. 증서로야 갖출 수 없겠지만 면접태도에서부터 느껴지는 복지에 대한 사명감이 무엇보다 중요하다. 어느 누가, 얼마큼 가지고 있어도 이상할 것이 없는 태도가 사명감이다. 근로 조건이 아무리 좋아져도 사명감 없는 복지 현장은 무미건조하게 녹슨 구조물에 불과하다. 시대가 변하고 세대가 바뀌어도 이것만은 변하지 않아야 한다.

직원들에게 좋은 직장이 되기 위한 조건이 무엇인지 물었다.

- 모든 직원이 서로를 존중해주고 돕고 지지하는 문화
- 직장 구성원들이 함께 웃으며 이야기할 수 있으며, 사소한 것도 관심 가져 주는 것
- 소속감과 자부심을 가질 수 있는 직장
- 리플레쉬 등이 가능한 직장

- 업무도 중요하지만 사람이 지치지 않게 보듬어 주는 것(잘한 일에 대한 피드백과 인정)
- 밑에서는 의견을 잘 내고 위에서는 귀 기울여 주는 것
- 받으려고 하기보다는 하나라도 더 내어주려는 마음

모두 사명감과 연관된 언어들로 구성된 젊은 사회복지사들의 목소리다. 여전히 살아있는 현장을 느낄 수 있는 말들이다. 끌고 밀면서 모든 세대가 한통속이 된다면 '꼰대'라는 말은 어느 순간 사라질 것이다.

7부

안전하고 이상적인 인간관계

라이트 하우스 역할 : 클라이언트와의 관계

언젠가 의자에 앉아 있는 클라이언트에게 신발을 신겨주는 사회복지사를 목격한 적이 있다. '수고한다'는 마음보다 '스스로 신으라고 하면 안 되나?' 하는 생각이 먼저 올라왔다. 그 사회복지사에게 클라이언트는 어떤 존재인지 궁금하기도 했다. 측은한, 애달픈 혹은 도와주어야 하는 존재? 일을 하다 보면 우리는 자주 착각에 빠진다. '클라이언트에게 무언가를 해주는 것'이 내 업무라고 여기는 착각이다. 그 착각의 실제는 클라이언트로 하여금 '가만히 있게' 함으로써 선택도, 결정도, 행위도 하지 못하게 한다.

사회복지사와 기관은 클라이언트의 '라이트 하우스(Lighthouse)' 역할을 해야 한다. 즉 등대로서 기능해야 한다. 클라이언트에게 삶의 방향을 제시하고 인도하며 지지해야 한다. 클라이언트가 혼란스러운 상황 속에 있을 때 중심을 잡고 하루하루를 살아갈 수 있는 기준점이 되어주는 것이다. 다만 이때 조심해야 할 것은 수평적 관계를 유지하는 것이다. 수직적 위치에서 도움을 주는 자가 아닌 동등한 관계에서 서비스를 실천해야 한다. 무언가를 주면서 동등한 관계를 유지하기란 결코 쉬운 것은 아니다. 매일 밥을 먹이고, 씻기고, 옷을 입히는 등 어린아이를 돌보듯 해야 하는 일은 수평적 관계를 허용하지 않기 때문이다. 그래서 끊임없이 성찰해야 한다. 그것이 바로 사회복지사가 가장 심혈을 기울여야 할 일이다. 시 한편 소개한다.

'함께 있되 거리를 두라'

-칼릴 지브란

함께 있되 거리를 두라.
그래서 하늘 바람이 너희 사이에서 춤추게 하라.
서로 사랑하라.
그러나 사랑으로 구속하지는 말라.
그보다 너희 혼과 혼의 두 언덕 사이에 출렁이는 바다를 놓아두라.
(중략)
함께 노래하고 춤추며 즐거워하되 서로는 혼자 있게 하라.
마치 현악기의 줄들이 하나의 음악을 울릴지라도 줄은 서로 혼자이듯이.
서로 가슴을 주라. 그러나 서로의 가슴속에 묶어 두지는 말라.
오직 큰 생명의 손길만이 너희의 가슴을 간직할 수 있다.
함께 서 있으라. 그러나 너무 가까이 서 있지는 말라.
사원의 기둥들도 서로 떨어져 있고
참나무와 삼나무는 서로의 그늘 속에선 자랄 수 없다.

한 행 한 행 곱씹어 읽을수록 사회복지사와 클라이언트의 거리를 측정하는 잣대 같다. '함께 있되 거리를 두라. 함께 노래하며 춤추며 즐거워하되 서로는 혼자 있게 하라. 함께 있으라. 그러나 너무 가까이 서 있지는 마라'고 독려한다. 미국 뇌성마비자연합은 '장애를 가진 사람에게 보여야 할 매너는 일반적으로 모든 사회 구성원들에게 적용되는 매너와 다르지 않다'고 밝힌 바 있다. 로잔 토머스도 『태도의 품격』에서 '담당 직원이 바로 옆에 있더라도 클라이언트에 대한 것은 클라이언트에게 직접 물으라…. 장애여부를 떠나서 성인은 항상 성인으로 인정해야 한다…. 대화를 할 때는 항상 일반적인 목소리와 말투를 유지하여야 한다'고 마음에 와 닿는 말을 했다. 꼭 찍어 사회복지사인 나에게 하는 말 같지 않은가?

또 하나 클라이언트와의 관계에서 강제하지 말아야 한다. D 사회복지사의 고민을 들어보자.

사회복지사 D: 클라이언트 K 씨가 훈련을 받을 때 하지 않으려고 하고, 몇 번씩 언어적 지원을 해야만 겨우 따라 해요.

선임: K 씨가 왜 그 훈련을 받아야만 하죠? K 씨에게 익숙하지 않을 수도 있고 싫어하는 일일 수 있지 않을까요? 그가 하고자 하는 일을 하도록 배려해 주세요.

사회복지사 D: 그러면 다른 클라이언트들도 다 하고 싶은 것을 하려고 하면 어떻게 해요?

흔한 자기 함정이다. 다른 클라이언트로 인해 개별 서비스를 할 수 없다는 D의 핑계를 눈치챘는가? 서비스할 때 해당 클라이언트를 우선하지 않고 다른 클라이언트에게 책임을 분산하면서 개인별 서비스, 필요한 서비스를 할 수 없다고 말한다. 클라이언트를 걱정하는 것처럼 보이지만 좀 더 깊이 현상을 들여다보면 보면 현재에서 한 발짝도 발전하지 않은 늘 같은 제자리 서비스를 하고 있다는 것을 알 수 있다. 물론 강제해야 서비스도 분명히 있다. 그러나 그마저도 클라이언트의 선택, 클라이언트 중심적이어야 한다.

사회복지사가 실천하는 서비스의 질은 클라이언트의 삶을 좌우한다. 몇 번을 말해도 과하지 않는, 복지현장의 불변의 원칙으로 여기고 실행해야 한다. 이를 기반으로 라이트 하우스의 역할을 하고 맞춤형 서비스를 해야 한다. 더불어 수평적 관계를 유지하기 위해 매 순간 자기를 검열해야 한다. 사회복지사가 있어 클라이언트가 존재하는 것이 아니라, 그들이 존재하기에 사회복지사인 내가 있다는 것을 한 시도 잊어서는 안 된다.

안팎에서의 전문적 지원 : 보호자와의 관계

클라이언트 I 씨는 심하지 않은 20대 초반 발달장애인이었다. 기관을 처음 방문하여 초기면접을 하는 시간, 보호자가 하는 이야기만으로 판단했을 때 I 씨에 대한 믿음이나 신뢰가 거의 제로에 가까웠다. 출·퇴근을 비롯한 대부분의 일을 혼자서는 할 수 없다고 결정한 상태였다. 그런데 내가 보기엔 비장애인과 크게 다를 것 없는 경계선 급 정도로 보였고 직업훈련뿐 아니라 취업하는 것도 어렵지 않아 보였다. 먼저 보호자의 자가용 대신 버스를 타고 출퇴근할 수 있도록 지원했다. 버스노선이나 타고 내리는 정류장도 금세 익힐 수 있다는 추측에서였다.

문제는 보호자였다. 집에서 나오는 그 순간부터 집에 들어가는 그 순간까지 쉬지 않고 I 씨의 동선을 체크하는 것이었다. 급기야 I 씨가 내려야 할 정류장을 지나치고 말았던 일은 보호자에게 일어나서는 안 되는 '사건'이었다. 그동안의 훈련을 모두 접고 다시 원점으로 돌아갔다. 보호자의 지나친 염려 때문이었다.

그 '사건'의 충격이 점점 흐려질 무렵 우리는 다시 버스타기를 시도했다. 보호자의 거부가 생각보다 컸지만 사회복지사가 파악한 I 씨의 능력에 대해 자세한 설명을 덧붙인 후 걱정을 덜어낼 수 있도록 독려했다. 그러나 보호자는 I 씨를 데리고 기관을 떠났고 몇 년이 지난 지금도 I 씨는 일을 하지 못하고 있다는 소식이 종종 들려오곤 한다.

복지현장에서 사회복지사보다 보호자의 결정이나 선택이 우선시되는 게 현실이다. 아무리 좋은 서비스, 변화 가능성이 있는 서비스를 지원하고 싶어도 보호자가 거부하면 할 수가 없다. 앞 사례처럼 말이다. 사회복지사의 전문성이 보호자의 주관적 사고 앞에 허망해지고 만다고 해야 할까. 클라이언트에 대한 보호자의 애정과 염려를 이해하지 못하는 바는 아니지만 그토록 **과한 염려는 스무 살이 넘고 서른 살이 넘은 성인 자녀도 어린아이로 인식한다.** 보호자의 이러한 인식은 복지기관을 이용하기 위해 방문하는 것이 마치 놀이방에 아이를 맡기는 것으로 생각한다. 당연히 사회복지사는 아이를 안전하게 돌보는 역할밖에는 할 것이 없다.

보호자의 삶도 애달프다. 자신의 삶을 살아보지도, 자신의 시간을 가져보지도 못한 채 자녀에게 올인하는 것이다. 보호자의 애달픔은 사회복지사들이 또 다른 클라이언트로 인지하게 하는 요인이다. 그 애달픔을 안고 스스로 클라이언트가 되기도 한다. 다 큰 자녀와 필시 한 몸, 한 마음 상태에 있다. 26세 자녀에게 끊임없이 가르치고 지시하는 보호자에게 '혹 그 자녀가 비장애인이라면 어떻게 하실 것 같아요?' 물었을 때 몇 초간의 침묵은 오랜 시간 어린아이로 보호했던 그 보호자의 혼란스러운 마음의 표현이었을 것이다. 반면 자녀의 능력을 지나치게 높게 보는 경향도 있다. 훈련 시간이 필요하다는 것을 쉽게 받아들이지 않는 경우다.

이런 이유로 사회복지사들은 클라이언트보다 보호자와의 대화를 선택한다. 보호자의 요구가 클라이언트의 욕구와 다를 경우에도 클라이언트의 의사보다는 보호자의 요구를 우선시하기도 한다. 정보 제공에 있어서도 **보호자에게는 클라이언트의 비밀을 덜 중요하게 여기는 경향이 있다. 그렇지만 보호자에게 충분한 정보제공을 하되 클라이언트의 프라이버시 보호를 우선시해야 마땅하다.** 왜 그럴 때 있지 않은가. 사회복지사에게 자랑삼아 은밀히 말하면서도 '엄마한테는 절대 말하지 마라'고 할 때 클라이언트의 얼굴이 빛나는 경우. 그럴 때마다 보호자는 어떻게 알게 되었는지 바로 전화가 걸려 오기도 하지만, **비밀 하나 간직함으로써 스스로 어른이 되었다고 느끼는 클라이언트의 감정을 존중하도록 보호자를 설득할 수 있어야 한다.** (물론 건강이나 사회적 문제라고 판단되는 경우는 예외다.)

문제의 대부분은 보호자와 클라이언트 각자가 자립하지 못했을 때 일어난다. 과하게 감정적으로 엮이거나 반대로 너무 소극적인 관계가 되는 경우다. 보호자가 온전히 홀로서야 클라이언트도 홀로 선다는 것을 늘 생각해야 한다. 이것이 바로 **사회복지사의 역할이다. 보호자로 하여금 자녀를 객관적으로 볼 수 있도록 하는 것.**

자녀의 나이, 자녀의 능력, 부족한 점, 보완할 점을 제대로 파악할 수 있도록 하는 것! 보호자의 사고를 바꿔 줌과 동시에 적당한 감정적 거리를 유지하게 하는 것. 즉, 건강하고 안정적인 분리를 유도함으로써 보호자도 전문가가 될 수 있도록 지원해야 한다.

그래야만 사회복지사와 보호자가 전문적 관계가 될 수 있다. 사회복지사와 보호자가 전문적 관계가 되었을 때 가정과 기관에서 균형 있는 서비스를 실시할 수 있다. 즉 '보호자도 클라이언트 삶의 전문가'라는 관점을 가질 수 있도록 함으로써 '협력적 파트너십 관계'로 전환하게끔 유도해야 한다. 보호자와 사회복지사는 '클라이언트 복지'라는 공동의 목표를 가진 나란한 네트워크이기 때문이다. 서로의 역할이 다르다는 점을 인정하고 협력하면서 '경계가 분명한 전문 관계'의 위치를 점해야 한다. 상호 신뢰와 믿음으로 클라이언트 중심적인 서비스를 할 때 비로소 클라이언트도 제 삶을 영위할 수 있다.

사회적 책임을 나누는 공적 파트너십: 후원자, 봉사자와의 관계

현장에서 일을 하면서 가장 어려웠던 점 중 하나는 '사진 찍히는 일'이었다. 후원금이나 물품을 가져와 전달하면서 클라이언트 몇 명과 함께 찍히는 사진 속에서 마음이야 어쨌든 마냥 웃어야 했다. 고맙다는 말, 후원금과 물품이 꼭 필요하다는 말을 그 웃음에 담고 있었다. 그러나 웃음 뒤의 마음은 항상 불편했다. 동시에 많은 속엣말이 목울대를 넘어오곤 했다. 봉사활동을 한 후 사진 찍는 것도 마찬가지였다. 후원이나 봉사활동은 조부모나 부모가 하고 기부금, 봉사활동 확인서는 손·자녀 이름으로 끊어달라는 요청은 그야말로 '죽을 맛'이었다. 좋은 관계를 유지하면서 법적 근거를 들어 불가능함을 설득할 때 소모되는 에너지도 만만치 않았다.

'사진 찍히는 일'은 어쩔 수 없었다. 물질적 후원이나 봉사활동이 없으면 그나마 없는 살림이 더 어려웠다. 궁극적으로 클라이언트 삶이 열악했고 못 입고 못 쓰는 삶을 살아야 했다. 그러나 그것으로는 불편한 마음을 상쇄하기란 부족했다. 클라이언트의 사진은 꼭 들어가야 했고 기부자들의 후원금에 '클라이언트의 낙인을 파는 것'만 같아서 마음의 딜레마는 더욱 커졌다. '주는 이'와 '받는 이'의 지위는 너무나 뚜렷해서 나는 늘 '받는 이'의 자리에서 소심하고 소극적인 사회복지사가 되어갔다. 때로 나의 손은 부끄러웠고 민망했다. '주는 이'의 드러냄을 감내하면서 다른 한편으로는 건강한 후원은 어려운 것인가 하는 고민이 커졌다.

지금 생각해 보면 왜 당당하지 못했는지 후회스러울 때도 있다. '받는 이'의 지위도, 감사의 마음도 당당했어야 클라이언트도 당당했을 테니 말이다. 한참의 시간이 지나고 나서야 '주는 이'의 나눔은 노블레스 오블리주의 정신으로 마땅한 일이 되어야 하며 후원과 봉사는 평등한 사회로 진화하는 걸음이어야 한다는 생각이 들었다. 사회공헌, 기여라는 사회적 시각, 세금 혜택 등이 당연히 그들에게 돌아가는 것처럼 말이다. 그렇다면 사회복지기관의 봉사자 및 후원자와는 어떤 관계를 정립해야 할까. 가장 중요한 것은 상호 신뢰와 존중을 바탕으로 해야 한다. 준수해야 할 핵심적인 규칙을 몇 가지 짚어보자.

첫 번째로 봉사자와 후원자를 '단순한 도움 제공자'가 아닌, 기관의 '동반자'로 인식해야 한다. 다만 후원자들은 직원이 아니다. 그러므로 각자의 역할을 적절하게 이행하도록 구조화한다.

두 번째로 책임을 다해야 한다. 활동 현황이나 후원 결과를 투명하게 공유하고, 그들의 의견을 반영해 정기적인 피드백을 해야 한다. 간혹, 후원금·품의 사용처가 불분명해 문제가 발생하는 경우가 있다. 후원 목적에 맞게 사용하지 않았기 때문이다. 불분명한 후원금·품 사용은 복지현장 전체를 '불분명'의 소굴로 만든다. 특히 투명성이 요구되는 지점이라 하겠다.

세 번째로 감사의 표현이다. 감사의 마음은 업무 같아서 또 다른 지침이 될 수 있다. 조심해야 할 부분이다. 후원의 필요성, 귀한 쓰임 등을 상기하고 공유하면서 진심 어린 감사 인사, 감사장 전달, 소규모 감사 행사 등으로 관계를 강화해야 한다. 후원자가 서운한 맘으로 기관을 떠나는 경우가 종종 있다. 후원의 겸손함과 후원받는 감사함이 균형을 이뤄야 하는 이유다.

네 번째는 일회성으로 끝나는 단순 후원이 아닌, 기관 운영에 대한 이해와 참여를 유도해 파트너 의식을 갖고 지속적인 나눔 활동으로 이끌어야 한다. 사회적 취약계층 지원을 위해 공존하는 것이다. 가령, 고령 인구가 늘면서 요양보험금을 납부하듯이, 취약계층에 대한 책임감으로 후원하도록 독려해야 한다.

'주는 이'와 '받는 이'의 역할과 기능이 다르고 장소가 다를 뿐이다. 각각 다른 위치에서 다른 모양으로 클라이언트에 대한 공적인 정신으로 지원한다고 봐도 무방하다. 지역 소기업으로부터 후원을 이끌어냈던 A 기관장이 했던 말이 생각난다. 지속적으로 후원을 해주었던 지역 금융기관의 이사장이 바뀌어 이제 후원을 받을 수 없게 되었다던. 사람에 따라 후원이 중단되면 그 피해는 바로 클라이언트에게 돌아간다. 기관에서는 다시 모금 활동이 시작되어야 하는 어려움에 부닥친다. 인력 손실도 커진다. 그러므로 후원자의 나눔이 지속되도록 취약계층에 대한 책임과 의무를 가지고 동반해야 한다. 즉, 기부 인식이 변화하도록 유도하는 것이 사회복지사의 일이다.

여전히 후원이나 봉사를 요청해야 할 때는 곤혹스럽다. 꼭 나를 위해 쓰는 것처럼 말이다. 후원자 역시 좋은 일을 한다는 의식으로 접근하는 경향도 없지 않다. 그것으로도 후원의 의미는 크다. 하지만 당당해야 한다. 드디어 사진을 찍힐 때에도 편안하게 웃는다. '불편한 웃음'이 '당당한 내공'이 되는데 30년이 걸렸다. 다른 말로는 닳고 닳았다는 것. 좋은 것일까? 나쁜 것일까?

공감의 공동체: 동료와의 관계

통산 1,281골로 축구 황제라 불리는 아르헨티나 축구선수 펠레가 12살 때 아버지가 그의 경기를 보러왔다. 아버지에게 실력을 뽐내고 싶었던 펠레는 현란한 개인기로 골을 넣었다. 그러나 경기 후 아버지는 펠레를 크게 꾸짖었다. '축구란 혼자 하는 게 아니라 동료와 함께 하는 것이다. 팀을 위해 공을 나누는 법을 배워야 진짜 선수다'라고. 이후 펠레는 동료와 함께하는 경기를 펼쳤고 결국 축구 황제라는 영광스런 칭호까지 받게 되었다.

'조직은 20%의 정예 인력이 움직인다.'라는 말이 있다. 그만큼 직원 전원이 우수할 수 없다는 말이다. 그 때문에 누군가는 일 잘하는 그룹으로, 누군가는 일을 그저 하는 그룹으로 분류된다. '팀워크'를 중시 여기는 이유가 여기 있다. 아무리 일 잘하는 직원이라 하더라도 모든 것을 다 할 수 없기 때문이다. 축구에서 공격수, 수비수, 골키퍼가 각각의 기능을 수행하면서 단단하게 팀워크를 유지하듯이 현장에서도 공격(제안, 정책 개발, 변화유도)을 잘하는 직원이 있는가 하면, 수비(문제 해결, 계획과 수행)를 주로 하는 직원이 있다. 내 외부에서 발생할 수 있는 부정적 영향을 막아내는 골키퍼 기능을 하는 직원도 있다. 모두가 제 자리에서 각자의 역할을 수행하고 있는 것이다. 모두가 없어서는 안 될 존재임을 알 수 있다.

사회복지사 H는 유난히 웃음소리가 크다. 이 글을 쓰면서도 H의 웃음소리가 자동으로 생각나 입가에 미소가 번진다. 그녀의 웃음소리는 유리창을 사이에 두고 있는 내 사무실까지 구슬처럼 굴러들어 온다. 마치 사무실 가득 맑은 웃음이 굴러다니는 것만 같다. 작은 일에도 웃음이 많아서 큰 즐거움이 된다. 힘든 일도 척척 해내는 동력이 되기도 한다. 동료들이 일에 지쳐 분위기가 가라앉아 있을 때도 그녀의 웃음 한 방이면 금세 분위기가 살아난다. 동료들과도 격의 없이 잘 지내면서 혹여 생기는 금에도 단단한 접착제 역할을 한다.

그러나 웃음이 만능이 되지 않는 경우도 있다. 때로 '웃음제조기'가 '격의 없음'이 되어 조언이 필요하거나 의견을 개진해야 할 때 못 들은 척, 모르는 척 지나가기도 하기 때문이다. 내비게이션이 제대로 작동하지 않을 때를 생각해 보라. 목적지를 찾지 못해 헤매기 십상이다. 목적지 주변에서 빙빙 돌다가 시간을 허비하기도 한다. 할 말을 하지 않는 것, 잘못된 생각과 발언에도 조언하지 않는 것, 인권 침해성 인식에도 그냥 넘어가는 것 등은 업그레이드가 안 된 내비게이션이 제 기능을 하지 못하는 것과 같은 것이다. 너무 말이 많은 내비게이션이 시끄럽다고 볼륨을 줄

여도 '그녀'의 말을 들어야만 목적지에 닿은 것처럼 '격의 없음'은 '말이 없음', 혹은 '의견 없음'이 아니라는 것을 상호 인정하는 관계가 되어야 한다. 그러므로 아무리 절친한 사이라도 할 말은 해야 한다.

앞서 '이왕이면 열정'에서 '복지 열정이 고프고 외로울 때가 있다. 복지를 논하고 고민하며 열띠게 미래를 이야기하는 현장이 그립다'고 피력한 내용을 기억하는가. 기관장으로서 직원들에 대한 불만 한 가지는 '선의의 경쟁'이나 '서로를 발전하게 하는 토론을 하지 않는다는 것'이다. 동료와의 관계는 서로를 발전하게 하는 관계여야 한다. 선의의 경쟁, 얼굴 붉히는 열띤 토론을 즐겨야 한다. 그러기 위해서는 상사 뒤에, 일을 잘하는 직원 뒤에 숨지 말아야 한다. 모두 동등하게 원탁에 앉아 침 튀기며 자신의 의견을 어필할 수 있어야 한다.

사회복지사 A는 뛰어난 직원이었다. 일 하나하나를 처리하는 능력은 누구와 견주어도 부족함이 없었다. 그런데 걱정되는 점이 딱 하나 있었다. 선임 뒤에서 선임의 지시대로 일하는 것이었다. 분명히 선임보다 뛰어난 창의력과 아이디어를 지니고 있음에도 경력이 쌓이면서 창의력과 아이디어는 제 색채를 잃어가는 것이었다. 결국 몇 번의 면담을 통해 그 점을 설명하고 자유롭게 능력을 발휘하며 일할 수 있도록 유도했으나 선임의 그늘에서 빠져나오지 못했다. 안타까운 일이었다.

수직적 조직구조에서 선임의 능력과 인식이 얼마나 중요한지 알 수 있는 사례이다. 그렇다고 능력 위주로만 조직을 구성할 수는 없다. 경력도, 경험도 중요하기 때문이다. 어쩔 수 없이 수직적인 조직구조가 될 수밖에 없다고 해도 선임은 선임대로, 평직원은 또 평직원대로 자신만의 능력을 충분히 발휘하면서 수평적으로 일해야 한다. 상호의 능력을 인정하고 더 성장할 수 있도록 지지하는 관계가 되었을 때 조직도 개인도 성장할 수 있는 것이다.

중요한 세 가지를 언급했다. 이 외에도 동료와의 관계에서 필요한 요소들은 많다. 믿고 신뢰하는 관계, 공유하고 소통하는 관계, 상호 피드백을 존중하는 관계 등등, 기본적으로 복지현장을 구성하고 연결하며 생동감 있게 하는 것들이다. 내·외부적인 영향에 의해 때로 거미줄 위 거미처럼 위태하게 현장을 살아가는 동안 끊어져도 다시 잇고, 줄을 놓쳐도 어디선가 다시 나타나는 거미와 같이 '이음의 관계'를 만드는 것, 그것이 동료들과의 바람직한 관계다.

나란히 복지국가로 : 공무원과의 관계

주무부서 주무관과 껄끄러웠던 적이 있었다. 껄끄러움은 예기치 못한 작은 실랑이에서 시작되었다. 오래된 일이라 정확하게 기억나지 않지만 이미 제출한 서류를 반복해서 제출해달라고 요구했기 때문이었던 것 같다. 이미 제출했으니 찾아보시라는 내 말에 주무관이 재차 요구하면서 언성을 높였던 것. 나는 나대로 현장을 수하로 여기며 '금 나와라, 뚝딱, 은 나와라, 뚝딱' 요구하는 관에 마음이 상했다. 주무관도 몇 마디 더 쏟아냈고 나는 '정식으로 사과하지 않으면 가만있지 않겠다'며 쾅! 수화기를 내려놓았다.

담당 부서 팀장님의 중재로 중간에서 만나 서로 사과하고 끝났지만 생각할수록 객기 충만한 푸릇푸릇한 시절이었다. 다만, 몇 번씩 서류를 제출하는 것에 대한 시간 낭비, 그 시간에 돌봐야 하는 클라이언트에 대한 돌봄 공백 등 지혜롭게 현장을 이해시키지 못한 것이 내 불찰이라면 불찰이었다. 반면, 말만 하면 현장이 무조건 따라야 한다는 고정관념에 돌을 던졌다는 것에는 '잘했다'고 생각하는 옛날 일 중 하나이다. 잘못된 관행, 고질적인 수직관계, 탑다운식 전달체계에 대한 건의는 얼마든지 할 수 있어야 한다는 것에는 지금도 변함이 없다.

또 다른 사례를 보자. 오래전 일이다. 법인 내 다른 기관 사회복지사가 소속기관의 복사기로는 부족해 우리 기관 복사기까지 이용해 무언가 복사를 했다. 첫째 날, 둘째 날은 '급한 게 있나 보다' 생각했다가 삼 일째 되는 날 '며칠 동안 무엇을 그리 복사를 하느냐' 물었다. 클라이언트 통장, 사용 영수증, 지출결의서라는 답이 돌아왔다. 시청에서 요청했다면서 백 명이 넘는 클라이언트의 통장과 금전 사용 내역을 복사하고 있었다. 아직도 SNS 계정에 남아있는 당시의 심경을 옮겨본다.

> 요즘 거주시설 사회복지사들은 바쁘다.
>
> 더불어 복사기도 바쁘다. 왜냐고?
>
> 장애인들의 개인통장과 용돈 사용내역을 복사해서 시청에 제출해야 하기 때문이다. 이런 일을 지시한 사람에게 묻고 싶다. 당신 집 모든 통장과 가계부를 복사해 줄 수 있냐고.
>
> 그게 인권을 지키는 것인가? 그렇게도 시설 직원들을 못 믿겠는가? 그럼 당신들이 해라.
>
> 그리고 사회복지사들에게 묻는다. 당신이 무슨 권리로 남의 통장과 용돈 사용내역을 알려주는가? 동의는 받았는가?
>
> 장애인들에게 지급되는 수당을 횡령했는가? 그러지 않았다고, 한 푼도

횡령하지 않았다고 증명이라도 하고 싶은가? 당신들이 그것을 증명하기 위해 장애인들이 단돈 천 원 쓰는 것도 통제하고 또 통제했을 것이라는 것은 안 봐도 훤하다.

당신은 장애인을 그렇게 대할 권리가 없다. 장애인은 당신에게 그런 취급당할 하등의 이유가 없다.

그들은 마땅히 쓰고 싶은 돈을 마땅히 쓸 권리가 있다.

왜 아이스크림 하나 사 먹는 것까지 당신한테 알려줘야 하는가?

당신이 국민의 세금으로 먹고 사는 이 나라의 공무원인가?

당신이 진정 장애인복지를 한다는 사회복지사인가?

지금 봐도 불편한 속내가 과격하다. 그래서인지, 자신들의 행위가 잘못되었다는 것을 깨달아서인지 복사를 멈췄다. 담당 공무원에게는 '자료들을 제출할 수 없으니 궁금하면 와서 클라이언트의 허락을 받아서 직접 보라'고 전했다. 복사했던 자료는 파쇄됐고 그 요청은 없던 일이 되었다. '고개를 끄덕이는 인형을 조심하라. (중략) 여러분은 회의실에서도 테이블 주변에 앉아 거의 기계적으로 고개를 끄덕이는 버블헤드[10]가 많다는 것을 모를 것'이라고 구글의 CEO 에릭 슈미트는 『구글은 어떻게 일하는가』에서 지적한 바 있다.

마치 잘못된 요구, 잘못된 지적임을 알면서도 고개를 끄덕이

10) 버블헤드(bobblehead) 인형은 머리가 몸통보다 크고, 스프링으로 연결되어 있음. 흔들거리는 모양 때문에 'bobble'이라고 함. 우리말로는 흔히 "머리 흔들 인형" 또는 "꼭두각시 인형"이라고 함. 야구 등 스포츠에서 기념품, 이벤트 굿즈로 사용됨.

며 예스를 하는 복지현장을 묘사한 것 같다. 뒤에서는 불평불만을 쏟아내면서도 앞에서는 토를 달지 못하고 원하는 대로 이해하는 척 일하고 있지는 않은가. 아무런 문제의식 없이 관의 요구를 수행하느라 시간을 허비하고 있지는 않은지, 혹은 클라이언트의 정보를 무심코 알려주지는 않는지 톺아봐야 할 일이다.

요즘은 눈높이가 맞춰지긴 했지만 여전히 수직적인 측면이 없지 않다. 클라이언트 – 사회복지사(현장) – 관의 순서로 수직적인 관계가 형성되어 있는 것 같아 씁쓸할 때도 많다. 아무짝에도 쓸모없는 연결이라니…. 시설을 담당하는 공무원과 현장의 사회복지사는 수평적이어야 한다. 뼛속까지 수평을 유지해야 한다. 그래야만 클라이언트의 지위도 올라간다. 관과 현장이 협업해야만, 상호 지지하고 지원해야만 누이 좋고 매부도 좋은 복지국가가 될 것이기 때문이다.

저자 소개

김행란

1992년 1월, 정신장애인 요양시설 사무원으로 입사했다. 당시, 자물쇠를 잠가야 했던 시설격리 속 격리, 즉 이중 격리를 해야 했던 실천행위가 후회로 남아있다. 1997년 5월, 법인에서 설치한 장애인거주시설 사무국장으로 발령이 났다. 정신장애인복지와 장애인복지의 높은 벽을 처음으로 느꼈다. 2000년 7월부터 12월까지 진행된 장애인시설 2교대 증원 운동에 광주광역시 대표로 활동했다. 이듬해 현장의 요구가 이루어져 배수의 직원이 증원되었다. 치열함이 없이는 정책도, 제도도, 현장도 바뀌지 않는다는 것을 알게 된 계기였다. 2008년 1월, 동일법인 장애인직업재활시설 원장으로 발령이 났다. 장애인영역 안에서도 거주시설과 직업재활시설 간의 벽은 더욱 높다는 것을 알게 되었다. 그리고 장애인의 일할 권리, 장애인 고용에 대해 알지 못했던 그동안의 모든 경력을 내려놓고 복지 현장에 첫발을 내디딘 때처럼 바닥부터 다시 공부하며 장애인직업재활시설을 운영하기 시작했다. 현재, 영역별 벽을 낮추는 복지통섭에 대해 관심을 가지고 청소년기에서 성인기로 전환하는 장애인들의 스무살서비스와 직업재활을 위해 힘쓰고 있다.

사회복지사의 권익이 향상되는 것에 동의하지만 사회적 취약계층과 동행하고 있는 사회복지사는 클라이언트 권익에 더 우선적으로 힘써야 한다고 생각한다. 그것이 사회복지사의 주 업무이고 그것을 아는 사회복지사가 많을 때 복지현장은 더 밝아질 것이라 믿는다.

나는 '쎈' 사회복지사입니다

초판발행 2026년 1월 5일 **1판 1쇄 인쇄** | 2026년 1월 10일 **1판 1쇄 발행**

지은이 김행란
펴낸이 최용구 | **펴낸곳** 도서출판 **신정**
주소 (04316) 서울시 용산구 원효로 89길 19 (원효로1가)
전화 02)3211-4782, 0266(영업부), 3211-4783(편집부), 3211-4784(팩스)
이메일 sjbook2002@naver.com | **홈페이지** www.sjbook.co.kr
등록 2001년 5월 11일 제13-702호
기획마케팅 최용구 장만동 최충구 송대용 | **책임편집** 석기은 황가연

ISBN 978-89-5912-953-9 03330
정가 19,000원